残疾治理

残疾人事业创新与发展研究

白宽犁 著

中国社会科学出版社

图书在版编目（CIP）数据

残疾治理：残疾人事业创新与发展研究 / 白宽犁著. —北京：中国社会科学出版社，2021.10
ISBN 978 - 7 - 5203 - 9140 - 5

Ⅰ.①残… Ⅱ.①白… Ⅲ.①残疾人—社会福利事业—研究—中国 Ⅳ.①D669.69

中国版本图书馆 CIP 数据核字（2021）第 186723 号

出 版 人	赵剑英	
责任编辑	夏 侠	李 沫
责任校对	刘 健	
责任印制	王 超	

出　　版	中国社会科学出版社
社　　址	北京鼓楼西大街甲158号
邮　　编	100720
网　　址	http://www.csspw.cn
发 行 部	010 - 84083685
门 市 部	010 - 84029450
经　　销	新华书店及其他书店

印　　刷	北京明恒达印务有限公司
装　　订	廊坊市广阳区广增装订厂
版　　次	2021年10月第1版
印　　次	2021年10月第1次印刷

开　　本	710×1000 1/16
印　　张	19.75
字　　数	304千字
定　　价	108.00元

凡购买中国社会科学出版社图书，如有质量问题请与本社营销中心联系调换
电话：010 - 84083683
版权所有　侵权必究

序

残疾是人类不可避免的社会现象，随着人类文明进步，关于残疾的认知和对残疾人的态度都在不断变化。于是，残疾人事业成为社会进步事业的重要组成部分。新中国成立以来，尤其是改革开放以来，我国残疾人事业蓬勃发展，面向残疾人的各项支持体系逐步建立，残疾人生活状况和在社会中的境遇显著好转，这是社会进步、文明程度提高的重要表现。

进入新时代，残疾人有更多的诉求、更多的梦想，他们需要更多的关心、理解、尊重与支持。我们应当积极创造条件，使残疾朋友们能够更好地融入社会，与其他社会成员一起，共同建设现代化国家，共享经济社会发展的成果，走上共同富裕的康庄大道。这就需要一个更加有效的残疾治理体系，一套更加科学合理的残疾治理机制，从而实现残疾人事业的持续健康发展。这就需要有新的理念、新的理论、新的方法和新的探索，需要学界和业界的携手合作。

残疾治理是一个复杂的系统，涉及诸多主体、多种利益和多重关系，需要一套具有较强解释力的理论，才能清晰地界定社会各主体的职责，科学地制定相关的规则，从而有效地运行，使残疾人权益得到有效的保障，并能够平等地参与社会生活。形成于20世纪90年代的治理理论，在国际公共管理学界被广泛应用，并产生诸多有效的治理工具。在残疾人事业创新发展方面，引入治理理论进行分析，将是有益的探索。

《残疾治理：残疾人事业创新与发展研究》一书针对我国残疾人事业

发展现状，直面客观存在的现实问题，借鉴国际残疾人保护与发展经验，选取与研究主题高度相关的理论框架，尝试以风险社会理论、治理理论视角研究残疾人事业治理创新，建构"风险—治理"残疾治理理论框架，提出了基于本土经验的"残疾治理"理念、理论体系和实践模式，进而探究我国残疾人事业发展的创新发展之路。该研究概括出新的残疾人事业治理体系，扩展了残疾研究的学术视野、深度和广度，在一定程度上增强了本土经验及其理论在该领域的国际对话能力。

研究过程中，作者以治理的思维考察了我国残疾人事业主要领域和治理的过程，分析了传统的"残疾服务"思维和行动策略。以"残疾治理"为考察对象，对陕西、甘肃、江苏三个省份的残疾人事业发展实践进行整体性和差异性研究，审视并反思了我国残疾人事业发展的成就、面临的困境与挑战，其中对残疾风险干预、残疾人身体康复、残疾人生存保障、残疾人增权赋能，以及"残健融合共享"等的深入分析，无论是对学界还是业界，都有较强的参考价值。

残疾人事业是一项伟大的事业，但也是充满复杂和艰辛的事业，需要有满腔的热忱，也需要有理性的思考，更需要有效的机制和实实在在的行动。这就需要有效的理论创新、制度创新和机制创新，这是学者的职责，也是学者的机会。让我们持续努力，共同寻求中国特色残疾人事业健康发展之路，为国家治理体系和治理能力现代化做出应有的贡献！

何文炯

（中国）残疾人事业发展研究会副会长、中国社会保障学会副会长

2021 年 4 月 13 日

目 录

绪 论 ·· 1
  一 研究理念与框架 ··· 1
    （一）研究理念 ·· 1
    （二）研究框架 ·· 3
  二 研究方法与过程 ··· 4
    （一）问卷调查 ·· 4
    （二）走访座谈 ·· 5
  三 残疾人事业发展现状及挑战 ··· 6
    （一）发展现状 ·· 7
    （二）主要经验 ·· 8
    （三）主要困难 ·· 10
    （四）主要挑战 ·· 13
    （五）对策建议 ·· 16
  四 主要内容 ·· 19

第一章 残疾人事业治理创新的社会经济基础与实践 ············· 21
  一 中国残疾人事业发展的基本脉络、基础与特征 ············· 22
    （一）中国残疾人事业发展的基本脉络 ·························· 22
    （二）中国残疾人事业发展的基础 ································ 25
    （三）中国残疾人事业发展的基本特征 ·························· 28

　二　国际残疾人权利保护的关注领域与趋势 …… 31
　　（一）主要领域 …… 31
　　（二）特点与经验 …… 34
　　（三）保护和发展趋势 …… 39
　三　残疾人事业发展治理体系创新的提出 …… 41
　　（一）人类残疾观与残疾人保护发展模式的变迁 …… 41
　　（二）残疾人事业发展理论面对的挑战 …… 47
　　（三）中国残疾人事业治理创新研究的价值意义 …… 50

第二章　残疾人事业治理创新研究框架 …… 54
　一　残疾人事业治理创新研究的理论基础及其启示 …… 54
　　（一）风险社会理论 …… 54
　　（二）"治理"理论 …… 59
　　（三）社会融合理论 …… 63
　二　残疾人事业治理体系创新的核心概念 …… 67
　　（一）残疾及残疾过程 …… 67
　　（二）残疾人及残疾人多样性 …… 69
　　（三）残疾风险的内涵 …… 70
　　（四）残疾人社会融合 …… 72
　三　残疾人事业治理体系创新的内涵、取向与结构 …… 74
　　（一）残疾人事业治理体系创新的内涵 …… 74
　　（二）残疾人事业治理体系创新的关注点 …… 76
　　（三）残疾人事业治理体系创新的基本结构 …… 78

第三章　中国残疾人事业发展与治理现状 …… 83
　一　中国残疾人事业发展评价 …… 83
　　（一）整体发展评价 …… 83
　　（二）具体领域评价 …… 84
　　（三）省域比较 …… 85
　二　中国残疾人事业具体发展现状 …… 94

（一）残疾预防 ………………………………………………… 94
　　（二）残疾人康复 ……………………………………………… 104
　　（三）残疾人保障 ……………………………………………… 109
　　（四）残疾人扶贫 ……………………………………………… 114
　　（五）残疾人托养 ……………………………………………… 118
　　（六）残疾人就业 ……………………………………………… 121
　　（七）残疾人教育 ……………………………………………… 124
　　（八）无障碍环境建设 ………………………………………… 127
　　（九）残疾人法律维权 ………………………………………… 129
　　（十）残疾人文化体育 ………………………………………… 132
　三　中国残疾人事业治理结构、工具与特征 ……………………… 133
　　（一）中国残疾人事业的治理结构 …………………………… 134
　　（二）中国残疾人事业的治理工具 …………………………… 152
　　（三）中国残疾人事业的治理经验 …………………………… 171

第四章　中国残疾人事业发展治理困境与挑战 …………………… 175
　一　残疾治理困境的主要表现 ……………………………………… 175
　　（一）残疾风险干预领域 ……………………………………… 175
　　（二）残疾人工作实务领域 …………………………………… 178
　　（三）残健融合共享领域 ……………………………………… 185
　二　残疾治理困境的九大核心问题 ………………………………… 189
　　（一）"他者化"理念的错误引导 ……………………………… 190
　　（二）残疾人治理的体制机制不够通畅 ……………………… 191
　　（三）残联组织的角色功能偏移 ……………………………… 193
　　（四）残疾人政策落地缺乏监督机制 ………………………… 194
　　（五）残疾人家庭能力增长政策无力 ………………………… 196
　　（六）残疾人社区融入缺乏路径安排 ………………………… 197
　　（七）基层残联治理能力水平不高 …………………………… 199
　　（八）缺乏社会化主体参与机制与环境 ……………………… 202
　　（九）新时代残疾人工作方式缺乏与时俱进 ………………… 203

三 残疾治理面临的深层次挑战 ……………………………………… 205
 （一）国家治理体系和治理能力现代化的新要求与当前残疾人
   事业治理能力不足之间的不适应 ………………………………… 205
 （二）残疾人事业行政管理取向与多部门协同治理发展趋势的
   不协调 …………………………………………………………… 206
 （三）未来专业化、智能化社会发展大趋势与残联行政化、
   科层化的组织形态之间的不协调 ………………………………… 206
 （四）残疾人追求美好生活的多元性、丰富性需求与同一性、
   有限性服务供给之间的不充分 …………………………………… 207
 （五）残疾人政策福利救济发展理念与促进残疾人能力增长、
   增权赋能理念的不匹配 …………………………………………… 207
 （六）注重残疾人民生保障思维与促进残健融合发展理念的
   不协调 …………………………………………………………… 208
 （七）残联系统创新能力与新时代残疾人工作创新要求的
   不契合 …………………………………………………………… 208
 （八）中国实践中国故事的多样性、多元性与残疾人事业发展
   中国方案的自觉性之间的不平衡 ………………………………… 208

第五章 中国残疾人事业治理创新的基本架构与对策 …………………… 210
 一 新时代残疾人事业治理创新形势的要求 ………………………… 210
  （一）以人民为中心 ……………………………………………………… 211
  （二）融合发展 …………………………………………………………… 212
  （三）风险共担 …………………………………………………………… 213
  （四）共享发展 …………………………………………………………… 214
 二 残疾人事业治理创新的基本原则 …………………………………… 215
  （一）反思性原则：基于风险治理的思维 …………………………… 215
  （二）系统性原则：协调残疾人事业治理体系内部关系 …………… 216
  （三）整体性：协同残疾人事业治理创新与国家治理的
    外部关系 …………………………………………………………… 217

（四）实践性原则：将残疾治理理论与我国残疾人事业
　　　　　　发展实际相结合 ………………………………………… 218
三　残疾人事业治理体系创新的框架与运作机制 ……………… 219
　　（一）残疾人事业治理体系创新的框架 …………………… 220
　　（二）强化残疾人事业治理创新机制建设 ………………… 222
　　（三）提升残疾治理体系的运行能力 ……………………… 224
四　中国残疾事业治理创新的对策建议 ………………………… 227
　　（一）残联治理：以变革促进残联重点功能的回归 ……… 227
　　（二）激发社会治理活力：社会组织结构优化及其能力
　　　　　提升 ………………………………………………… 230
　　（三）建构残疾治理社会资本：完善积极适宜的残疾人
　　　　　社会政策体系 ……………………………………… 232
　　（四）以科技支撑残疾治理：促进智能助残和残疾治理智
　　　　　慧化 ………………………………………………… 237
　　（五）创新残疾治理文化：建构残疾治理的社会文化价值
　　　　　体系 ………………………………………………… 240
　　（六）夯实治理基础：强化残疾人家庭建设、社区治理及
　　　　　监测评估 …………………………………………… 245

第六章　残疾人事业治理创新的未来议题 ……………………… 249
　一　文化与意识 …………………………………………………… 249
　　（一）新时代与人民性 ……………………………………… 250
　　（二）残疾融合的全息思维 ………………………………… 251
　　（三）生存的平等智慧 ……………………………………… 254
　二　社会体系与社会组织 ………………………………………… 256
　　（一）政策制度 ……………………………………………… 256
　　（二）法治社会 ……………………………………………… 259
　　（三）专业化 ………………………………………………… 261
　　（四）社区、家庭与社会组织 ……………………………… 263
　三　多元的挑战 …………………………………………………… 265

（一）差异性与共通性 …………………………………… 265
　　（二）公平性与平等性 …………………………………… 266
　　（三）保障性与发展性 …………………………………… 267
　　（四）公共性与个体性 …………………………………… 267
四　技术的突破 ………………………………………………… 268
　　（一）人工智能 …………………………………………… 268
　　（二）科学与医学 ………………………………………… 270
五　资源整合 …………………………………………………… 272
　　（一）教育 ………………………………………………… 272
　　（二）就业 ………………………………………………… 273
　　（三）社会福利 …………………………………………… 274
六　消灭"残疾" ………………………………………………… 275
　　（一）以文化的力量消除"他者" ………………………… 275
　　（二）以制度的力量保障平等 …………………………… 276
　　（三）以技术的力量化解"差异" ………………………… 277
　　（四）以智慧的力量实现"共融" ………………………… 278

附录一　中国残疾人事业治理评估指标体系设计 …………… 280
附录二　"中国残疾人事业治理体系创新研究"调查问卷 …… 290
附录三　"中国残疾人事业治理创新研究"访谈提纲 ………… 297

参考文献 ………………………………………………………… 298

后记：走向田野与创新思维 …………………………………… 303

绪　　论

残疾人是社会大家庭的组成部分，残疾人事业是中国特色社会主义社会事业的重要组成部分。随着现代社会发展和风险社会的到来，残疾风险的复杂性和残疾致因的多元性，导致残疾发生的不确定性和裂变性不断增强。20世纪90年代，治理理论成了国际学术界前沿热门研究主题，它广泛适用于社会科学的研究领域，成为评判国家能力和治理水平的新工具，也成为观察我国残疾人事业发展的重要理论工具。在推进国家治理体系和治理能力现代化的大背景下，我国残疾人事业发展亟需治理创新，推动残疾人"平等、参与、共享"社会生活，不断提升残健融合共享发展水平。

一　研究理念与框架

以"风险—治理—融合"三大理论视角建构的"残疾人事业治理创新"分析框架，为我们全景式透视残疾人事业发展提供了理论分析工具，其不仅回应了我国治理体系和能力现代化的新时代要求，也为我国残疾人事业治理创新提供了新的思维方式和公共政策选择，将为未来残疾治理顶层设计提供理论支持和政策参考。

（一）研究理念

随着社会发展和风险社会到来，残疾风险的复杂性和残疾致因的多元性，致使残疾发生、发展的脆弱性、不确定性和裂变性明显增大、增强，这对传统意义上的残疾人服务和残疾预防提出了更新的挑战。建构

"残疾人事业治理创新理论",不仅能回应残疾人事业发展的政策要求,解决当前残疾人事业发展面临的突出矛盾,还能为治理"残疾"的思维方式和公共政策选择提供新的解释框架。

第一,政策性。本书旨在明确"残疾人事业治理创新"的概念及其理论建构,探索以残疾人为主体观察残疾人事业治理的路径,关注残疾人社会政策变迁与残疾人生活处境的关系。通过对现实残疾人事业发展问题的描述和分析,发现我国残疾人事业发展中的困境,反思传统"残疾服务"思维和行动策略,回应我国治理体系和能力现代化要求,以及残疾风险的复杂性,以治理的思维和融合的理论视角,全面审视我国残疾人事业的价值目标、行动策略和服务模式等,为残疾治理顶层设计提供理论支持和政策参考。

第二,针对性。本着"批判先于建构"的理念,残疾人事业治理创新理论的架构,可以帮助我们审视残疾人事业发展过程,寻找问题所在。通过自觉考察"残疾"现象建构过程,以系统、整合的"残疾人事业治理创新"思维分析残疾发生、发展过程和治理模式,从对残疾人的关注延伸到对"残疾"风险的关注,从对残疾人服务拓展到残疾人事业治理创新,责任主体由"一元"发展到"多元",由"人"向社会环境和社会结构的转化特征,将促进我国残疾人事业研究新的视角和新的议题,为残疾人事业发展创新提供适合的理论工具和政策工具。

第三,创新性。治理理论提出是国际社会发展的结果,中国的治理理论需要中国实践的支撑。治理不是一套规则,而是一个过程。中国残疾人事业发展的渐进式道路,需要"回头看"。因此要考察中国社会发展和社会结构变迁与残疾人事业发展变迁之间的关系,通过分析我国残疾人事业发展这一实践过程,总结其中的做法及其背后的逻辑,进行多元解读,创新中国治理"残疾"的思维方式和公共政策选择,在中国的经验和道路中探究残疾人事业治理创新的思维源泉、社会基础和文化基础,发现可能忽视的问题和特征,加深对国家治理现代化的中国意涵、困境及其应对的理解与认识,形成"理论—实践—理论—实践"的回路,进而丰富中国社会治理的理论。

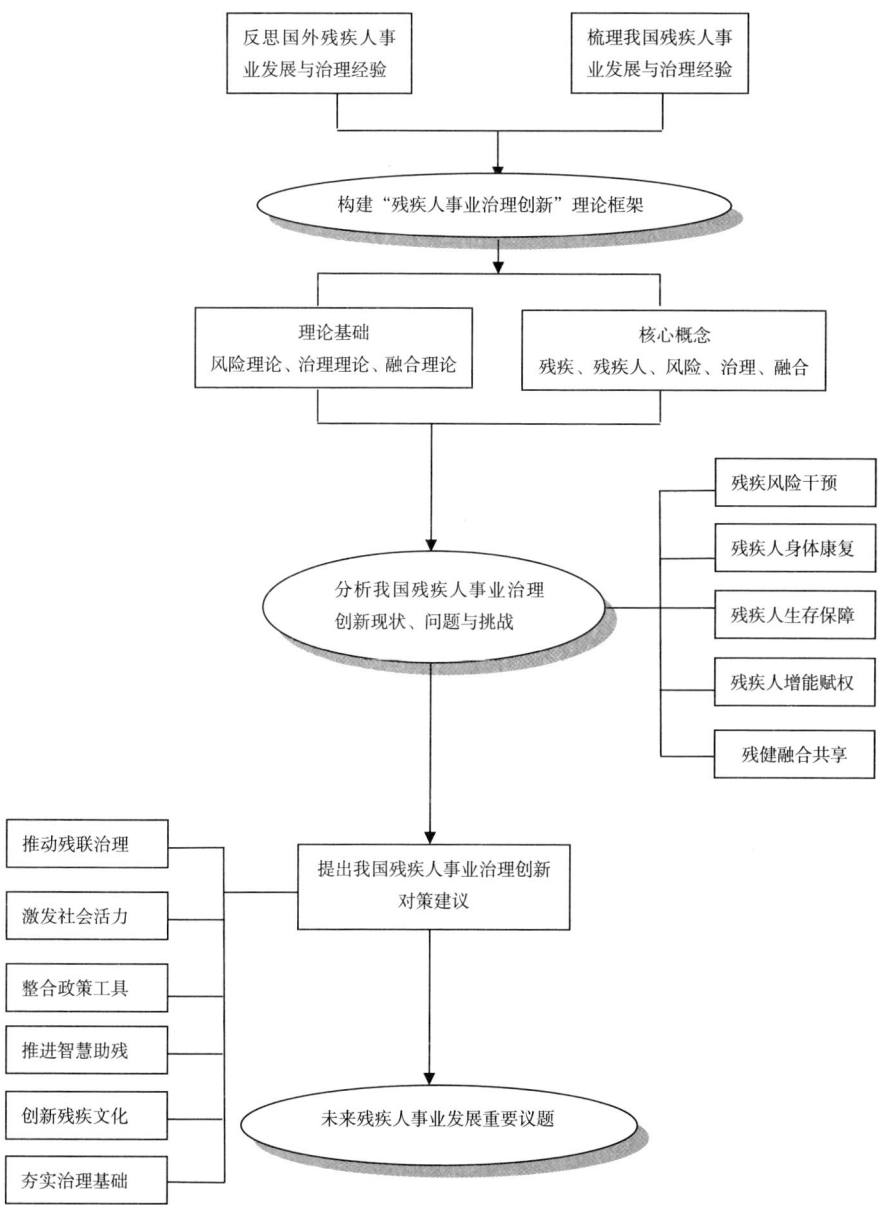

图 1-1 研究框架

(二) 研究框架

本书以"风险—治理—融合"三大理论视角，深入考察我国残疾人事业发展现状与未来的创新发展之路。风险社会理论为我们考察残疾人事业提供新的切入点，可以帮助我们更好地描述、分析和理解残疾现象；残疾治理理论为透视残疾人事业提供分析工具，促进我们理性地认识残疾人事业发展中面临的困境与挑战；社会融合理论为我们评价残疾人事业提供价值标准，推动残疾人事业创新遵循正确发展道路。在此基础上，构建我国"残疾人事业治理创新"理论框架，通过对残疾风险干预、残疾人身体康复、残疾人生存保障、残疾人增权赋能以及残健融合共享的现状研究，提出了创新我国残疾人治理体系的政策参考，以及残疾治理的深层次重要议题。

二 研究方法与过程

通过问卷调查、座谈调研以及实地走访等多种获得数据的方式，多角度、多层次呈现多元协同治理主体对我国残疾人事业治理体系创新的意见建议。

（一）问卷调查

本研究共收集有效调查问卷744份，有效问卷回收率为93%。从受访者所属单位性质看，31.2%的调查样本来源于残联行政部门，12.9%的调查样本来源于残联系统的下属事业单位、残联专干以及残疾人专职委员，20.5%的调查样本来源于残疾人协会组织、残疾人服务机构和慈善基金会等残疾人社会组织，还有10.8%的调查样本来源于企业人员，10.5%来源于社区工作人员，6.3%来源于残疾人及其家庭成员，从调查样本比例分配上看，基本覆盖了与我国残疾人事业发展相关的利益群体。

区域经济发展水平与残疾人事业发展状况密切相关，为深入剖析我国残疾人事业发展现状与区域特征，从我国东、中、西部各选择一个典型省份进行问卷调查，根据国家国民经济统计公报公开的数据显示，2017年江苏省经济总量为85900.94亿元，排在全国第二位，陕西省经济总量为21898.81亿元，排在全国第15位，甘肃省经济总量为7677亿元，排在全国第27位，因此选择江苏省代表着我国经济发达地区，选择陕西省代表我国经济欠发达地区，选择甘肃省代表我国经济不发达地区，以此观察我国残疾人事业发展区域特征，阐释我国残疾人事业发展中存在的不平衡不充分问题，在有效调查样本中，江苏省受访者有效问卷调查样本为107份，甘肃省受访者有效问卷调查样本为98份，陕西省受访者有效问卷调查样本为493份。

从受访者背景信息看，男性比例为48.2%，女性比例为51.8%；文化程度分布，高中及以下比例为18.4%，大专文化程度比例为36.0%，本科文化程度比例为38.6%，研究生及以上比例为7.0%；年龄区间分布，25岁以下受访者比例为8.5%，25—34岁受访者比例为32.7%，35—44岁受访者比例为29.8%，45—54岁受访者比例为24.7%，55岁及以上受访者比例为4.3%；在工作年限分布方面，少于1年的受访者比例为20.7%，1—3年受访者比例为25.9%，3—5年受访者比例为22.3%，5—10年受访者比例为17.7%，10年以上受访者比例为13.4%；受访者从事残疾人事业发展的主要领域包括涉及残疾人康复领域的受访者比例为21.9%，残疾人社会保障领域的受访者比例为14.8%，教育领域的受访者比例为12.6%，就业领域的受访者比例为13.6%，还有涉及扶贫、托养、文化体育、无障碍环境、法制维权、残疾预防等领域，但所占比例均不超过10.0%。从问卷调查样本结构看，基本反映了我国残疾人事业相关治理主体的结构特征。

（二）走访座谈

除问卷调查外，课题组还围绕我国残疾人事业治理体系创新主题，进行实地走访调研，深入考察我国残疾人事业治理过程的困难、挑战并提出未来政策建议。

1. 专题座谈

2016年3月，与商洛市残联、洛南市残联、山阳县残联等进行专题座谈。

2016年8月，与镇江市残联、扬州市残联、苏州市残联等进行专题座谈。

2017年4月，与西安市残联、莲湖区残联、户县残联进行专题座谈。

2017年12月，与安康市平利县残联、镇坪县残联座谈。

2018年1月，与甘肃省残联各部室负责人集体座谈。

2018年4月，与陕西省宝鸡市凤翔县、眉县残联工作人员集体座谈。

2. 实地走访

2016年3月，走访残疾人山阳县精神病康复医院、民乐集团残疾人就业扶贫基地、圣泉康复医院、城关区残联办证窗口、城关镇聋儿康复中心。

2016年8月7—16日，参观走访了与残疾人相关的企业（苏州市瑞康假肢矫形器有限公司、扬州市庇护性就业中心、仪征县就业扶贫基地、就业指导中心）、社会组织（扬州雏鹰孤独症服务中心、苏州佳悦特殊儿童早期干预中心等）、社区（镇江市迎江路社区综合服务中心、扬中市新坝镇永平村、扬州邗江区双桥街道康乐社区）、残联及其下属机构与事业单位。此次走访参观单位（机构、部门）共14家。

2017年4月，走访了户县残疾人托养服务中心、户县残疾人慈善协会、莲湖区粮食局、莲湖区残疾人福利企业、莲湖区残联服务大楼的慧灵智障中心以及教育、文化、就业等培训中心。

2018年1月，走访甘肃省康复中心医院、兰州市特教学校、兰州市康复托养中心、蓝天公益助残组织。

2018年4月，走访陕西省宝鸡市特殊教育学校、残疾人集中就业基地老牛面粉厂、凤翔县残疾人创业基地。

3. 个案访谈

2016年3月，对陕西省商洛市山阳县残联理事长、柞水县商贸物流公司经理、圣泉康复医院院长、西照川镇残联专委毕春安、残疾人创业明星肖波、创业协会会长张军落、民乐集团魏万林、商洛慧灵机构负责人、商州区办证工作人员等进行个案深入访谈。

2016年8月，与苏州市残联主席蔡建军深入访谈。

2018年4月，与宝鸡市凤翔县佳禾牧业公司负责人刘佳了解残疾人就业创业与基层专职委员工作情况。

三 残疾人事业发展现状及挑战

以"风险—治理—融合"三大理论视角，通过实地调研与问卷调查，深入考察我国残疾人事业发展现状、存在的问题与挑战，在此基础上提供创新发展建议。

(一) 发展现状

我国残疾人事业发展状况整体积极向好，残疾人基本保障水平稳步提升，多元主体协同治理机制不断健全，治理工具的丰富性、多样性不断提升，但残疾老龄化、残疾风险扩大需要政策重点关注。

（1）我国残疾人事业发展状况整体积极向好。问卷调查显示，16.6%的受访者认为本地残疾人事业发展状况"非常好"，48.4%的受访者表示"比较好"，两者相加有65.0%的受访者对残疾人事业发展持肯定评价。

（2）在我国残疾人事业发展的十大具体领域，问卷调查发现，残疾人扶贫、残疾人社会保障、残疾人康复社会评价最高，而残疾人托养、残疾人就业与残疾人无障碍建设社会评价相对较低。

（3）通过对陕西省、江苏省与甘肃省三省的残疾人事业发展比较，发现残疾人事业整体水平与经济发展程度呈正相关，并与当地政府投入和民生建设直接有关，更与当地推动残疾人事业发展的理念思路与政策法规落实程度有关。

（4）残联是推动残疾人事业发展的主要力量。问卷调查显示，促进我国残疾人事业发展作用最为明显的残疾人联合会，回应百分比为92.8%，其次为残疾人工作委员会，回应百分比为46.5%，此外，福利企业、残疾人、民办服务机构、社区、协会、基金会等也发挥着重要作用，但绝大多数受访者认为我国的市场企业、研究机构在促进残疾人事业发展方面作用不够突出。

（5）问卷调查发现，在促进我国残疾人事业发展的政府、市场企业、社会力量、社区以及残疾人（家庭）等多元主体中，促进残疾人事业发展作用最为明显的是政府主导作用，"非常明显"和"比较明显"的调查比例之和为74.1%，其次为残疾人及其家庭能动作用和社区支持作用，"非常明显"和"比较明显"的调查比例之和为45.7%，而社会力量参与作用明显的比例之和为40.2%，市场推动作用明显的比例之和为36.9%，相比，市场和社会力量参与推动残疾人事业发展作用有待提高。

（6）残疾人事业发展多元主体协作关系中，主要表现为"四大关系模式"：一是"主体—支持"关系，残疾人在整个残疾人事业当中是承担主体角色，其他治理主体都是支持者的角色，帮助残疾人赋权增能、自立自强；二是"主导—参与"关系，党委政府通过规划计划主导残疾人事业发展方向道路，其他相关机构、社会力量和残疾人共同参与残疾人相关事务；三是"协调—动员"关系，残联在党委政府安排下主要协调各地残疾人工作事务，并动员社会力量和社区共同开展残疾人工作；四是"执行—监督"关系，残疾人工作委员会在残疾人事务中承担执行者责任，而人大、政协等国家机关和媒体、社会共同监督残疾人事业发展。

（7）治理目标、工具环境、治理主体、信息传播媒介、社会环境舆论等方面，都是影响我国残疾人事业治理工具选择的因素，比较发现，规制类治理工具满意度评价相对较高，其次是组织类治理工具，激励类治理工具和自愿类治理工具依次排列，而信息类治理工具评价相对较差。不同省份比较发现，除信息类治理工具满意度评价都比较低外，江苏省治理工具总体满意度评价都好于甘肃省、陕西省。

（8）我国残疾人事业发展面临的问题排序中，问卷调查发现，管理服务人员专业化不足排序第一，所占受访比例为53.0%，其次为政府经费投入不足，所占受访比例为42.3%，排序第三的问题是纳入全局工作程度不够，所占受访比例为41.9%。调查结果表明，残疾人事业发展的专业化、资金投入机制与纳入中心工作机制是残疾人面临的主要突出问题，此外还包括市场推动、民办力量参与、自组织发育不足等问题。

（9）在我国残疾与残疾人的特征趋势方面，问卷调查发现，调查比例排序分别为后天致残人数增多、残疾老龄化、城乡致残差异、残疾风险扩大、东中西部差异、残疾人寿命延长、残疾人内部分化等，其中残疾老龄化、残疾风险扩大与残疾人内部分化值得政策重点关注。

（10）问卷调查发现，未来我国残疾人事业治理体系创新举措，需要重点强化的领域包括加大政府对残疾人事业投入、完善残联组织机构和人员配置（编制）、加大政府购买残疾人服务力度、提升残联工作人员专业能力、加大涉及残疾人政策间的配套与衔接、完善社会组织助残服务机制等方面。

（二）主要经验

根据我国残疾人事业发展整体状况，以及对残疾治理结构与工具的分析，结合国际残疾人事业发展的经验与启示，我国残疾人事业治理的经验主要表现为"七个结合"，这也是下一步推进我国残疾人事业治理创新的基础与前提。

（1）坚持国际残疾人发展经验与中国特色社会主义道路相结合。我国残疾人事业积极借鉴国际残疾人发展经验，在国际上积极推动签署《残疾人权利公约》，在国家法律上确立残疾人的人权观，在全社会倡导"平等、发展、共享"理念。同时，我国残疾人事业作为中国特色社会主义事业的重要组成部分，植根于中国特色社会主义的发展，汲取了中国特色社会主义理论、道路、制度和文化提供的发展养分，为我国残疾人事业能够可持续健康发展提供了根本保证。

（2）坚持融入国家发展大局与残联主动作为相结合。连续制定了7个五年残疾人事业发展规划，而且在国民经济和社会发展总体规划、政府年度工作计划等中，都把残疾人事业发展纳入文件内容之一，有关部门制定的专项规划和工作计划也充分考虑了残疾人群体，通过有计划、有落实、有监督，保障残疾人事业始终沿着目标持续前进。同时，残联作为代表残疾人的群团组织积极主动作为，推动国家层面对残疾人权益保障立法，推动拓宽残疾人服务领域，不仅体现了国家对残疾人事业的关怀重视，更体现了残疾人工作者筚路蓝缕、开拓创新的进取精神。

（3）坚持残疾人特惠政策与国家普惠政策相结合。我国残疾人政策制定从残疾人实际需求出发，通过残疾人基本需求与服务状况专项调查，以及工作过程中残疾人的诉求反映等多种方式，对残疾人的多样化需求进行政策分析与梳理，通过采取政策督促、政策捆绑和直接介入等方式，推动残疾人政策创新与制度创新。各级残联在特惠政策与普惠政策相结合的过程中，承担着领域拓荒者、政策创新者的角色，推动残疾人政策和公共政策相互融合、相互促进。

（4）坚持残疾人基本保障与赋权增能相结合。一方面，将贫困残疾人作为重点保障群体，大力实施贫困残疾人脱贫攻坚，保障了残疾人基本生存生活需求。另一方面，借助市场和社会力量增权赋能残疾人，通过实施残疾人康复扶贫贷款贴息、实用技术与技能培训，实施《特殊教育提升计划》，为残疾人提供更多受教育机会，让残疾人获得了可持续发展能力，为残疾人融入社会提供了前提基础。

（5）坚持残疾人主体作用发挥与社会力量参与相结合。我国残疾人事业治理坚持残疾人主体性作用发挥，从1991年起，我国每年度由国务院残工委、中宣部和中国残联等对全国自强模范与助残先进集体和个人进行表彰，同时，大力提倡全社会扶残助残的志愿精神，开展"红领巾助残""志愿助残阳光行动"等一系列公益助残活动，形成了全社会公益助残的良好社会氛围和"平等、参与、共享"文明理念，而且为增进社会力量为残疾人提供服务、增进残疾人福利、促进残疾人参与社会生活提供助力。

（6）坚持残疾预防与残疾后保障服务相结合。我国残疾人事业坚持主动预防的发展思路，相继出台《国家残疾预防行动计划》和《残疾预防和残疾人康复条例》，设立全国残疾预防日，开展残疾预防综合实验区建设等预防残疾发生。同时从2014年开始，中国残联等12个部门组织开展残疾人基本服务状况和需求专项调查与信息数据动态更新工作，为有效保障服务残疾人提供政策制定依据，也为各级党委政府和残联组织为残疾人提供个性化服务提供决策参考。

（7）坚持依法治理与主动维护残疾人权益相结合。充分维护残疾人合法权益，从残联诞生起秉承依法治理的法治精神，从法律上保障残疾人平等充分地参与社会生活、共享物质文化成果的权利，已形成以《中华人民共和国残疾人保障法》为核心，以《残疾预防和残疾人康复条例》《残疾人教育条例》《残疾人就业条例》《无障碍环境建设条例》等一系列保障残疾人权益的法律法规体系，同时借助"助残日""法制宣传日"等进行法律法规宣传，不断增强残疾人维权意识，对侵犯残疾人群益的行为主动提供法律援助，帮助残疾人运用法律武器保障自己的合法权益。

（三）主要困难

当前，我国残疾人事业治理创新还面临着残疾人主体性不足、工作协调机制不畅、残联角色定位不清、政策落实力度不够、社会力量参与薄弱、工作方式方法滞后以及残疾人融入社会渠道狭窄等问题。

（1）残疾人"他者化"标签依然存在。理念是行动的先导，是行动的指南。长期以来，残疾人群体成为"我者"中的"他者"，成为社会中的弱势"他者"。因此，慈善救济式的残疾人工作模式成为主流，残疾人群体的被标签化、被污名化，导致残疾人与健全人之间关系割裂，如大众不愿意接纳残疾学生入校上学、不愿意接纳残疾人就业、大众俗语与媒介用语对残疾人的排斥贬损等，而且残疾人发展问题难以成为公共热议话题，残疾人政策在公共政策体系中容易受到忽视与弱化。

（2）残疾人工作协调机制不顺畅。当前各级党委政府对残疾人工作越来越重视，但是具体执行政策项目的工作机制仍然不通畅，责任不明、职责不清的现象还普遍存在。各级残疾人工作委员会的作用发挥还不够，上级残疾人工作委员会对下级残疾人工作委员会也缺乏考核监督机制性安排，残疾人工作委员会主要具体工作仍由残联承担，"残联又是政府管的，又是党委管的，上下都不协调了"。多部门协同治理效能还需进一步提升，衔接不够、协调不动、主动性不足问题突出。由残保金、转移支付、社保基金构成的经费投入总体增长较为缓慢，残疾人事业发展投入与残疾人需求矛盾较大。

（3）残联组织角色功能不清晰。长期以来，残联机构在具体运行过程中呈现浓厚的行政化管理倾向，不仅与行政机构自我扩张有关，也与残联系统自我存在压力相关。突出表现为残联组织社会化程度不强，多数专门协会处于瘫痪状态，很少开展残疾人相关活动，助残志愿者组织各地发育都很不完善。残联工作方式趋向行政化方式，在主动代表残疾人利益、主动为残疾人提供服务上，缺少有效方式方法与足够动力，缺乏群众团体工作特色与组织方式，动员社会力量"开门办残联"缺少共识。从我国残联发展历程来看，初期主要由于邓朴方主席的"强人推动"，使残疾人政策能够较好融入党委政府工作当中，能够获得较好的政治资源与政策支持。但是随着时间推移和残联发展，原有发展动力与协调能力有所减弱，促进残疾人事业发展的新增动力机制还需要培育创新。

（4）残疾人政策落地缺乏强有力监督机制。相互政策之间配套程度差甚至完全脱节，与其他公共政策配套衔接总体不足。很多残疾人工作未能纳入国家政府整体规划体系，一些残疾人政策存在较大执行难度或流于形式，如按照1.5%的比例应当安置残疾人410万人，而目前按比例就业安置残疾人仅为120万人，政策强制性与督查力明显偏软。现有残疾人政策主要是对残疾后的政策干预，缺乏对影响后天致残的政策提前干预；主要关注 60 周岁以上的残疾人群体，缺乏对 60 岁以后残疾人的政策措施，特别是现代社会残疾风险不断扩大，而现有政策对残疾风险的系统化治理还远远不够。

（5）残疾人家庭缺少能力增长支持性政策。"残疾人的改变要从家庭开始"，残疾人家庭只是社会福利政策的统计单元，而对残疾人家庭能力增长缺乏直接政策干预，零星的政策支持难以形成系统性的政策以增强残疾人家庭能力与支持系统建设。从现有残疾人政策来看，更多是宣传提倡"加强残疾人家庭支持服务"，但是残疾人家庭政策普遍缺乏实操措施，缺乏具体落地的行动方案，也普遍缺乏社会工作者专业人员参与。长期以来，我国残疾人政策主要以解决残疾人基本生存发展需要的福利型政策路径，在没有外力压迫和内部动力强烈刺激下，残疾人社会福利保障政策更加"内卷化"，难以转变到残疾人服务供给政策的道路上来。

（6）残疾人社区融入的路径狭窄。社区不仅是地理概念，也是拥有文化认同的公共意识空间，只有残疾人和健全人双向度的社会融入，才能促进残疾人真正实现积极社会融入，社区是促进残健融合的公共空间。当前我国残疾人社区融入政策大多忽视健全人融入残疾人群体，缺乏促进正确认识、理解与融入的意识和知识；多数社区环境与公共交通无障碍设施较差，部分残疾人特别是重度残疾人走出家门非常困难，大多数残疾人文化体育活动是点缀式、应景式文体活动，缺乏常态化的活动安排与参与机制，缺乏专业社工力量介入，难以吸引和激励残疾人社区参与，而且社区治理导致残疾人议题难以提到社区公共讨论层面，在众多议题竞争中普遍处于劣势。

（7）基层残联治理能力存在脆弱性。大多数残联基层组织机构运转不畅，群团基层组织行政化与专业化服务路径冲突，行政化治理人员与专业化服务人员合二为一的基层治理路径，导致残联基层组织建设难以适应新时代基层残疾人群体的需求。基层政策项目实施过程精细化水平不高，事权与财权还不匹配，对上级下拨资金缺乏有限度的整合权限，导致基层残联在政策项目执行过程中首尾不相顾。乡镇村社残协没有充分发挥作用，基层残联协会体系与保障不足问题突出，乡镇村社残协基层自治组织日常工作也没有经费保障，也缺乏资源调配能力，"名存实亡"的现象比较普遍。专职委员功能定位发生政策偏移，促进残疾人就业与基层人员队伍能力现代化的政策路径有冲突，而且专职委员队伍基础不牢，文化层度较低，工作经历较单一，由于专委薪酬过低矛盾突出，导致难以适应新时代残疾人工作发展的新要求。专委兼职性工作机制难以高效管理，导致上下工作联通容易出现"肠梗阻"，"最后一公里失效"。

（8）社会参与力量总体薄弱。助残服务主体培育总量不足，大多数助残服务机构服务的内容主要侧重于康复、托养与特教等领域，主要侧重于脑瘫、自闭症以及需要照护的残疾人群体，多数位于大中省会城市特别是北上广深等特大城市。助残服务主体服务专业化不足，当前助残服务机构工作人员的专业知识背景，大多数是特殊教育、康复医疗或者是社会工作，还有很多是非相关专业知识背景的工作人员，导致助残服务机构的服务质量与专业化水准难以保证。助残服务机构发展路径较为狭窄，购买助残服务的市场需求较为不足，特别是中西部地区残疾人服务机构很难有充分发育的土壤。

（9）残疾人工作的方式方法滞后。福利视角向服务视角的转变不够，在残疾人公共服务和小众化需求的满足上，难以纳入残疾人政策关注的视野，较多的残疾人项目缺乏精细化管理，缺乏科学化的绩效考核评估，导致许多残疾人项目实际执行效果较差。工作视角向需求视角的转变不够，残疾人专项调查数据缺乏残疾人需求精准识别工具，也缺乏残疾人精准需求识别机制，导致现有残疾人项目普遍存在需求不准不清现象。注重公平向关注效率的转变不够，缺乏高效率的市场配置资源机制，普遍存在服务对象不精准、服务方式形式化、服务内容浅表化的现象。国内视角向国际视角的转变不够，与发达国家、中国港澳台地区及国际组织残疾人服务交流合作过程中，理论方法、前沿技术、实践经验、高端人才等方面还有较大差距，残疾人产品和服务走向国际还面临较多困难，特别是在构建国际残疾人话语体系中，本土性不强、主动性不足、创新性不够。

（四）主要挑战

当前，我国残疾人事业发展面临的治理困境，不仅与新时代社会发展趋势和时代要求有关，也与残疾人事业发展价值取向和路径选择有关，更与残联自身改革勇气与自我时代定位有关。

（1）国家治理体系和治理能力现代化的新要求与当前残疾人事业治理能力不足之间的不适应。残疾人事业发展是国家治理体系的组成部分，这要求残疾人事业治理创新要紧跟国家治理体系和治理能力现代化的脚步，着眼于全球视野发展我国有中国特色社会主义残疾人事业。然而，党委领导、政府负责、社会参与、残疾人组织发挥作用的残疾人事业领导体制虽然已经建立，但实际运行机制仍有不畅，残疾人工作委员会的作用还未充分发挥，市县残联纳入中心、服务大局视野与能力仍有不足。政策项目的制定依然延续"政策捆绑"式发展道路，依托依赖其他政府职能部门政策和"搭便车"的现象还非常明显，导致残联工作的主动性与自觉性受到较大限制。政策项目实施依然延续着项目审批制、资金划拨制等传统政府治理方式，以残疾人需求为导向的资源与资金调配机制仍未形成。

（2）残疾人事业行政管理取向与多部门协同治理发展趋势的不协调。当前，基本沿用传统行政化模式为残疾人提供服务，主要依托基层专委专干为残疾人提供服务，以下达任务指标化的管理模式较为常见，工作任务管理比重超过实际服务比重，而且由于残疾人服务的专业性较强，专业残疾人社会工作人才稀缺，专业化服务机构较为紧缺，导致残疾人服务的水平与标准化程度较低。同时残疾人政策项目在实施过程中，与其他部门衔接不够、协调不动、主动性不足，与其他部门领域协同治理形成合力效果还不太协调。

（3）未来专业化、智能化社会发展大趋势与残联行政化、科层化组织形态之间的不协调。随着我国残疾人事业发展水平不断提升，各项残疾人工作信息化水平不断提升，以残疾人动态更新为基础的网络平台管理已经成为新常态，然而，不同残联职能部门数据信息不畅通现象明显，数据统计指标口径不一致，缺乏顶层设计与大数据技术支持，缺乏统一的"动态更新+业务数据"大数据平台，数据信息壁垒不但没有因网络管理而减少，且有不断扩大的趋势，不仅没有减轻基层残疾人工作者的负担，反而造成了基层工作实践中诸多不便，在残联系统职能部门的设置，主要以残疾人具体工作领域进行划分，缺乏横向联系社会参与的职能部门，缺乏依照国务院"大部制"机构改革的内生动力与宏观规划。

（4）追求美好生活的多元性、丰富性残疾人需求与同一性、有限性服务供给之间的不充分。从我们现阶段全国残疾人服务供给情况看，大多只能关注贫困、重度等特殊残疾人的基本生存保障需求，对普通残疾人中的多样化、个性化需求缺乏有效关注；大多只能满足残疾人低等级的需求，对未来养老、心理康复、婚姻生育、交友旅游等发展型需求缺乏有效支撑。政府公共财政投入是残疾人事业发展第一推动力，公共财政的普惠性决定了只能满足大多数残疾人基本型需求，而且助残社会组织、残疾人服务企业、志愿助残群体等多元社会主体长期以来发育迟缓，政策支持力度不够、配套措施衔接不足，这些情况在我国西部地区还非常突出，需要社会提供的多样化残疾人服务需求难以找到合适的承接主体。

（5）残疾人政策福利救济发展理念与促进残疾人能力增长、增权赋能理念的不匹配。当前很多残疾人政策项目工作，更多是关注残疾人的就业、教育、康复以及社会保障等现实利益诉求，缺乏对残疾人群体长远性发展的有效规划，促进残疾人能力增长的政策项目比重不够。实际操作过程中容易忽视残疾人主体参与，导致部分贫困残疾人内生动力不足、主动发展意愿不强。残疾人政策项目的设计，更多以残疾人个体物质需求为支撑点，忽视了残疾人内在的精神文化需要；更多以残疾人个体为政策项目切入点，忽视了残疾人家庭能力建设与支持系统重建；更多以保障残疾人基本生存需要为政策着眼点，忽视了残疾人自身人力资源开发。同时，残疾人福利救济的理念发展思维，容易导致残疾人依赖政府的保障救济，陷入西方发达国家的"福利陷阱"。

（6）注重残疾人民生保障思维与促进残健融合发展理念的不协调。现有基层残疾人工作价值取向更多关注的是保障残疾人基本民生，秉承福利保障的发展思维，然而在基层实践过程中，塑造残健融合社会环境往往被忽视遗忘，社会舆论对残疾人的关注度仍比较低，对残疾人群体的心理偏见歧视还根深蒂固；残疾人文化宣传难以引发全社会的反思共鸣，在残联系统内部说残疾人故事还比较突出；文化体育是更好地促进残健融合的切入点，但是具体残疾人文化体育工作发展缓慢，缺乏长久性、制度性的政策介入措施，只能简单停留在广而告之的宣传而非社会倡导上。

（7）残联系统创新能力与新时代残疾人工作创新要求的不契合。残联人员结构不合理、缺乏活力朝气较为明显，多数基层残联专干人手非常紧张、办公条件差，基层专委文化水平普遍较低，向外学习经验的机会渠道较少。残疾人专门协会经费来源非常有限，活动开展数量总体较少，村镇社区残疾人协会缺乏存在感，主动联系残疾人、为残疾人发声争取权益作用微弱。残联自身主动纳入党委政府中心工作、主动协调政府职能部门、主动对接相关政策不够，敞开大门吸纳社会力量参与残疾人事业的意识与能力不足，与残联成立之初相比活力朝气明显欠缺，鼓励创新、激励竞争氛围不浓，主动联系服务残疾人的责任感、使命感不强。紧密联系残疾人的方式手段还需要创新，在新理念、新思路、新方法、新探索上体现残疾人工作的特色、亮点还不突出。

（8）实践中国故事的多样性、多元性与残疾人事业发展中国方案的自觉性之间的不平衡。解决中国的问题只能在中国大地上探寻自己的道路和办法，在我们前所未有地走近世界舞台中央、中华民族伟大复兴的今天，十八大以来，以习近平同志为核心的党中央提出了一系列中国智慧、中国经验、中国方案，体现了中国实践方案的文化多元性、多样性。我国残疾人事业发展的历史进程，从跟跑、并跑阶段，已经发展到并跑与领跑齐头并进的阶段。然而，残疾人事业发展中国方案还没有向世人呈现完整的蓝图愿景，理论界与实践者缺乏中国方案的理论自觉与文化自觉，缺乏残疾人事业发展中国道路的理论自信、制度自信与文化自信，缺乏与国家一起走近世界舞台中央的历史使命与责任感。

（五）对策建议

我国残疾人事业发展与治理创新，既要关注当前残疾人面临的发展困境，以及与残疾人工作中面临的主要挑战，更要强化组织体系、社会参与、政策效能，以及技术支撑等方面的改革创新。

（1）推动残联治理：以变革促进残联回归"初心"。适应新时代社团改革形势与要求，以残疾人需求和项目创投、政策倡导等为重点，促进残疾治理体制机制变革。创新紧密联系残疾人的机制，依靠"12385"残疾人热线、残疾人办证、残疾人信访服务等服务窗口，对残疾人合理合法诉求分级分类管理，为残疾人政策制定提供科学参考。发挥残联枢纽型社会组织的作用，将各类自助、助残社会组织联合起来，发挥了党组织在社会组织发展中的领导核心和政治引领作用。强化残疾人基层人员组织管理，建立基层残疾人专职委员遴选、考核机制，提升残疾人专职队伍年轻化和受教育水平，促进残联专干和专职委员人员队伍稳定，推动五大残疾人专门协会单独注册，保持残疾人专门协会发展活力。推动残疾人事业纳入发改、民政、社会保障、卫生健康、统计等重要职能部门发展规划。

(2) 激发社会活力：社会组织结构优化及其能力提升。优化助残社会组织结构，培育服务于不同残疾类型的专业服务组织、提升能力的培训咨询服务组织、整合资源的服务社工组织，为残疾人服务提供供需对接平台的信息服务机构等，满足残疾人多元化、细化服务需求的助残服务的社会组织体系。大力培育发展助残社会服务组织，明确孵化培育助残服务组织的重点领域、孵化基地建设、服务购买流程和标准以及督导机制等，建立健全由购买主体、残疾人服务对象以及第三方组成的项目综合评价机制。以助残服务公益创投创新支持助残组织发展，为残疾人服务政策倡导积累知识与经验，为完善残疾人服务政策、政府购买助残服务内容、机制以及评估提供参考借鉴。建构助残社会组织与政府的协同机制，搭建社会组织与政府部门间互助共赢的合作平台，大力推进政府购买服务，扩大购买总量规模，优化购买服务结构，提升残疾人专业化服务水平与服务质量。

(3) 整合政策工具：完善积极适恰的残疾人社会政策体系。建构残疾预防的政策运行机制，完善由残联、人社、卫计、文教、民政、安监、环保、公安等组成的残疾预防协同机制，加强对残疾相关脆弱群体的宣传干预，形成抵御残疾风险个人、家庭、社区、社会的支持性网络。完善残疾儿童福利的政策体系，针对不同残疾类型、不同残疾等级和年龄阶段的残疾儿童，提供适合其发展要求的生活、教育、康复、医疗及辅助器具配置服务。健全残疾老年人社会支持服务，重点关注重度肢体、精神、智力和多重残疾人的养老问题，打破现有政策壁垒，以老年人的自理能力、疾病轻重等完善评估标准，建立重度残疾人、低保残疾人、失能、高龄老人、经济困难老人等照护等级标准。建立残疾人特殊群体基本社会保障体系，帮助残疾人社会保险全覆盖，推动困难残疾人生活补贴范围逐步扩大到低收入残疾人及其他困难残疾人，重度残疾人护理补贴范围逐步扩大到非重度中度智力、精神残疾人和多重残疾人，将无业重度的肢体、智力、精神以及多重残疾人单独立户纳入最低生活保障体系，建立健全精神、智力残疾人医疗救助补贴机制。建构残疾人社会工作服务体系。

（4）推进智慧助残：促进智能技术与残疾人生活融合。支持、激励研发、生产、优化智能助残产品，建立人工智能助残产品的技术标准，促进人工智能助残产品产业发展；建立我国助残产品开发的大数据库，并将其与我国残疾人日常生活的基础设施等数据链接，为残疾人辅助产品的研发、优化升级提供基础数据支撑。以我国残疾人大数据库和助残产品研发基于互联网大规模协作的知识资源管理与开放式共享工具。打造助残服务的系统平台，清晰残疾人日常生活、康复、医疗、教育等更加具体需求，为施行"一人一策"残疾人服务提供数据支撑。激励开展智慧助残服务项目，打造分类别的助残服务资源品牌，为残疾人智能产品的信息获取、使用等提供支持性服务，以智能技术赋能残疾人就业，帮助残疾人中具有专业技能的让他们通过互联网能够获得更为平等的创业就业机会。以智能化赋能残疾预防，建立国家层面的残疾预防监测网络数据库，确立疑似残疾标准。依托现代信息技术，建立以医院为主导的残疾管理随报系统，以社区为依托的监测网络。促进残疾治理智慧化，将残疾政策调研与决策、资源动员与配置、政策实施与评估、监测与反馈及政策优化等信息，借助大数据分析技术对残疾人治理过程全面感知，搭建便于社会服务机构和市场助残服务力量进入残疾治理的公共平台，促进各类信息资源的整合、共享，推动面向社会和广大残疾人的政务信息公开与信息资源的开发利用。

（5）创新残疾治理文化：建构残疾治理的社会文化价值体系。通过广泛、多元社会宣传推动反歧视氛围，消除制度性残疾歧视，建立政策法规反歧视评估机制，广泛开展反歧视、倡导平等和包容的学校教育与社会教育，在人们的日常生活用语、社会行为准则中反对残疾标签，建构无歧视的社会道德氛围。推进社会无障碍文化建设，通过广泛的社会宣传，使无障碍的知识、法律法规、基本规则等得到广泛的认知和认同，推动其成为全社会集体行动和普遍遵守的文明规则。倡导和塑造残疾自强、自立的精神文化形象，开展适合多元多层次的残疾人文化活动，提升自立自强精神和文化的自觉；讲好残疾人自立自强的残疾人故事，改变人们的残疾观和对待残疾人的态度与行为，建构新型残疾文化。强化残疾风险的研究，以医学、社会学、康复学、自然科学等多元学科视角，描述和分析残疾风险的类型、特征以及残疾风险发生发展的机理，以及残疾风险应对的体制机制，残疾的发生是由不同的致因、不同的致因与干预方式的互动，以及互动的时间节点、彼此强度、策略选择等因素相关联，增强残疾风险治理的前瞻性。

（6）夯实治理基础：强化残疾人家庭建设、社区治理及监测评估。以残疾人家庭能力建设为治理重心，通过专项政策协助困难家庭和残缺家庭，给予家庭选择更好、更多资源的替代性支持，支持残疾人活动支持计划、残疾家庭养育支持、残疾人父母的心理咨询服务支持计划等，实行残疾人家庭福利津贴制度，残疾人家庭防范风险专项计划，实行弹性工作制度和弹性退休制度，为劳动者履行照顾残疾家庭成员的责任提供支持。强化残疾社区治理，坚持"政府主导、社会广泛参与、资源共享"，将残疾人服务有机融入社区公共服务中，嵌入社区治理体系中，通过行政、社会、文化整合手段，形成社区资源与残疾人需求相结合的合理格局。建立综合监管体系和监测评估指标体系，以绩效评估为支撑确立残疾人事业治理创新评价相关制度，在广泛调研与科学研究的基础上构建残疾人事业治理创新评价指标体系，将残疾人事业治理创新目标实现程度、治理手段依法程度、治理周期、治理专业化水平作为评价的重要内容，引入"第三方"保证监督与评估的客观性和公正性。

四　主要内容

本书主要内容共分为六部分。

第一部分介绍中国残疾人事业治理创新的时代背景。通过分析中国残疾人事业发展的基本脉络、基础与特征，结合国际残疾人权利保护的关注领域与发展趋势，在国家治理体系与治理能力现代化的要求下，提出了中国残疾人事业发展治理体系创新的时代要求与价值意义。

第二部分阐述中国残疾人事业治理创新的研究框架。以风险社会理论、治理理论、社会融合理论为理论基础，以残疾、残疾人多样性、残疾风险、残疾人社会融合等核心概念，构建中国残疾人事业治理创新的研究框架，重点关注残健之间关系、协调互动关系、主体间性关系、家庭与社会等互动模式，对治理过程、治理理念、治理目标、治理结果进行深入考察。

第三部分呈现中国残疾人事业治理现状的调研结果。基于中国残疾人事业治理创新的研究分析框架，对中国残疾人事业发展整体状况进行全景式描述，通过江苏省、陕西省、甘肃省的残疾人事业发展现状比较，发现中国残疾人事业发展的地区差异性，以及关键治理领域与治理工具上的结构性，在此基础上总结中国残疾人事业治理的主要经验。

第四部分揭示中国残疾人事业治理创新的困境与挑战。以"风险—治理—融合"为理论分析工具，发现当前中国残疾风险干预领域、残疾人身体康复、残疾人增权赋能、残疾人社会融入等残疾人工作中面临的突出困难，总结当前中国残疾人事业治理创新面临的九大突出问题，并揭示了当前中国残疾人事业治理体系创新面临的深层次挑战。

第五部分提出中国残疾人事业治理创新的道路与方案。在呈现中国残疾人事业治理创新的经验、问题与挑战的基础上，提出中国残疾人事业治理创新的新时代要求、基本原则与运行机制，并结合当前与未来中国残疾人事业发展目标，提出在组织体系、社会参与、政策效能、基础要素以及科技支撑等提出创新建议。

第六部分提出中国残疾人事业治理创新的未来重要议题，从文化与意识、社会体系与社会的组织、多元挑战、技术突破、资源整合等方面，探讨中国残疾人事业治理创新的未来图景，从理论上形成残疾、残疾人、残疾人事业、残疾人文化的完整研究链条，为未来中国残疾人事业治理体系创新提供新视野和新方向。

第一章　残疾人事业治理创新的社会经济基础与实践

在我国残疾人事业发展过程中，残疾人事业治理体系与能力现代化不断提升。我国残疾人事业治理创新以残疾人事业为治理对象。我国残疾人事业是中国特色社会主义社会事业的重要组成部分。随着现代社会的发展和风险社会的到来，残疾风险的复杂性和残疾致因的多元性使得残疾发生、发展的脆弱性、不确定性和裂变性明显增大、增强，传统意义上的残疾人保障和服务体系面临新的挑战。人类对于残疾人的困境与权利延伸到了对"残疾"风险的关注，在我国国家治理体系和治理能力现代化背景下，我国残疾人事业发展迫切需要新的转向，残疾人事业治理体系创新需要成为社会各界广泛关注的重要议题。

残疾不仅影响着个人的健康和幸福，也关系到社会的文明与进步。残疾体现了人类多样性是社会发展中的必需组成部分，也是社会制度的重要利益群体。"残疾是伤残者和阻碍他们在与其他人平等的基础上充分和切实地参与社会的各种态度和环境障碍相互作用所产生的结果。"[①] 在激烈的社会竞争中，残疾人作为弱势群体，面临生存与发展的困难，我国残疾人事业通过社会制度的合理安排，建立较为完善的社会福利保障，提升了残疾人生存和生活质量，为残疾人的发展提供充分的社会空间，保护了残疾人的人格尊严与合法权益。

---

① 《残疾人权利公约》中关于残疾的概念。

一 中国残疾人事业发展的基本脉络、基础与特征

中华人民共和国成立以来,中国残疾人事业起步。特别是改革开放以后,形成了政府主导、国家动员、社会参与以促进残疾人生存与发展权益保护为中心的发展模式。至此,残疾人事业得到长足发展。

(一)中国残疾人事业发展的基本脉络

从残疾人保护与发展的视角观察中国残疾人事业发展进程,大致经历了残疾人生存—劳动救济、权利—保障、发展—融合三个阶段。

1. 残疾人生存—劳动救济阶段(1949—1988)

中华人民共和国成立到改革开放前,残疾人一直是国家和社会福利关注的重点人群。为解决残疾人面临的生存困境,政府启动国家力量建立了一大批社会福利机构、社会福利企业等促进残疾人的收养、就业扶助等,成立了中国盲人、聋人福利协会,召开全国盲人聋哑人第一届代表会议,形成了以盲聋哑保护为重点的残疾人救济福利制度。

改革开放头十年,党和政府着力恢复和重建残疾人福利救济制度。党和政府高度重视残疾人事业,从法规到政策、制度不同层面对残疾人权利实施保护。1982年颁布的《宪法》规定"公民疾病或丧失劳动能力的,有从国家和社会获得物质帮助的权利","国家保障残疾军人的生活,抚恤烈士家属,优待军人家属,帮助安排残疾公民的劳动、生活和教育"。第一次从国家根本上提出了残疾人作为公民基本的劳动、生活和教育权益需要得到国家保障和福利供给。在为残疾人提供福利供养的同时,还以劳动救济的方式解决残疾人面临的现实生存问题,出台了一系列重点促进残疾人劳动技能提升的政策,使残疾人就业和教育程度得到大幅度提升,残疾人的生存状况得到明显改善。

1984年成立的中国残疾人福利基金会,为中国残疾人事业做了一系列开创性、基础性的重要工作。这一时期,残疾人作为特定人群,与农村五保户、孤儿等鳏寡孤独以及贫困人群一起实施国家救济。1987年国务院批准了由民政部牵头会同国家统计局、卫生部、国家计委等九个部门开展的首次全国残疾人抽样调查,为将残疾人保护和发展纳入国家和政府法规、方针、政策和发展规划中提供了依据,为国家残疾人保护和

发展促进行动完成了信息准备。

2. 残疾人权利—制度保障阶段（1988—2008）

1988年，在中国盲人聋人协会（1953年成立）和中国残疾人福利基金会（1984年成立）的基础上组建成立中国残疾人联合会，《中国残疾人事业五年工作纲要（1988—1992）》（以下简称《纲要》）颁布实施。第一次提出"残疾人事业"概念，意味着我国残疾人事业正式纳入到顶层设计中，《纲要》设定了残疾人事业的发展目标、工作步骤、实施与评估等系统性、制度性保障，体现了国家在残疾人事业发展中的制度安排和政策设计，从此我国残疾人事业正式步入法制化、制度化、组织化的国家行动阶段。在这二十年间，还颁布实施了《中华人民共和国残疾人保障法》，作为保障残疾人权利的专门性法律，对残疾人康复、教育、劳动就业、文化生活、福利、环境等都有了具体的法律规定，残疾人的政治、经济、社会等权益得到法律保护，极大地推进并巩固了残疾人事业发展的法律基础和实践效能。与之相配套的《残疾人教育条例》（1994年8月23日颁布）和《残疾人就业条例》（2007年2月25日发布）等也相继出台，初步形成了残疾人权益法律保护基础和法规体系。残疾人就业保障金、残疾人社会救助与社会保障等制度的建立，推进了残疾人社会福祉的不断完善与提升。

这一时期，由全国各类残疾人代表和残疾人工作者组成，融代表、服务、管理功能于一体的全国性残疾人事业团体——中国残联成立。这使得残疾人作为一个重要的社会群体，在政治、社会、经济、文化发展中的地位得到国家、社会的认同与重视，明确了"残疾人事业是我国社会主义事业的一个组成部分"，"创造良好的物质条件和精神条件，使残疾人在事实上成为社会平等的一员"，残疾人权益保护和发展得到彰显。在我国改革开放和中国特色社会主义市场经济的建设中，残疾人被纳入我国逐渐形成的社会保障和社会救助体系中。

3. 残疾人发展—社会融入阶段（2008—2017）

2008年，《中共中央国务院关于促进残疾人事业发展的意见》办法实施，2006年，联合国通过历史上的第一个内容全面的保护残疾人权利的《残疾人权利公约》，2007年3月30日中国签署了该公约，《残疾人权利公约》在我国落地生效，并成功举办国际残奥会。之后，《残疾人两个体系建设的指导意见》（2010年3月10日）、《残疾人分类分级标准》（2011年5月1日实施）、《残疾人"十二五"发展规划纲要》（2011年12月18日）、《无障碍环境建设条例》（2012年6月28日发布）、《精神卫生法》（2012年10月26日发布）、《残疾人预防和康复条例》（2017年2月7日发布）等与残疾人权益保护密切相关的法律法规相继出台，基本形成了残疾人事业发展较为完善的法律法规体系。特别是"两个体系建设"的提出，表明国家运用强制性手段对国民收入进行重新分配，降低了残疾人群体的边缘化程度，提升了残疾人社会共享的数量和质量。同时，也表明了政府主导的残疾人社会保障和社会服务体系和能力进一步增强。

这一时期，"促进残疾人全面发展"成为残疾人事业发展的重要目标和要求。残疾人的主体地位得到充分肯定，"平等、参与、共享"体现现代文明社会的残疾人观、残疾人事业的社会融入等得到政府和社会更加广泛的认同和推进。残疾人事业融入体现在两个方面，一个是社会融入，表现为残疾人事业融入我国经济社会发展大局，成为民生事业关注的重要着力点；另一个是全球融入，我国参与国际残疾人事务、融入国际人权保障机制，中国残疾人人权保障纳入联合国国际人权机制，残疾人事业开始走向国际。至此，中国将国际理念与中国国情相结合，形成了中国特色残疾人事业的理论体系、法律体系和业务体系，中国和国际残疾人保护与发展相得益彰，互相促进，共同发展，中国特色的残疾人事业发展模式也为广大发展中国家提供了有益的经验。

2017年，中国共产党第十九次全国代表大会在北京开幕。十九大报告提出了中国发展新的历史方位——中国特色社会主义进入了新时代。新时代我国社会主要矛盾的转化对残疾人事业发展带来了新的机遇和挑战。面对残疾人事业发展不平衡不充分的现状、残疾人需求的变化，以及我国经济社会发展的新形势、新特征，在深化改革的背景下，残疾人事业发展需要不断的理论和实践创新，加强顶层设计，提高政策效能，不断增强残疾人的安全感、获得感和幸福感，以及残健的社会融合，推动中国特色残疾人事业走入新时代、走向现代化。同时，在国际残疾人领域展现出负责任大国形象,残疾人事业发展和残疾人人权保障成为中国社会发展的亮点和名片。

(二) 中国残疾人事业发展的基础

改革开放 40 多年,我国政治、经济、社会、文化发展取得了前所未有的成就,为我国残疾人事业的快速发展奠定了基础。

1. 制度保障:为残疾人事业发展构建有效的法律法规体系

制度是调节人与人、人与社会、人与自然之间关系的体制机制、法律法规等的总和。残疾人保护和发展制度以其规范性和稳定性发挥着整合协调国家、政府、社会以及市场在残疾人事业发展中的关系,是残疾人事业发展的重要保障。作为我国执政党的中国共产党将坚持全心全意为人民服务的宗旨作为自己的最高价值取向,把人民美好生活的需求作为根本目标。将残疾人事业提升到社会公平正义,促进改革稳定发展以及良好的国际形象等高度,以社会制度促进残疾人事业发展,认为"残疾人是一个数量众多、特性突出、特别需要帮助的社会群体"[①]。要求各级党委和政府要从坚持立党为公、执政为民的高度,从全面建设小康社会、构建社会主义和谐社会的高度,充分认识发展残疾人事业的重要意义。

党和政府历来高度关心发展残疾人事业,从国家制度层面采取了一系列政策措施,促进残疾人事业与经济社会协同发展,残疾人社会政策成为我国基本公共政策和社会政策的重要组成部分。我国形成了以《宪法》为指导,《中国残疾人保障法》为核心,促进残疾人就业、教育、康复、社会保障和社会服务等相关法律法规为基础和地方性文件为补充的残疾人社会保障法律法规体系,完善了残疾人事业发展制度框架,建构起以政府、残联、社会组织和市场助残力量共同参与的残疾人制度执行机制,为残疾人事业健康发展提供了有效的法律和组织保障。

2. 经济发展:为残疾人事业发展提供坚实的物质基础

我国残疾人事业是在一定的经济社会发展阶段提出并在经济社会改革发展中不断完善的。改革开放以来,我国经济发展取得辉煌成就,数

---

① 《中共中央国务院关于促进残疾人事业发展的意见》(2008 年 3 月 28 日)。

据显示，1978—2017 年，我国国内生产总值增长 33.5 倍，人均国内生产总值增长 22.8 倍，人均国民总收入（GNI）达到 8250 美元，超过中等偏上收入国家平均水平，在世界银行公布的 217 个国家（地区）中排名上升到第 95 位，我国经济规模跃居世界第二位，成为世界第二大经济体。经济的发展为残疾人生存和发展的改善提供了基本的财力保障。为促进残疾人事业发展，我国建立起了包括财政拨款、项目资金、事业收入、事业单位经营收入、福利基金及社会捐助等的多渠道残疾人事业筹资机制。随着我国残疾人社会保障和社会服务政策的不断完善，为之配套的中央和地方财政资金总量增加，建立起残疾人就业保障金制度。研究显示，残疾人事业投入随国家财政收入的增长而增长，且年增长速度超过国家财政收入的年增长速度，特别是 2008 年以来，中央和地方财政收入的民生倾斜，在残疾人事业资金保障中得到充分体现。统计显示，"十一五"期间全国残联系统用于残疾人事业发展的财政资金为 573.59 亿元，"十二五"期间财政资金投入 1451.24 亿元，比"十一五"期间增长 153%。2016 年，全国残联系统用于"十三五"期间残疾人事业发展的财政资金共计 416.69 亿元，比"十二五"同期（2011 年）增加 241.54 亿元，增长 138%。2013—2017 年各级财政专门用于残疾人事业的资金投入超过 1800 亿元，比上一个五年增长 123%。[①] 不断增加的资金投入为我国残疾人事业发展提供了持续动力。

3. 社会发展：为残疾人事业发展拓展多元的支持空间

残疾人事业在我国社会快速演变的社会过程中发展。改革开放以来，我国城镇化、老龄化、市场化、信息化、国际化进程不断推进，社会处于快速发展和加速转型的阶段。一方面，社会主义市场经济发展促使我国社会从封闭半封闭、同质的单一性向开放的、多元多样性的现代社会结构转变，社会流动加快、社会分化加剧，社会利益性、规范性、观念性等各种冲突加剧，社会分化迅速而广泛。人与人之间无论在法律意义上还是就实际的生活方式来说越来越明显的独立性和个体性，社会价值也更加肯定和强调个人独立、个人的权利，以及个人的自我成就和自我

[①] 中华人民共和国国务院新闻办公室：《平等、参与、共享：新中国残疾人权益保障 70 年白皮书》，2019 年 7 月。

实现。在这种急剧的变迁中，传统社会整合力量弱化，新的社会整合机制和能力还没有形成。在这样的背景下，残疾人内部同样发生着分层和分化，利益多元和诉求的多样，残疾人事业在发展过程中满足残疾人日益多样多元的需求，需要更加完善的残疾人事业发展顶层设计。

在我国改革开放推进过程中，社会力量培育成为社会建设的重要支撑，社会组织作为社会力量的重要表现形式得到快速发展。社会组织法律法规体系加速健全和完善，2001—2017年，我国社会组织总量从12.9万个增加到了80.3万个，研究成果显示，2016年全国社会组织增加值总量约2789亿元人民币，占当年GDP的0.37%，占当年第三产业增加值的0.73%。[①] 社会组织日益在精准扶贫、养老助残、生态环保、慈善助困等社会服务中扮演越来越重要的角色，也在基层社会治理中融治理与服务于一体，成为社会治理的重要力量。这里，助残社会服务组织也不断得到发展，成为残疾人服务和残疾治理不可或缺的力量，有效提升了残疾人服务的能力和质量。

4. 社会主义人道主义思想：为残疾人事业发展注入厚实的价值与理论力量

人道主义泛指一切强调人的价值、维护人的尊严及权利的思潮和理论。人道主义具有两种含义：一种是作为世界观和历史观的人道主义；另一种是作为伦理原则和道德规范的人道主义。西方的人道主义是在否定中世纪的"神权"基础上，提出以人为中心的世界观，提倡关怀人、尊重人，主张人格平等，互相尊重。法国大革命时期，把它具体化为"自由""平等""博爱"。人道主义也是我国传统文化思想的渊源，傅斯年先生认为"春秋时人道主义固以发达"，在我国，人道主义源于人道、人文思想。我国各种古典儒家、道家思想著作中的表达都反映了这些思想。《易传》中就有"有天道焉，有人道焉，有地道焉"，《礼记·丧服·小记》的"亲亲、尊尊、长长，男女有别，人道之大者也"，《周易》的："立天之道，曰阴与阳；立地之道，曰柔与刚；立人之道，曰仁与

[①] 中共中央党校国家行政学院"中国社会组织经济规模（N-GDP）测算研究"课题组：《2016年全国社会组织经济贡献达2789亿元》，《经济参考报》2018-07-18，http://dz.jjckb.cn/www/pages/webpage2009/html/2018-07/18/content_ 45276. htm。

义"，《中庸》云："诚者天之道也，诚之者人之道也。"诚之一字，有成己成物之义，亦即孟子的"亲亲而仁民，仁民而爱物"。这些论述都从人本身出发，在社会关系中确定人与人、人与社会、人与自然等之间的关系，强调人的价值。

邓朴方关于人道主义的论述对中国残疾人事业发展具有重要意义。在中国特色残疾人事业发轫的 20 世纪 80 年代，邓朴方提出的人道主义思想是残疾人事业的旗帜，从而奠定中国特色残疾人事业的人道主义理论基础。他主张，人道主义应该作为我们国家和社会的基础思想之一，社会主义社会的基础思想之一，不仅仅是调节人际关系的准则和道德规范，也应该成为一种价值观。他提出，"这个事业（残疾人事业）作为人道主义事业，就是要显示人包括残疾人的价值，恢复并维护人的尊严，让理性、文明成为生活的主导，从而使每一个人都能生活得好，特别是那些处于最困难地位的残疾人。"[①]

人道主义的残疾观，首先确认了残疾人的主体性，认为残疾人同样可以创造社会财富，他们的公民权利和人格尊严应同样受到保护。因此，要鼓励残疾人实现自身的创造才能，保证残疾人能平等参与社会生活与发展，共享社会发展成果。残疾人事业的发展要贯彻人道主义的非歧视原则、权利平等原则、同等条件下弱者优先原则和共同发展原则。人道主义的残疾人观为我国残疾人事业发展提供了思想基础和理论依据，有力促进了我国残疾人事业迅速发展。

（三）中国残疾人事业发展的基本特征

作为中国特色社会主义事业的组成部分，我国残疾人事业发展在经历了不同发展阶段、总结经验、汲取教训和吸纳新元素的基础上，逐步形成了政府主导、社会协同、社会保障、国际对标的重要特征，成为中国人权事业发展的名片。

1. 政府主导：纳入国家发展大局并服务大局

我国残疾人事业发展是中国共产党的人民性宗旨，是社会主义政治

[①] 《人道主义的呼唤》第四辑编辑组：《学习贯彻十八大精神开拓中国特色残疾人事业的新局面》，《残疾人研究》2013 年第 1 期。

体制的必然要求。因此，残疾人事业从自发到自觉，从对残疾人生存困境的回应到残疾人保障体系的积极建构，以及残疾人事业政策投入、资金投入等方面都体现了政府主导的特色。三十年来，残疾人事业发展纳入国家发展大局并服务大局，统筹部署，同步推进。政府主导与国家改革开放的大局相适应，残疾人事业是中国特色社会主义事业的重要组成部分，与我国社会各项事业共同发展，与经济建设、政治建设、文化建设、社会建设、生态文明建设"五位一体"小康建设联系日益密切，并纳入到"四个全面"战略部署中。我国在大力推动民生建设，以补短板为重点的民生工程建设中，残疾人事业发展的基础设施和社会保障与服务体系建设得到大力推进与完善，残疾人公共服务被纳入国家基本公共服务均等化、标准化建设中；各级政府普遍将残疾人事业发展规划主要目标纳入当地全面建设小康社会总体目标，纳入"十五""十一五""十三五"我国经济社会发展总体规划，纳入民政、人社、教育、卫生、计生等专项事业规划，纳入政府部门年度考核范围，统筹安排，同步推进，使残疾人事业发展得到强有力的保障。残疾人事业发展也成为我国民生工程建设、社会保障与服务体系建设，以及社会和谐发展建设的亮点。

2. 社会协同：残联、助残社会组织、市场力量共同为残疾人排忧解困

"社会协同"主要是指要充分发挥各类社会组织提供服务、反映诉求、规范行为的职能作用，实现党委、政府、社会中介组织之间明确的分工协作，建立起互联互动的社会良性机制。各级残疾人联合会（以下简称残联）是党和政府联系广大残疾人的桥梁和纽带，是残疾人自我服务、自我管理的共同体，具有"代表、服务、管理"的职能。在残疾人事业发展过程中，残联担负起了组织、支持残疾人社会组织依照法律法规和章程开展工作，参与残疾人事业社会管理和公共服务。政府对残联承办的社会事务和专业服务项目给予了相应的政策支持，特别是残疾人事业发展形成时期，残联从残疾人需求出发，与政府各个部门工作衔接，开展了残疾人基本信息供给、政策倡导、规划执行等工作。同时，残联组织整合资源能力也在不断扩大和增强，为促进残疾人事业的发展奠定了基础。残疾人自组织的五个专门协会：中国盲人协会、中国聋人协会、

中国肢残人协会、中国智力残疾人及亲友协会、中国精神残疾人及亲友协会,以及残疾人比较集中的企业、事业单位等,建立起残疾人基层组织,充分代表残疾人反映诉求和需求;工会、共青团、妇联等人民团体和老龄协会等社会组织更是发挥各自优势,支持残疾人工作,维护残疾职工、残疾青年、残疾妇女、残疾儿童和残疾老人的合法权益;红十字会、慈善协会、残疾人福利基金会等慈善团体也积极为残疾人事业筹集善款,开展爱心捐助活动。通过社会相关利益群体的共同参与和协同,促进残疾人事业的快速持续发展。

3. 社会福利:形成以改善残疾人生存与发展为重点的基本架构

"为残疾人创造平等参与社会生活的条件,使残疾人共享改革发展成果,是党和政府以及全社会义不容辞的责任。"① 一直以来,我国残疾人事业与我国经济社会同步发展,成果共享。为此,建立起了基于残疾人需求"普惠+特惠"的残疾人福利模式。一方面,通过一般性制度安排获得社会保险和社会救助,将残疾人纳入我国基本社会保险和社会救助中,对困难残疾人实行基本养老保险参保补贴和城镇居民基本医疗保险补贴,对实施残疾人就业项目的单位和就业特别困难残疾人发放就业补贴和社保补贴;对城乡残疾人最低生活保障实施分类施保,根据残疾等级,对盲人、低视力及智力残疾、精神残疾、肢体残疾者增发保障金;对重度残疾人实施单独低保政策。另一方面,通过专门残疾人福利事业及其他特殊扶持,包括残疾人福利津贴、残疾人康复事业、残疾人特殊教育、残疾人福利设施、残疾人社会服务等,促进我国残疾人的政治、经济、文化、社会权益得到尊重和保障,平等参与社会生活的机会增多、范围扩大、能力增强。

4. 国际对标:推进与世界残疾人共同发展

现代社会残障风险及其因此而产生的问题,是国际社会普遍存在和关注的重要议题。各种情况导致身体残疾而出现功能障碍的人数众多,世界卫生组织估计全球超过 10 亿人或 15%的世界人口(2010 年全球人

---

① 李克强:《促进残疾人事业在新的起点上加快发展 为夺取全面建设小康社会新胜利共同奋斗》,《人民日报》2008 年 11 月 12 日。

口估计）带有某种形式的残疾而生存①。对于每一个个体来说，身体器官功能障碍是整个生命过程中必然出现的现象。基于"人类大家庭所有成员的固有尊严和价值以及平等和不可剥夺的权利，是世界自由、正义与和平的基础"，国际社会形成了以《残疾人权利公约》（以下简称《公约》）为基础的国际残障人士基本法律框架。作为联合国常任理事国，中国是国际残疾人权利保护事业的倡导者和积极推动者，积极宣传《公约》的尊重、不歧视、融合、接纳、平等、无障碍等基本原则和精神，遵循《公约》的宗旨和原则，履行《公约》规定的缔约国责任和义务，并将其体现在保障残疾人权利的法律法规之中，融入残疾人事业发展规划和计划之中，贯彻到各项残疾人事务之中。并借鉴国际社会残疾人保护与发展经验，建立起覆盖全体残疾人的制度框架，保障残疾人各项权益，完善残疾人公共服务体系，大幅增加公共产品和公共服务供给，帮助残疾人共享经济社会发展成果，促进中国残疾人事业与世界平等对话。中国在《公约》的制定、履行等方面做出了突出贡献，中国残疾人事业被誉为发展中国家的典范。

二　国际残疾人权利保护的关注领域与趋势

对残疾人的权利社会保护，是国际社会的共识，是人类文明发展和社会进步的一个重要标志。17世纪英国颁布的《济贫法》，最早以制度救济老人、孤儿、残疾人，是世界上残疾人社会问题政府干预的开始。随着经济社会的发展，国际残疾人权和社会保障制度不断完善，关注的领域不断扩展，发展到从各个国家到国际社会共同行动。2006年《残疾人权利公约》，宗旨是促进、保护和确保所有残疾人充分和平等地享有一切人权和基本自由，并促进对残疾人固有尊严的尊重。标志着人类对待残疾人的态度和方法发生了"示范性转变"。

（一）主要领域

由于各国经济社会发展水平和文化的差异，国际残疾人事业发展呈

---

① 世界卫生组织、世界银行：《中国康复理论与实践》，《世界残疾报告》2011年第17期。

现不同的状态。从发展角度看，欧美等资本主义国家经济社会发展水平较高，残疾人事业发展水平总体较好，能够为我国残疾人事业治理体系创新提供有益借鉴。因此，对国际残疾人事业发展状况的分析，应从残疾治理体系的七个方面来描述。值得提醒的是，由于这些国家的制度和运行机制与我国差别较大，因此，考察我国残疾人事业发展应该以我国为主，在坚持我国国情的前提条件下，对西方残疾人事业治理有选择地借鉴。

1. 残健融合关系

残健融合关系，其主要内涵体现为社会如何对待残疾人，以及残疾人是否拥有和健全人同样的参与社会生活机会。残健融合不仅体现在国家的法律政策上，更应该充分体现在日常生活中。在现代社会，自由、公正、平等理念下的残疾人观，使得人们在表达中，基于"政治正确"，绝大多数国家法律政策都承认残疾人和健全人拥有平等权利与共享社会发展成果，但在政策实践和日常现实生活中可能存在较大程度差异。

无障碍是社会融合和共融的最终目标。其中，残疾人是否方便户外出行是非常关键的评价指标。在加拿大，残疾人独立出行比较方便，无障碍设施建设和无障碍服务非常人性化，残疾人学习、生活环境和公共场所都有为残疾人提供方便的公共设施，如专门提供给残疾人使用的通道、电梯和厕所等，在公共停车场还有残疾人专用的停车位。如果侵占残疾人车位将被处以罚款，客运火车设有专供残疾人上下车的车门，汽车司机要负责帮助残疾人上下车，否则可以向主管部门投诉。在美国，有很多精心设计和安装的无障碍设施，例如路边坡道、轮椅升降梯等可供残疾人独自坐轮椅出行，为残疾人参与社会生活和工作提供了非常大的便利环境。在德国，坐着轮椅出行的残疾人，牵着导盲犬的盲人随处可见，他们和健全人一样外出学习、工作和生活。

此外，残疾人参与社会公共事务管理比例，也是评价残健融合关系的重要指标。在国际社会，安排残疾人到政府部门就业是促进残健融合的通行做法。加拿大政府特别规定，残疾人不应受身体条件限制而进入公务员队伍，2005年残疾人公务员的比例为5.8%，有些残疾人还能够参与外事方面的工作，他们认为当面对公众社会时，如果里面有残疾人等少数特殊群体会更容易赢得公众好感和社会尊重。在美国，残疾人占联邦雇员总数的比例在5%左右，并增加了联邦政府雇员残疾人的比例。在这些发达国家里，残疾人成为政府公务人员的现象比较常见，体现政府与公众的良好公共关系。

此外，在日常生活、受教育和就业等方面，国际社会较多残疾人可以独立外出不需要家人陪伴照料，和健全人一样工作学习、购物旅行，也不会有太多异样的目光，体现了较为融洽的残健互动模式。总体上，国际社会认为残疾人是社会成员的组成部分，政府和社会有责任为残疾人创造参与机会，让残疾人和健全人一样从事工作学习，并通过一系列举措促进残疾人与健全人良好互动。

2. 重视预防康复

国际社会对残疾人康复工作非常重视，随着康复医学发展，很多国家都遵循个性化的"全面康复"理念，从社会的角度推进医学康复、教育康复、职业康复及社会康复等，促进残疾人自我能力增长和参与社会生活。如美国，针对残疾人的具体康复需求提供专业服务和财政支持，建立残疾人评估数据库以保证服务质量，并对成年残疾人职业康复和就业情况专门评估。澳大利亚联邦康复中心为残疾人提供涉及职业康复的一整套服务，建立起完善的职业康复服务标准，以帮助残疾人选择就业、获得就业机会和保持就业。与之前仅仅关注身体残损部位矫形与辅具适配等医学康复相比，对残疾人康复的认知更为深入，残疾人康复体系建设以及康复技术更为完善。随着残疾人事业发展，西方国家普遍认识到每个人都有可能面临"残疾风险"，但是很多风险因素是可以提前预防与积极干预的。通常残疾预防包括三级预防，一级预防为初级预防，根据导致残疾的风险因素采取预防措施，这是最积极的残疾预防措施。二级预防是指防止由残损发展成为残疾，对残疾的形成发展过程中限制或逆转残疾，尽可能早发现、早诊断、早治疗。三级预防就是通过康复功能训练、辅助器具适配、支持性医疗护理等，防止残疾后出现残障。总体上，由于国际社会残疾康复意识以及相关康复配套措施的建立，残疾预防特别是前置残疾预防的机制更为完善。

3. 重点领域治理

残疾人事业重点领域治理通常指建立全面残疾人社会保障体系和多

样化公共服务体系。由于发达国家社会保障建设时间较长、经济实力较高，残疾人社会保障制度建设更加全面，比如德国的残疾人保障制度建设，不仅保障的形式和内容多种多样，而且兼顾了人一生中的全部年龄阶段。此外，针对残疾人的特殊保障种类丰富，货币津贴和间接津贴的类别繁多。又如英国，涉及的残疾人补贴津贴项目，有生活津贴、丧失劳动能力津贴、看护津贴、独立生活津贴，以及健康、教育、就业、住房、交通等方面特殊津贴等，这为残疾人提供了全面立体的社会保障和特殊津贴供给，为残疾人能够和健全人平等参与社会生活提供了基本前提。国外发达国家对残疾人公共服务建设非常注重个性化、便利性、可及性、主动性。从残疾人无障碍建设出发，在医院、公共交通、卫生间、超市、停车位等方面建设都非常完善，使残疾人能够走出家门、融入健全人群体中。就业是促进残疾人融入健全人群体的重点领域，如瑞典政府职能中明确规定国家有责任在劳动力市场中帮助残疾人寻找合适工作，并出台了一系列包括职业鉴定、岗位培训和对企业正常优惠，并对残疾人参与就业做到细分政策安排。国外发达国家非常重视残疾人的康复工作，提供了包括医疗康复、社会康复、职业康复等内容，医疗康复侧重于对残疾人身体的康复，社会康复侧重于促进残疾人积极参与社会生活，职业康复侧重于残疾人能够顺利进入劳动力市场中。此外，国外非常重视残疾人社区公共服务，让残疾人在家门口就能接受到社区提供的护理、照料以及其他公共服务。

（二）特点与经验

国际社会在长期的治理实践中，形成了有效的残疾人多元共治模式，其中强调政府主导的责任、完善的政策体系、融入大局的方式等都为我国残疾人事业治理创新提供借鉴。

1. 多元主体共治

按照西方政治学理论，现代社会结构被划分为三大部门，负责公共权力领域的政府部门为"第一部门"，市场或营利性组织为"第二部门"，社会公益组织或非营利性组织属于"第三部门"。西方国家推动残疾人事业发展，普遍采取多元主体共治办法，积极动员政府、市场、社会以及家庭的力量，而不同主体在残疾人事务中发挥着不同的作用，形成了政府为主、多主体共同治理的发展格局。

政府在残疾人事务中普遍发挥政策制定与最主要出资人作用。对残疾人社会救助，西方国家普遍制定了非常完善的社会保障体系，既有和健全人一样的社会保障制度，也有专门针对残疾人制定的特殊保障制度。此外，残疾人特殊津贴制度也比较完善，为残疾人提供了立体化、多样性的社会保障机制。同时，为残疾人提供服务普遍采取政府出资外包给残疾人服务机构的方式，也积极吸纳残疾人进入政府部门工作。对于市场力量的作用，由于西方国家慈善事业比较发达，市场力量通过捐赠给残疾人服务机构有着非常畅通的引导机制，可以在税收等方面获得政策优惠，也可以提高企业的外在形象。由于西方国家对安排残疾人就业有着完善的政策支持体系，所以有较多的公司会安排残疾人进入企业工作。

残疾人社会组织发育非常成熟，很多残疾人社会组织在积极为残疾人权利和权益呼吁，借用法律途径维护残疾人应有的权益，推动政策制定与监督政府政策实施，政府对这些残疾人组织也有非常大的支持帮助。法国全国共有 2700 个残疾人组织机构，约有 7 万人在残疾人组织机构工作，每年法国政府出资 2600 万欧元，用于对残疾人的补贴、临时帮助和服务机构的活动费用[①]。西方国家也非常重视残疾人家庭的作用。在法国，政府专门出资由残疾人家庭成员为残疾人提供相应服务，同时社会组织也会帮助残疾人家庭成员学习服务技能。一些国家也有政策安排残疾人家庭成员就业促进等措施。总体上，国际社会有多种力量在推动着残疾人事业发展，动员政府、市场、社会以及家庭共同促进残疾人权益保护和发展，并且政府承担着越来越重要的责任，特别是社会组织倡导和积极行动为残疾人事业发展提供了动力。

2. 政府工作机制

国际社会政府普遍设有专门为残疾人事务设立的部门机构，依据各国国情不同与政府部门设置不同，具体残疾人事务工作机制也有很大不同。

有一些国家设立了专门的残疾人问题协调机构，如英国设立了残疾

---

① 谢琼主编：《国际视角下的残疾人事业》，人民出版社 2007 年版，第 245 页。

人问题办公室（the Office for Disability Issue），负责协调政府各个部门的残疾人政策，将残疾人以及残疾人群体组织起来，就残疾人平等问题展开多方合作。在瑞典，设立有残疾人政策协调局，负责落实和监督残疾人政策国家行动计划的实施，协调和推进残疾人政策，保证残疾人平等参与社会生活。

没有设立残疾人事务协调机构的国家，残疾人具体事务主要由相关职能部门负责落实。在英国，负责残疾人事务的部门主要是工作和年金部，负责提供残疾护理服务和津贴管理，帮助已经工作或开始工作的残疾人就业等。在瑞典，与残疾人事务相关的职能部门主要包括社会保险局、全国卫生福利委员会、全国住房建筑规划委员会、健康福利委员会、健康保健技术评估委员会、公共交通道路管理局等。在法国，残疾人事务由国家和省政府共同负责，残疾人生活费用由国家社会保障局负责，医疗由国家健康服务局负责，而教育、就业社会权利和特殊福利却由地方政府负责。在美国，联邦政府社会保障署（SSA）为残疾人设立的社会保险为残疾人保险项目（SSDI），为残疾人设立的社会救助为补充收入保障项目（SSI）。总体上，有关残疾人救助、保障、就业、医疗、教育、无障碍建设等公共事务，无论是联邦政府还是地方政府，实质上都承担了残疾人事务的主要和最终责任，都有相应的政府职能部门负责落实。

由于国际社会的高福利制度，残疾人社会福利保障都纳入了国家整个福利体系中，而且针对残疾人群体提供了特殊津贴制度。但是残疾人公共服务特别是多样化、特殊化服务，大多通过政府购买方式由专门社会服务机构承担。如美国，有很多为残疾人提供服务的非政府组织，美好愿望工场、雷恩县食品协会、美国西部独立生活中心、圣路易斯RC组织等，资金主要来源为联邦政府或地方政府出资，基金会、地方工商业等也会对这些非政府组织捐赠，双方通过政府购买方式为残疾人提供公共服务，政府部门主要通过税务、运营和合同等方式对服务机构运营进行监管。

3. 健全的法律政策体系

国外残疾人立法工作时间较早，20世纪90年代以来，以美国为代表的发达国家从保障残疾人权利角度陆续制定了反残疾歧视法，如《美国

1990年残疾人法》《澳大利亚1992年残疾歧视法》《英国1995年残疾歧视法》等。近年来，随着国际残疾人事业发展不断相互促进，欧美等发达国家陆续出台了禁止歧视残疾人的相关法律，亚洲等国和地区也纷纷制定了残疾人法律，如《日本残疾人基本法》《韩国反残疾歧视及其补偿法》《印度1995年残疾人法》《巴基斯坦残疾人法令》《菲律宾残疾人大宪章》等。目前，全球已经有一百多个国家和地区制定了为残疾人专门立法的法律法规。总体看，当前世界大多数国家开展残疾人立法的大趋势，一方面更多强调残疾人个人作为权利的主体，另一方面强调国家在残疾人发展事务中承担主要责任义务，主要表现为五个方面的突出特点。

一是强调权利平等与反对歧视。梳理发现，强调残疾人与健全人拥有平等发展的权利，强调残疾人与社会其他公民拥有同等社会价值，强调从国家层面保障残疾人平等权利的实现，已经成为残疾人立法的前提基础。比如，《美国残疾人法》（1990年）、《澳大利亚残疾歧视法》（1992年）、《英国残障歧视法》（1995年）等，把反对歧视残疾人作为核心主题。《美国残疾人法案》，确定了残疾人在就业、服务以及环境无障碍、信息无障碍和交通无障碍等方面的平等权利，法案禁止任何在工作申请手续、雇佣、晋升、培训、赔偿和解雇雇员方面，对符合标准的残疾人存在歧视行为，或者对其在就业条件和特殊教育方面存在歧视行为。20世纪70年代的《职业康复法案》和《残疾儿童教育法案》，明确规定残疾人和健全人一样可以获得同等工作机会，残疾儿童也有权利进入学校接受教育。

二是制定完善的残疾人特别扶助政策。虽然法律层面为残疾人确定了平等权利和同等参与机会，但是，为改变残疾人在实际生活中处于弱势地位，大多数国家普遍制定专门扶助保障法律，为残疾人提供辅助方法、优惠政策和保护措施等特别扶助；促进和保护残疾人通过多种形式就业，鼓励和帮助残疾人接受融合式教育和特殊教育；鼓励残疾人融入社会，对残疾人出行等提供优惠和补助。加拿大立法为残疾人提供一系列的优惠服务，如儿童康复服务、家庭特殊服务、成人照顾服务、求职就业服务、家庭钟点工服务、残疾人社区需求服务、残疾儿童托管服务、残疾人求偶服务等。

三是为残疾人提供完善周到的社会保障。由于国际社会保障体系历经上百年时间，社会保障与救助体系日趋成熟，以满足残疾人在教育、医疗康复、职业培训等领域的特殊需求。例如德国的社会救助法案对包括残疾人在内的特殊困难群体，提供了除食品费、生活费、燃料费以及杂费等日常生活费外，还包括代为缴纳医疗、养老保险费、支付丧葬费等费用，而且补助标准比一般补助标准要高一些。此外，除直接货币津贴救助外，还有如重度残疾人可以申请领取间接津贴，具体有税收优惠、免费的公共交通、减额的车辆使用税、特殊的停车设施以及电视和广播许可费免除等。

四是重视推进全社会无障碍环境建设。推行"为所有人设计"的通用设计理念，强调产品设计要考虑残疾人的特殊需要与服务。澳大利亚等规定所有建筑物和户外设施都需要提供残疾人通道，公共场所设施要符合残疾人出行的需要。同时，也非常重视信息和交流无障碍工作，保障盲人、聋人等特殊人群在信息获取方面的特殊性需求。

五是在《残疾人权利公约》框架下修订残疾人法律法规。1993年联合国通过了《残疾人机会均等标准规则》，但对缔约国没有法律约束力的条文，直到2006年12月13日，第61届联合国大会协商一致通过《残疾人权利公约》，确保残疾人享有与健全人同等的发展权利，在同等的发展机会条件下共享社会发展成果，促使各个缔约国在联合国《残疾人权利公约》框架下制定修改残疾人法律。

4. 融于大局方式

国际社会普遍是"小政府、大社会"的治理传统，社会组织发育机制和程度普遍较高。残疾人事业融入国家大局的方式，主要依赖于残疾人社会组织积极为残疾人争取权利和维护权益。一方面，加入残疾人社会组织的残疾人能够享受到社会组织提供的诸多服务，所以残疾人能够被广泛动员加入社会组织；另一方面，这些残疾人社会组织能够积极为残疾人利益代言，动员残疾人为特定候选人投票，向议会、国会等立法机构游说政策，为残疾人争取平等权利和合法权益，从而推动残疾人立法与相关政策的制定。在美国，影响比较大的残疾人社会组织，如20世纪70年代成立的美国残疾公民协会（American Coalition of Citizens with

Disability)、全国盲人联合会、美国残疾老兵组织等。在瑞典,大约有 2000 多个残疾人社会组织,其中多数组织隶属于瑞典残疾人联合会(HSO)。因为这些残疾人组织服务对象的数量规模较大,所以能对候选人选举结果产生影响,通过这种政治影响力,残疾人组织在为残疾人争取权益的过程中发挥了巨大作用。

(三)保护和发展趋势

随着国际社会对残疾的认识从个体视角走向社会视角、从医学模式走向社会模式,国际残疾人事业发展关注重点也从残疾人个体身体层面走向了社会障碍层面,推动残疾人事业发展格局也从发达国家走向联合国治理下的系统性发展。从残疾治理视角看,当前国际残疾人事业发展趋势主要表现为残健深度融合、保障更为立体、服务更为多样、政策更加刚性、干预应对前置、康复更加全面、社区参与更高、多元主体共治等特点,这为我国发展残疾人事业提供了有益借鉴与路径指导。

1. "平等、发展、共享"理念成为主流共识

2006 年联合国通过了《残疾人权利公约》,并被世界大多数国家特别是国际社会签署,其倡导的残疾人与健全人"平等、发展、共享"理念已经成为了世界主流,由此残疾人的人权观得到了大多数国家法律意义上的确立。在越来越注重个体权益保护的大背景下,世界各国政府对残疾人生产发展权益保护越来越完善,对本国残疾人工作也越来越重视,并从单个国家和单个地区的行动,发展成全球多个国家、多个地区甚至是全球化行动。因此,残疾人事业已经成为全人类发展的共同事业,其本质是对人自身多样性的尊重与认可,即承认残疾人与健全人同一性的同时,也承认残疾人与健全人的差异性。

2. 残疾人政策出发点从差别对待到反对歧视

很长时间以来,在残疾医学模式的治理框架下,残疾人事业发展非常重视对残疾人权益的保障,非常注重残疾人社会保障以及残疾人服务的供给,但是也造成了社会对残疾人的误解与歧视偏见,"无能、无力"的社会标签被定义在残疾人身上。《残疾人权利公约》明确规定了反对歧视的原则,其中第三条把"基于残疾的歧视"定义为基于残疾而做出的任何区别、排斥或限制,其目的或效果是在政治、经济、社会、文化、

公民或任何其他领域，损害或取消在与其他人平等的基础上，对一切人权和基本自由的认可、享有或行使。可见，"基于残疾的歧视"比"歧视残疾人"范围更广，不仅包括直接歧视，比如不让残疾儿童获得进入普通学校教育的权利，同时也包括间接歧视，比如社会对残疾人家庭、残疾人组织的歧视等。

3. 透过立法保障残疾人政策执行更具权威性

国际社会残疾人法律体系建设，不仅专门针对残疾人进行立法，还制定了相关领域的具体法律条文，使残疾人事业发展不再停留在口号观念阶段，而是落实到法律、政策、行动方面。法律相关条文不仅包括残疾人从出生、求学、就业、生活、医疗、康复等诸多发展内容，还包括残疾人就业、残疾人就业机构、残疾人社会福利机构等内容，用法律的形式保障残疾人发展权利，能够使残疾人政策在执行过程中更为刚性。

4. 社会保障和公共服务体系建设更加精准

国际社会的残疾人社会保障体系建设，是在国家社会保障体系建设制度基础上，通过特殊扶助和津贴补贴制度，让残疾人群体拥有更加完备的社会保障体系，让残疾人和健全人都能平等享受基本的生活质量。在公共服务体系建设方面，非常注重社会无障碍环境的建设，做好无障碍环境硬件设施建设，让残疾人能够融入社会公共空间领域，在康复、就业等公共服务重点领域，强调残疾人的社会康复和市场主体的社会责任，让残疾人能够顺利参与到社会生活各个领域。对于残疾人照料供养和社区服务，突出为残疾人提供服务的便利性与可及性，使残疾人公共服务需求与社会公共服务提供形成"无缝对接"。

5. 强化三级预防的残疾预防康复体系建设

随着残疾人康复理论与实践发展，发现残疾的风险可以通过预防康复而有效规避。通过完善残疾预防康复三级体系，建立残疾人评估与转介系统，理顺社区和康复机构之间服务转介机制，实现残疾人预防康复科学评估与无缝转介。尤其加强了低龄残疾儿童的抢救性康复工作，限制或逆转残疾的发生，防止由残损发展成为残疾。在整个残疾发生链条应对机制上，实现了残疾预防理念与工作的关口前移。

6. 残疾人公共服务从集中模式向社会模式转变

西方国家残疾人公共服务长期坚持集中式服务模式，坚持集中式托养照料、就业支持、康复教育等，致使残疾人完全脱离健全人生活空间。残疾人权利运动推动了社会对残疾的认知，残疾人的生活方式也要接近"正常"生活方式，"正常化"与"去机构化"发展理念被广泛接受与认同，残疾人社区生活和社区照顾模式被逐步推行，如美国的独立生活运动、欧洲的社区生活运动等社会反响较大。

7. 市场和社会组织参与残疾人保护与发展

西方社会福利制度改革以后，"小政府、大社会"使社会组织发育有了巨大的发展空间，致使残疾人社会组织和市场主体得到迅猛发展。从残疾人生活用品、康复服务、辅助器具等市场提供，从残疾人生活、工作和社会参与等社会组织参与，有非常多的企业和社会组织为残疾人提供生活扶助、医疗康复、教育指导、社区照料，政府也通过税收政策优惠减免鼓励企业和社会组织参与残疾人事业建设，已经形成了一个庞大的残疾人社会组织运行体系，一个相对完整的残疾人需求产业体系，能够为残疾人提供更多高质量、多样化的社会服务。

三 残疾人事业发展治理体系创新的提出

我国国家治理体系与治理能力的现代化要求拓展了残疾人事业发展创新空间，残疾人治理在理论与实践中的问题与挑战为残疾人事业治理创新提供了实践动力，政府职能转变、公民参与意识提升与社会组织发展都为残疾人事业治理创新奠定了现实基础。面向我国残疾人事业发展的理论与现实困境，借鉴国际残疾人保护与发展经验，研究提出残疾人事业发展治理体系创新框架。

（一）人类残疾观与残疾人保护发展模式的变迁

"治理"一词在我国自古有之，《荀子·君道》："明分职，序事业，材技官能，莫不治理，则公道达而私门塞矣，公义明而私事息矣。"最早有了"治理"的用法，之后在《汉书·赵广汉传》"壹切治理，威名远闻"，《孔子家语·贤君》"吾欲使官府治理，为之奈何？"等都有"治理"的用法，联系上下文，"治理"在我国古代，有管理之意，也有处理、整修的意思。作为公共管理的概念，治理理论在20世纪90年代在全球范围逐步兴起。

自古以来，人类就面临着残疾的风险。因为先天遗传、自然灾害、战争等都产生了大量的残疾人。随着人类社会发展、医学进步等，人们对残疾人的认知和理解不断发生着变化，从而影响着人们对于残疾风险和残疾人的态度。对于残疾人，治理自古有之。因此，在这里我们使用残疾人治理的概念。

对残疾、残疾人以及残疾人相关问题总的观点和看法构成残疾人观。残疾观在研究领域的具体体现即研究价值观，是研究残疾人相关议题的基础和起点，也是支撑残疾治理发展的基本理念。残疾观是残疾干预的模式的理论基础。人类的残疾观是一个不断变化的概念，经历了从个体到社会，从生物医学到社会医学，从残疾人与健全人的对立分歧到逐渐融合的过程，与残疾观相适应，人类对于残疾风险及残疾人问题的治理模式，基于理念、主体、方法以及结果的不同，经历了施恩救助模式、医学康复模式和社会福利模式、人权模式等变迁。

1. 残废—施恩救助模式

由于时代和认知水平局限，古代人们对残疾的认知比较零散，未能形成系统的概念。但在很多国家的历史文献中，不乏对残疾和残疾人的描述，反映出人们对残疾的看法。对于残疾人群体，中国古代有时用"废疾"或残废等来称谓，意思是有残疾而不能做事。无论是"废疾"还是"残废"，其"废"字的使用在一定程度上具有贬义、歧视的意味，带有浓厚的因果论和宿命论色彩的残疾话语模式比较流行。这种观点普遍认为，残疾是个人的前世因果报应，"今生瞎眼为何因，前世指路不分明，今生聋哑为何因，前世恶口骂双亲"等描述，将残疾人的现状与前世相联系，认为残疾是一种恶行的报应。在世界各地，对残疾有完全不同的看法，如古罗马人认为残疾是命运，是受到了恶魔的迷惑、神的惩罚，是厄运的化身，还有人认为有的残疾人具有神奇的力量，如古埃及的侏儒崇拜。无论如何，残疾不是被看作一个正常的人，是一个异类。这一时期，残疾被界定为残疾者的个人问题，其背后逻辑是，残疾是残疾人个人的事情，与社会无关。因此，所谓残疾的原因、过失和责任都只能是个人的。残疾是一种缺陷，对社会来说残疾人是"废人""有病的人"。社会属于非残疾人，不应改变社会来适应残疾人，残疾人应该通过自己的努力来适应社会。并将残疾可能发生的风险同样归于个体，主要是因为个体对于残疾风险的不自觉或自知，从而导致了残疾的发生。这种观点受认知的局限，缺乏对残疾发生过程进行考察，只看到现实中的残疾人，必然导致对残疾风险的忽视，影响人们对残疾发生因素的觉察。这些观点随着医学发展和"人生而平等"的社会理念相悖而被抛弃，但在现实社会中，这种观点依然会深植于部分人的思想中，在一定的社会情境下伤害残疾人的情感与精神。

历史研究发现，基于残疾人弱势的判断，从原始社会末期出现了出于人类恻隐之心或宗教信仰而对残疾人进行帮助，具有道义性和施恩性。这种朴素的扶弱救济传统在中西方思想中都有广泛的体现。人们以同情和怜悯的态度，主张对残疾人进行扶助。在中国传统的大同、民本、仁政和兼爱思想，以及以政府、家庭（宗族）、民间的三位一体的社会结构，形成了对残疾人进行养恤、优抚、赈济与蠲免、宗法以及互助的救助体系。从成书于4000年前的《周礼·地官·大司徒》"以保息六养万民，一曰慈幼，二曰养老，三曰振穷，四曰恤贫，五曰宽疾，六曰安福"的"六养"中，可看出当时已提出了减免残疾人税收的具体政策，我国历代封建王朝，关于"养老""振穷""恤贫"等政策都对残疾人的生活有一定的间接关系，并具体有执行鉴别残疾人、减免残疾人税收和安排残疾人生活的相关事宜，给予残疾人具体的经济支持，而设置"普救病坊"（隋朝）、"惠民药局"（元朝）和"养济院"（清朝）这类具体给残疾人提供救济的机构，以实现传统救济观念中"鳏、寡、孤、独、废疾者，皆有所养"。在西方基于宗教的原因，以"博爱""慈悲"为理由，对残疾人实施同情、怜悯和恩赐式的道义救助，其实施主体是教会，通过教友间的共济，对残疾人实行救济，残疾人一般集中于专门的社会宗教救济机构，与一般的社会生活隔离，境遇比较悲惨。可见，无论中外，在前现代时期，对残疾人扶助都处于一种自发状态，缺乏改变残疾人整体处境和社会环境的自觉认知，因而难以有制度性支持和约束，对残疾人的支持和救助零散而碎片，覆盖面也有限。

2. 医学残疾——生物医学康复模式

近代以来，随着人类对残疾认知的深入、经济社会发展和自然科学的发展，特别是现代学科的体系建立，为人们考察残疾的发生发展过程提供了新的学科视角。19世纪以来，随着医学的发展，医药、医疗技术和病理学的成功结合，残疾人的生存率不断提高，也因为医学康复学学科的发展，导致残疾发生因素被有效地阻断，残疾的缺损被矫正，残疾人的功能得到恢复，残疾人的生存状况得到较大改善，医学视角的残疾观得到了极大认同。医学残疾观是单纯从身体病理分析角度形成残疾观，残疾现象被定位为身体系统产生病变且有具体可诊断的病征，残疾人以病人的身份接受各种治疗与康复，其重点在于免于疾病的威胁与降低疾病后果对个体的影响。更进一步的观点认为，从个体与环境复杂的交互作用的向度上看，残疾被看成是个体自身的缺陷和不足，这种缺陷和不足必然导致个体在社会生活中的障碍；因此认为残障是需要被治疗、疗愈、矫正或康复的缺损（impairment），是相较于正常健康状态的偏差。1980年，WHO发布的国际残损、残疾、残障的分类（ICIDH），即是对基本所造成的健康结果进行的分类体系。这种分类使医疗、康复工作者能够更好地分析患者由于身体疾病以及由此造成的可能日常和社会生活上的障碍。可见，这种分类主要是将残疾人作为病人，通过医学的治疗和康复，使残疾人能够克服障碍，缩小与医学上的健全人的差距。

对残疾干预的生物医学模式因此得到社会普遍认同。这一模式基于残疾疾病观，在"生物医学"框架下对残疾人的干预，旨在通过医学技术和条件改善促进残疾人的身体健康发展，通过康复使其恢复到所谓正常。医院成为残障干预的主要场域，主要参与者包括了医生、护士、康复专家等，残疾者主要是作为被治疗的病人，为此还衍生出残疾干预包括了专家模式、康复模式等。生物医学模式的残疾人干预，主要是以"他者"视角，而非主体的视角看待残疾人，残疾人只是被认为是社会负担，要社会动员资源给予他们帮助，目标是消除他们身体上的残疾，促使他们向医学上的健全人或健康状态转变。

3. 社会残障—福利模式

20世纪70年代开始，"残疾来自于社会而非来自于身体"的新的残疾观成为主流的社会观点，这一观点认为，残疾是社会环境造成的，这一环境由不同的事物组成。残疾是社会发展的代价，原因、过失和责任都不是个人的,因而社会应承担残疾的后果,"残疾并没有错,是社会的错误""残疾人并不需要改变什么,需要改变的是制造残疾的社会"。随着人本主义思想和社会保障制度发展、社会权利运动的兴起,残疾人的生存和发展得到了包括社会学、管理学、政治学等社会科学研究者的关注,主张以社会—生态系统理论分析残疾及残疾现象。社会—生态系统理论强调人与社会系统各要素在环境中相互作用,并对人类社会行为具有重大影响。以社会—生态理论的分析框架,残疾被看成是个体自身与社会环境的复杂互动的结果,这一理论超越个体和身体的概念,强调残疾发生的风险和社会对残疾的后果,认为个体的残疾一方面固然有个体自身的原因,但是残疾并非一定会导致障碍,社会环境才是障碍产生的决定性因素。当残疾人遭受物质、文化或者社会方面的阻碍,不能利用其他社会成员可以享有的各种资源时,障碍就得以产生。研究认为,医学模式对残疾人的理解,强化了残疾人"受害者"的形象,易导致残疾人消极地自我认同;而残疾人被健全人照护的方式,并没有实质改变残疾人和健全人之间的权利不均衡状态;对缺陷干预的研究,并不能促进残疾人的全面发展,对社会福利政策的发展也不能提供足够的关键性信息。[1]

对医学模式批判为出发点的社会建构模式,更多以"残障"概念替代"残疾"概念,认为残障是歧视和压迫等社会构建的结果,应该将残障放在社会网络中进行讨论,并关注残障者所经历的社会不利地位、社会排斥和压迫。应该重视障碍发生的外在因素,如处于不利的生活环境、较差的社会参与机会等,在此基础上,对于残障的干预更多的是强调反歧视的法律,以及残疾人融入社会的支持政策,要动员全社会的力量进行干预。在社会实践的框架中,残疾人问题作为社会问题进入政府公共政策的视野,以国家政府为主导,成为社会福利制度的重要组成部分。这里的社会福利是指以社会供给的方式对社会弱势群体提供的,以满足其最基本的生活需求为目的的现金转让、实物供给或社会服务,是国家和社会对残疾人给予的各种帮助,这里将残疾人界定为弱势群体,是政

---

[1] 傅王倩、肖非:《对 Michael Olive 的社会模式残疾观的解读与反思》,《绥化学院学报》2014 年第 10 期。

策关注的客体，政府或社会处于"向残疾人提供保障和服务，残疾人则处于资助和服务的接收端。这一残疾观的结果，建构形成了现代国家残疾人就业、教育、康复、社会保障等的福利保障制度，残疾人就业和康复作为保障其社会参与主要方面成为各国的政策重点，在进一步的残疾人福利政策推进中，残疾人教育、社会参与也被纳入到政策体系中。因而残疾干预的社会—福利模式，更多的是将残疾人作为社会福利的对象，残疾人的社会需求和社会参与未能得到足够重视。同时，发达国家的政策实践也发现，纯粹的福利模式难以避免残疾人能力不足，可能出现福利依赖的弊端，出现所谓的"福利陷阱"。

4. 权利—需求模式

残疾干预的权利—需求模式基于残疾人人权而提出，人权（基本人权或自然权利）是指"人，因其为人而应享有的权利"。这一模式以2006年联合国大会通过的《残疾人权利公约》为标志，《残疾人权利公约》是有史以来获得签字数量最多的联合国公约，权利—需求模式得到了国际社会的普遍认可。这一模式明确了残疾人不再是传统救济思想下施恩救助的对象，也不仅仅是生物医学研究、治疗、矫正的病人对象，或者是福利制度下被政策关注的客体，而是认为残疾人首先是一个有尊严、有权利、与他人平等的人权主体。因此，在残障干预中，以残疾人作为主体，他们的社会需求成为残障干预的基本理念，国家和社会通过公共和社会政策等正式的制度为残疾人提供足够的支持，以满足其生存的需求和自我价值实现。权利—需求模式的残障干预更注重残疾人主体地位，以残疾人为主体，赋权增能为重点，重视残疾人进行能力建设，致力于促进残疾人平等、无歧视地参与社会生产、生活，全面保障其政治、社会、经济等的权益实现。因此，权利—需求模式的残障干预形成了政策体系，主要通过教育、康复支持提升自我生产和发展能力，促进就业能力以保障经济权益，通过改善无障碍环境建设保障社会参与，同时动员残疾人与社会互动，促成互相了解、理解以改善社会歧视，加强残疾人自组织和社会支持组织建设，促进残疾人发声和维权。因此，这一模式更加重视残障者所处的社会制度和政策等社会环境改善，重视无障碍的社会建设。

但是即便是残障干预的权利—需求模式，如果一味地强调其权利保障，缺乏残疾人主体的自觉，权利、需求都成为他者的工具，也难以真正有效、可持续地促进残疾人权利的实现。

（二）残疾人事业发展理论面对的挑战

随着社会发展和风险社会的到来，残疾风险的复杂性和残疾致因的多元性使得残疾发生、发展的脆弱性、不确定性和裂变性明显增大、增强，这对传统意义上的残疾人服务和残疾预防提出了更新的挑战。在新时代我国社会主要矛盾变化的状况下，残疾人事业发展面临理论上的突破与实践上的创新。

1. 理论指导相对滞后

在社会治理体系创新和治理能力现代化的背景下，我国残疾人事业发展也迫切需要新的转向，从对残疾人的关注延伸到对"残疾"风险的关注，从对残疾人服务拓展到残疾人事业发展的治理创新，通过治理创新回应残疾人事业发展的现实问题与困境成为社会各界广泛关注的重要议题。以治理创新的理论要求考察我国残疾人事业发展的理论，我国残疾人事业发展的理论基础是人道主义残疾观，但人道主义残疾观在中国残疾人事业发展中也具有局限性和它的现实困境，残疾人通常被看作是需要政府和社会救助、保护的弱者和怜悯的对象。①

我国残疾人事业发展理论研究主要推动力在于我国残疾人事业的快速发展。我国残疾人困境和残疾人事业发展的现实迫切性，作为世界残疾人权利公约签约国的要求和我国经济社会发展的现实，渐进地建立起我国残疾人事业发展的基本框架，在基本普遍地解决残疾人的现实生存困境中发挥了决定性作用。因此在我国残疾人事业发展中，理论研究被实践的要求不断推进。一方面，实践先于理论，急速发展的残疾人事业和我国的社会转型交织，使得理论研究更多关注于当下问题的描述与解释，残疾人研究更多呈现出"碎片化"的状态，缺乏对残疾人事业发展的理论基础及理论体系的架构，因而对于残疾人事业发展难以进行理论

---

① 梁德友、徐璐璐：《论"两个一百年"历史交汇期我国残疾人政策的时代转向》，《理论导刊》2018年第6期。

上的支持和指导；另一方面，理论与现实脱节的现象同样严重，很多学者用成长于西方的社会理论分析我国残疾人状况，但由于社会实践基础的不同，缺乏反思的理论难以回应残疾人事业发展的现实问题，也不能真正产生具有解释力和描述力的中国残疾人概念、理论分析框架。同时，国内学术界对残疾理论和实务的研究主要以医疗健康视角和政策福利视角展开，残疾研究的重点仍集中于"残疾"后的残疾人研究，缺乏对"残疾"现象建构过程的自觉考察。正因此，研究取向也局限于"残疾"后的残疾人权益、康复服务和"疑似残疾"的残疾预防等，对残疾发生、发展过程和治理模式缺乏系统、整合的"治理思维"。同时，由于缺乏对相关概念提炼和残疾人事业治理体系建构的理论自觉，导致相关研究缺少前瞻性，也弱化了政府、市场和社会在该领域的积极责任功能。如何实现从关注"残疾人"到关注"残疾"的转换，如何将残疾发生、发展过程中多元治理主体的责任、权利和动力整合，从而形成对我国残疾人事业发展描述准确、解释有力的中国理论体系，成为残疾人事业发展的现实和理论需要。

2. 制度理念存在局限

社会制度，是指建立在一定社会生产力发展水平基础上，反映该社会的价值判断和价值取向，由行为主体（国家或国家机关）所建立的调整交往活动主体之间以及社会关系的具有正式形式和强制性的规范体系。为应对现代社会残疾人保护和发展的困境，我国基本建立起了残疾人社会保障和福利的制度框架。在制度发展过程中，一方面确实解决了残疾人的生存与发展困难，但同时，由于制度本身的缺陷和不足，也造成了残疾人事业发展的现实困境。主要表现为，第一，应以残疾人需求为中心的社会福利制度体系，适应我国改革开放与社会发展形势，在不断的现实选择中渐进式地推进，从而对于残疾人保护与发展的制度呈现"锁片化"状态，现有的残疾人制度存在临时性、滞后性等特征，缺乏科学的顶层设计，未能形成有效的残疾人事业发展体系。第二，在我国社会多重转型叠加时期，在制度设计中存在的政策缺失、与相关的社会政策的冲突等问题，同时由于政策自上而下的制定过程，对残疾人主体性忽视甚至漠视，残疾人话语的缺失，整个制度本身难以回应残疾人的基本需求以及社会发展过程中残疾人内部分化的需求多元性，导致制度的有效性难以实现。第三，残疾人事业发展的机制体制未能理顺。残疾人事业发展的制度制约体制与机制，而体制与机制又对制度的巩固与发展起着积极的促进作用。快速发展的残疾人事业作为综合性的社会事业，涉及较多的部门，存在责任不清与责任失衡问题。第四，残疾人事业发展制度的不平衡问题突出，康复、教育、劳动就业、扶贫、社会保障、文化体育、无障碍环境建设、残疾预防工作等领域中，康复就业、教育制度建设较为成熟，而无障碍建设、残疾预防等制度还远未得到重视，未能形成制度体系；政府主导制度与社会、市场力量参与残疾人事业的制度发展不平衡，导致残疾人社会参与与协同动力不足；现实社会基础和文化基础、组织基础与人才队伍、现有制度不相适应，造成残疾人政策执行过程中制度扭曲。这一系列制度性问题，导致公平性不足与效率不高并存，残疾人社会福利供给不足使得残疾人政策的公平、公正性难以保证；多元分割的制度安排导致甚至强化扩大了既有利益的差距，残疾人公共服务水平和可及性存在较大差异，甚至各领域之间、各区域明显失衡，优势更优、劣势更劣的现象显著。

3. 现实回应的脆弱

随着我国经济社会发展和风险社会的到来，残疾风险的复杂性和残疾致因的多元性使得残疾发生、发展的脆弱性、不确定性和裂变性明显增大、增强，同时，我国发展的现实对传统意义上的残疾人社会福利体制提出了更新的挑战。第一，残疾老龄化未能得到重视。人口在经济社会发展中具有基础性和战略性意义，随着我国老龄化的进程不断加快，我国老龄残疾化程度越来越高。但我国残疾人的社会保障和服务体系中，缺乏对老年残疾人群的关注。第二，残疾人需求的多元性与供给主体单一的矛盾愈加突出。残疾人因残疾类别、残疾等级、年龄、性别以及婚姻家庭等表现为不同的需求，受我国社会保障制度和文化的影响，残疾人的就业和社会保险层次全社会平均水平普遍较低。特别是由于我国残疾人社会组织和市场力量参与不足，多元化、专业化、个性化的服务供给匮乏，特别是在西部和边远、贫困地区，残疾人基本公共服务严重不足。随着我国全面小康社会建设和全面脱贫进程加快，残疾人对美好生活向往需求的满足急需大量的社会和市场主体供给适配需求的服务。第三，残疾人事业作为中国特色社会主义事业的组成部分，特别是在经历了初步发展阶段后，其发展社会性要求将更加突出，与整个经济社会发展的整体性、系统性互嵌要求更高；同时信息化技术既有统和协调功能、网络组织功能、有效控制功能，也突破了部门管理空间的边界局限，"数字化管理"将成为残疾人事业发展的常态。在这样的格局下，如何实现社会无障碍和社会共融发展，绝对不是简单的问题。残疾人事业发展需要更高的实践智慧回应残疾风险和残疾人社会福利与我国经济社会共同发展。第四，国家治理体系和能力现代化建设的要求。在对我国30多年发展反思基础上，党的十八届三中全会指出，全面深化改革的总目标，是完善和发展中国特色社会主义制度，推进国家治理体系和治理能力现代化。这是对我国社会处于重大社会转型期，合理规避现代社会发展风险的重要战略，成为解决我国社会发展问题的有力武器。国家治理、政府治理和社会治理在治理的领导力量、出发点、基本方略和目标指向上具有一致性，在治理内容上各有侧重，所谓国家治理是中国共产党领导人民科学、民主、依法和有效地治国理政，政府治理则是以政府行政系统作为治理主体，对社会公共事务的治理，社会治理涉及的通常是公民的社会生活和社会活动。三者之间具有从包容性关系、交集性关系和区别性联系。我国残疾人事业治理创新需要从国家治理、政府治理、社会治理其中的结构与关系中把握。

（三）中国残疾人事业治理创新研究的价值意义

研究通过对现实残疾人事业发展问题的描述和分析，发现我国残疾人事业发展中困境，反思传统"残疾服务"思维和行动策略，回应我国治理体系和能力现代化要求，以及残疾风险的复杂性，以治理的思维和融合的理论视角，全面审视我国残疾人事业的价值目标、行动策略和服务模式等，为残疾治理顶层设计提供理论和实证支持。

1. 强化互补：问题意识与优势视角兼容

不同的思维方式、不同的话语及其背后是不同的社会理念，导致的是完全不同的一系列行为和结果，带来的是整套社会制度的不同安排。"残疾人事业治理创新"的理论透过对"残疾"话语分析和不同残疾干预模式的反思，科学认知"残疾"的内涵。人类对于残疾的认知，首先关注于日常可见残疾人的生存状态并干预，形成关于残疾人的话语体系；随着对于残疾人的深入了解和理解，深入探寻残疾的发生过程以及人类在其中的可能性，推动对整个残疾过程认知的深入，丰富残疾人和残疾的内涵，从而形成关于残疾的知识体系和残疾干预体系。残疾人事业治理创新关注残疾发生发展过程，清晰区分"残疾现象"与"残疾人"，残疾多样性的概念诠释，探究其不同话语及实践背后的本质区别；发现以往医学视角、社会学可能忽视的问题和特征，丰富残疾人研究的理论视角，促进人们对残疾的深入认知。

拓展残疾人事业发展研究的空间。残疾人事业治理创新概念的提出，将促进我国残疾人事业研究新的视角和新的议题，将自觉考察"残疾"现象建构过程，以系统、整合的"残疾人事业治理创新"思维分析残疾发生、发展过程风险和治理模式，从对残疾人的关注延伸到对"残疾"风险的关注，从对残疾人服务拓展到残疾人事业治理创新，责任主体由"一元"发展到"多元"，由"人"向社会环境和社会结构的转化特征。从而拓展残疾人研究领域和理论，丰富相关理论及其解释力，提升研究深度和广度。

提出"残疾人事业治理创新"的概念及其理论建构，更关注社会结构变迁与残疾人处境、社会政策等残疾现象和残疾人生活与发展变迁的关系等，探索以残疾人为主体观察其治理过程的路径。

2. 适应发展：残疾人处境的复杂性与需求的多元性

理论不断指导并应用于实践，实践不断对理论提出新的要求，推动理论的发展，在推动残疾人事业发展中寻找真问题，寻求真解决。经过20多年的发展，我国残疾人事业得到了长足发展，但残疾人事业发展也面临一系列问题，在新时代我国社会矛盾转化，残疾人事业同样存在残疾人美好生活需求与经济社会发展不充分、不平衡的矛盾，在现实中存在诸多困境。本着"批判先于建构"的理念，残疾人事业治理体系的构建逻辑，需要从残疾人事业发展过程切入，塑造认知，发现问题，回应问题，再到体系构建，形成具有中国特色的残疾人事业治理体系。残疾人事业治理创新理论的架构，可以帮助我们审视残疾人事业发展过程，在过程上寻找问题所在。当代中国语境下的残疾人事业治理创新理论有效适用体系构建涉及现有利益格局的调整，应以打破既得利益为指向，防止利益固化，推促问题的暴露，倒逼改革的推进。需要由新的视角来审视残疾人事业发展的历程，面向未来的制度和政策设计，将促进我国残疾人事业研究新的视角和新的议题，为残疾人事业发展创新提供理论工具。

提升对残疾的共识水平，建立系统整合发力。全社会对于"残疾人事业治理创新"这一重要的公共性议题具有良好的共识是提升残疾人事业治理创新效能的重要基础。"残疾人事业治理创新"多元主体协同治理理论架构，强调对残疾认知和理解的社会性，对于残疾的认知与共识成为其治理的重点。残疾人事业治理创新不仅是民政、残联等部门，不仅是残疾人福祉的提升，而是我国中国特色社会主义事业的组成部分，事关公共政策和社会政策的发展，是社会福祉的提升，通过残疾人事业的发展，可以促进整个社会的福祉水平、社会的文明进步。

残疾人事业治理创新的理论，明确残疾风险、残疾与残疾人、残疾多样性以及残疾人事业治理创新效能等概念，也将通过政策倡导使公众认知和理解这些概念，更加注重通过宣传活动，改变公众对残疾人的刻板印象，从而使公众认识到，残疾人事业与人类社会共同发展，残疾人同样是人类社会进步的贡献者，残疾风险的普遍性、残疾人的多样性、残疾人的发展还面临重重障碍、对残疾人的态度反映了社会的文明程度、残疾人事业治理创新的有效性等，提高公众对残疾及其治理认知度与共识度，从而促进政府、社会、每一个人都能够自觉参与残疾人事业治理创新的全过程，从而提升残疾人事业治理创新的效能。

3. 寻求创新：新时代中国治理体系和能力现代化的要求

治理理论的提出是国际社会发展的结果，中国的治理理论需要中国实践的支撑。治理不是一套规则，而是一个过程。中国特色的社会主义事业，是人类社会发展基于中国社会和文化基础的伟大实践。中国残疾人事业发展的渐进式道路需要"回头看"。因此要考察中国社会发展和社会结构变迁与残疾人事业发展变迁之间的关系，通过分析我国残疾人事业发展这一实践过程，总结其中的做法及其背后的逻辑，进行多元解读，从而创新中国治理"残疾"的思维方式和公共政策选择,在中国的经验和道路中探究残疾人事业治理创新的思维源泉、社会基础和文化基础,发现可能忽视的问题和特征,加深对国家治理现代化的中国意涵、困境及其应对的理解与认识,形成"理论—实践—理论—实践"的回路,进而丰富中国社会治理的理论。

第二章　残疾人事业治理创新研究框架

对于我国残疾人事业研究发现，以治理视角观察我国残疾人事业研究较为缺乏，但残疾人事业为什么要进行治理创新，风险社会理论为我们提供了观察残疾人事业发展的视角，治理理论则可以作为残疾人治理体系创新理论，而社会融合理论则可以对残疾人事业治理创新的目标和结果进行解释。基于以下理论作为研究基础，本研究形成了通过残疾人事业治理体系的建构，实现以残疾风险—治理过程—融合目标的基本研究框架。

一　残疾人事业治理创新研究的理论基础及其启示

文献梳理发现，风险社会理论、治理理论、社会融合理论及其研究范式，在20世纪后半期成为社会政策实践中通用的概念和分析范畴。这三个基本理论为研究我国残疾人事业治理创新研究提供了新的思路及启发。

（一）风险社会理论

20世纪80年代兴起的风险社会理论，也是我国残疾人事业的发轫阶段。以这一理论可以促进研究自觉反思"残疾人""残疾现象"以及残疾风险等研究的基本概念，启发残疾治理研究创新。

1. "风险社会"的提出及其内涵

德国社会学家乌尔里希·贝克（Ulrich Beck，1986）基于长期社会学研究，针对现代社会中的生态危机、全球经济危机以及跨国恐怖主义网络所带来的危险，以反思现代性作为基本理论支撑和理论目标，首先提出了"风险社会理论"，作为分析当代社会的重要概念，至此毕生致力于深入完善其理论；与以劳（1991）提出的"新风险"理论，拉什等人的"风险文化"理论、卢曼的偶然性社会的不可知论等都被称为风险社会理论，他们从不同的角度审视和阐释现代社会的风险。对于社会学提出了关于现代的风险概念，吉登斯认为，"这个概念的产生是随着人们意识到这一点而产生的。即未能预期的后果可能恰恰是我们自己的行动和决定造成的，而不是大自然所表现出来的神意，也不是不可言喻的上帝的意图。风险在很大程度上取代了过去人们对于幸运（命或命运）的想法，并且与宇宙决定论分离。"[1]

分析认为，在科学技术的发展状况下，工业社会的生产力得到极大释放，"在进步乐观主义盛行的情况下否认一切风险"，但进入风险社会，"风险意识已被普遍接受，因此进步意识原则上已被打破"，人类一方面消解了既有的风险，同时可能也制造新的风险。以工业化、城镇化、全球化为特征的现代社会的发展，给人类带来巨大的财富、发展空间以及人类的巨大进步，但另一方面也使得现代社会比以往社会具有更加的不确定性，更多难以控制的风险。以贝克、吉登斯等人为代表，重点从制度主义视角理解风险社会，"他们是风险社会理论的首倡者和构建者。比较而言，他们对于风险的分析更为全面深刻"[2]。贝克认为，现代社会的风险特征主要为风险的"人化"，以及风险的"制度化"和"制度化"的风险；认为现代社会的风险问题在本质上体现为社会性、集团性和结构性。一方面，现代社会风险依赖于人的决定，即具有人为性，而人的活动又受到一定的结构约束；另一方面，风险的控制要通过创设各种社会结构来实现，依赖社会风险控制结构来控制这种结构性风险。吉登斯则更加强调了制度性风险和风险社会对日常生活的影响。

从宏观意义上说，风险社会理论的全局性意义在于全面提升了人类整体的风险意识，突出了发达国家和发展中国家都必须正视的灾害性危机，从而将风险管理从私人选择上升为公共选择、国家战略的层面，强

---

[1] ［英］吉登斯：《现代性的后果》，南京译林出版社2011年版。
[2] 杨雪冬：《风险社会理论述评》，《国家行政学院学报》2005年第1期。

调了从战略意义上重视社会发展的风险。

2. 风险社会的主要特征

关于风险社会的时代特征,贝克和吉登斯进行了梳理与总结,贝克首先对风险的概念进行解释,认为风险是指"安全与毁灭之间一个特定的中间阶段的特性";现代的风险更多是"人为的不确定",人类控制风险的努力转化为更大的不确定性,可能形成更大的风险;吉登斯明确区分了两种类型的风险——"外部风险"和"被制造出来的风险",他认为所谓"外部风险就是来自外部的、因为传统或者自然的不变性和固定性所带来的风险……所谓被制造出来的风险,指的是由我们不断发展的知识对这个世界的影响所产生的风险,是指我们没有多少历史经验的情况下所产生的风险",并且这种风险"深深地进入了日常生活";[①] 同时,这种风险是全球性的,"不由自主的负流通"超越了本土,在全球流动;对于风险的致因,超越了自然与文化的两份框架,"自然与文化之间的明显界限的消失可以决定它的特性",成为"人为的混合物"。许多限制和控制风险的努力转化成了更大的不确定性和危险。因此,风险社会的风险具有人为性、全球性、持续性等基本特征。

第一,风险社会的基本出路。当人为的不确定性越来越成为社会发展的显著特征,似乎在风险社会,人类就无可作为、无所作为了吗?在贝克看来,对现代化的反思性也是风险社会的特征之一,这也成为风险社会的基本出路。反思风险社会的风险生成及其困境,树立风险意识和风险思维方式,对于所有社会领域并最终对于我们个人关系和政治经济制度都具有了根本性的意义。对于风险社会出路的探寻,贝克和吉登斯认为,要全面提升人类整体的风险意识,要重视人类实践的负面后果、社会发展的副产品、科学技术的副作用。风险社会理论就是强调要重视社会发展的风险。把风险意识作为一种具体的反省批判意识,以此确定人类合理的自我意识及风险意识,把自我意识转向人类如何能使自己进步的过程,把风险意识转向人类如何能有效防范风险的技术手段、制度

---

① [英]吉登斯:《失控的世界》,江西人民出版社2001年版,第22页。

— 56 —

安排及机制实施等方面上来。①

第二，风险的应对。贝克认为，要通过提高现代性的反思能力来建构应对风险的新机制。实际上，吉登斯对于风险社会的治理与出路有更为具体的思考，他认为，在风险社会，应该"积极做出生活决定而不是消极地计算风险"②，也就是说，由于人为因素的影响越来越大，风险问题常常伴随着决策而产生，因而风险的认知和分析在应对风险中发挥更为积极的作用，因此基于文化视角的风险应对，更强调风险的认知重要性。在对于风险认知更加理性的基础之上，结合国家和社会的力量以有效规避风险。因此，吉登斯基于对社会脆弱群体包括贫困、残疾等，提出了更有意义的"第三条道路"，即多元福利的主张。

第三，风险社会理论对中国社会的关注。基于对我国现代社会发展的研究，贝克认为，中国社会体制的快速转型使中国社会发生了巨大的社会变迁，这同样会使得当代中国正在步入风险社会，甚至将可能进入高风险社会。③我国比较政治研究者、"全球治理与发展研究中心"执行主任杨雪冬认为，全球风险社会已然来临，处在现代转型与向世界开放的中国，不仅风险数量多，而且性质复合——过程风险与结构风险共震。④我国著名社会学家郑杭生的研究也认为，社会转型时期的中国社会形态既不是纯粹传统也不是纯粹现代的，呈现风险共生的状态，前工业社会的传统风险（如自然灾害、传染病等）和现代化进程中不断涌现和加剧的失业问题、诚信危机、安全事故等工业社会早期的风险正处于高发势头，同时国际金融风险、环境风险、技术风险、生物入侵等现代风险随时可能对我们的安全造成威胁。

风险社会理论不仅是学术研究对人类社会发展历程中新的理论建构，与这一理论相映，在同一时间段，国际社会在面临经济全球化社会发展

---

① 刘岩：《风险意识启蒙与反思性现代化——贝克和吉登斯对风险社会出路的探寻及其启示》，江海学刊2009年第1期。
② [英]吉登斯：《失控的世界》，江西人民出版社2001年版，第115页。
③ 薛晓源：《前沿问题前沿思考·贝克教授访谈录》，华东师范大学出版社2001年版，第56页。
④ 杨雪冬：《风险社会理论反思：以中国为参考背景》，《绿叶》2009年第8期。

面临着严峻挑战背景下,世界银行在 1999 年提出社会风险管理(Social Risk Management,SRM)的概念。这一概念认为,所有单个的个体,不论是个人、家庭还是社区、政府,在独自面对各种风险时都是脆弱的,不管这种风险是外部风险还是人为风险。因此,SRM 是一个以系统的方法分析社会风险,运用多种风险控制手段,多种风险防范的制度安排,合理分配多个主体的风险管理责任。这包括政府责任、市场责任、社会组织责任,同样包括社区责任、家庭责任和个人责任等。因此,形成了系统的、动态的制度框架和政策思路以应对制度化风险。

3. 风险社会理论对本研究的启示

在风险社会背景下,如何认识残疾和残疾人问题,寻求残疾人事业治理创新之道,对于提高残疾人福祉,提升社会和谐与发展具有重要意义。对于本研究来说,为了建构关于我国残疾人事业治理创新,使用风险社会理论来解释残疾现象与残疾干预。风险社会的理论可以帮助我们更好地描述、分析和理解残疾现象,而对风险社会出路的研究,也为我们面临这样残疾风险不断增大的社会提供治理的策略。从而促进我们反思残疾治理的现状,科学理性地分析现代残疾人事业发展中的问题,从而为促进残疾人事业治理创新发展提供认识和思路。

第一,我们会重新审视残疾人事业治理创新的国家和社会发展背景。风险社会理论为我们提供了审视中国社会风险的一般化视角,在中国社会转型中,需要对我们逐渐构建起来的现代社会制度、价值观念以及构成风险的种种因素进行反思,在不断的社会治理中科学理性地认识和应对我们所面临的风险,培育我们的风险意识和风险思维,从而提升社会治理的水平与能力。相对于全球风险社会特征,我国社会风险呈现更加错综复杂的状态,如何规避、减少以及分担风险是当前中国创新社会治理体系必须解决的重要问题。第二,风险社会理论使我们在本研究中将残疾风险与残疾治理作为建构本研究理论框架的核心概念。梳理残疾风险的发展变迁过程,人们对残疾风险的认知,健康安全的理念等;详细描述和分析我国残疾风险的特征,形成的机理以及应对的国际国内经验等;也会关注国家、社会和市场如何理解、选择与规避残疾风险。第三,对于残疾风险的治理,本研究会更加重视残疾风险治理反思性、系统性、整体性、社会性等基本原则，在治理策略上，残疾预防的重要性更加凸显，也更加注重社会政策、文化基础建构，从根本上消除残疾及残障的风险，从而提高残疾治理的效能。第四，风险应对要坚持预防原则，从源头治理的残疾预防成为残疾治理体系中绝对的重要组成部分；风险认知的重要性要求必须加强残疾风险意识教育；基于风险的全球化更需要残疾治理办的全球国家间合作。

（二）"治理"理论

党的十八大提出了"完善和发展中国特色社会主义制度、推进国家治理体系和治理能力现代化"。提升国家治理体系和能力水平，成为党和国家的治理重点，也成为我国社会理论和社会行动的热点。

1. 治理理论的内涵

在风险社会理论提出的同时，基于人类的全球化特征日益凸显，发展问题日益纷繁复杂，学者们提出"治理"的概念。20世纪90年代治理理论成了国际学术界最前沿热门的研究主题，并被广泛应用于各个领域。为应对政府失效和市场失灵，适应市场化和民主化发展趋势的要求，突破国家和市场的二元观点的内在局限，从现实的角度看，从整体、多元、系统的角度探寻人类社会治理之道。治理概念逐渐成为评判有关国家能力和国家与社会关系的新路径。一定程度上，社会风险管理的概念，与治理理论同构。

什么是治理，定义多有不同，西方学者认为"治理的本质在于，它所偏重的统治机制并不依靠政府的权威和制裁。'治理的概念，是它所要创造的结构和秩序不能从外部强加；它之所以发挥作用，是要依靠多种进行统治的以及互相发生影响的行为者的互动。'"[1]基于与政府统治的区别，治理理论的主要创始人之一詹姆斯·N. 罗西瑙将治理定义为："治理指的是一种由共同的目标支持的活动""一系列活动领域里的管理机制，它们虽未得到正式授权，却能有效发挥作用""与政府统治相比，治

---

[1] ［英］格里·斯托克：《作为理论的治理：五个论点》，《国际社会科学》（中文版）1999年第2期。

理的内涵更加丰富。它既包括政府机制，同时也包括非正式的、非政府的机制"。① 我国最早研究治理理论的俞可平从公共管理的角度出发，认为"治理一词的基本含义是指官方的或民间的公共管理组织在一个既定的范围内运用公共权威维持秩序，满足公众的需要。治理的目的是在各种不同的制度关系中运用权力去引导、控制和规范公民的各种活动，以最大限度地增进公共利益。所以，治理是一种公共管理活动和公共管理过程，它包括必要的公共权威、管理规则、治理机制和治理方式"。② 联合国全球治理委员会对"治理"的界定是"个人和各种公共或私人机构管理其事务的诸多方式的总和"。并认为"治理"以调和为基础，同时涉及公、私部门持续的相互作用的过程，它有四个特征：治理不是一整套规则，也不是一种活动，而是一个过程；治理过程的基础不是控制，而是协调；治理既涉及公共部门，也包括私人部门；治理不是一种正式的制度，而是持续的互动。这一定义得到诸多国家的认可，因而具有较强的代表性和权威性。③ 治理理论发展过程中，也形成了不同的研究流派，一是所谓彻底的社会治理理论，强调"没有政府的治理"，这一理论过分夸大非营利性组织的重要性。二是国家治理理论，倡导一种以国家为中心的治理范式，取代以社会为中心的治理范式。三是合作治理理论，强调治理理论的核心是合作，主张国家—市场—社会的有效合作和多主体之间合作。四是多中心治理理论，其核心思想是多层次和多类型组织的复杂结合。五是善治的理论，善治指一种良好的治理结果。它起源于治理的失效，治理模式虽然在管理方法与技巧上更适合现代社会发展，却不能确保实现治理的功能作用。因此，这一理论更加强调治理的目标，表示国家与社会或者说政府与公民之间的良好合作，是政治国家与公民社会共同的最佳状态。

不管是哪一个流派，无论从哪个角度出发，治理理论都是在对政府、

---

① [美] 詹姆斯·N. 罗西瑙：《没有政府的治理》，江西人民出版社 2001 年版，第 9 页。
② 俞可平：《治理与善治》，社会科学文献出版社 2000 年版，第 270—271 页。
③ [瑞典] 英瓦尔、卡尔松等：《天涯成比邻：全球治理委员会的报告》，赵仲强等译，1995 年 9 月 1 日。

市场二元分立基础之上加入了社会一极,强调社会的多中心发展思想,同时也强调社会各种组织、力量之间的主体平等、合作、互动与治理方式的多样。

2. 我国社会治理理论及其实践

处在社会转型和现代化的关键时期的中国,面临着源自于现代性本身和社会转型所带来的"双重风险社会"的挑战,传统公共治理机制陷入治理失灵的困境。党的十八大以后,社会治理体系创新和能力现代化已成为学界研究的热点,大量成果围绕其社会与历史价值、科学内涵、意义、现实障碍、实现路径,其中对于我国风险社会的治理,在风险中追求和谐,既要树立忧患意识,健全反思机制,又要重建诚信基础,重视专家系统建设。[①] 杨雪冬认为,在风险社会下,现有的任何单个治理机制都无法完成解决和减少风险的任务,因此需要建立起新的治理机制,中国的复合治理应该把重点放在加快现代治理机制的构建上,通过制度调整协调社会内部的各种关系,提高国家与社会的双重能力,发挥各个社会行为体的能力,共同有效地应对全球性风险和制度转轨风险;[②] 同时,为了提高治理的有效性,应该树立整体治理观,并重视国家治理的现代化改革。[③] 也有研究认为,从风险治理所遵循的行为法则出发,可以从文化治理、协同治理、复合治理、全球治理与科技治理五个治理维度,建立风险社会中风险治理的多元机制。[④] 还有观点认为,风险社会一方面消解了工业社会及其公共治理结构,另一方面也拓展了公共治理的制度性空间,风险社会作为社会转型的特定阶段,其发展的目标模式应当是一种合作性社会。随着风险社会中合作性社会因素的生成,传统的公共权力治理结构也需要实现向良善治理的转型。[⑤] 建构命运共同体以重构现

[①] 沈湘平、于天龙:《风险社会与和谐社会》,《山东社会科学》2007 年第 5 期。
[②] 杨雪冬:《风险社会中的复合治理与和谐社会》,《探索与争鸣》2007 年第 2 期。
[③] 杨雪冬:《风险社会、治理有效性与整体治理观》,《行政论坛》2016 年第 3 期。
[④] 杨永伟、夏玉珍:《风险社会的理论阐释——兼论风险治理》,《学习与探索》2015 年第 5 期。
[⑤] 彭宗峰:《论风险社会中的公共治理变革》,《理论月刊》2014 年第 4 期。

代性，释放现代性的解放潜能为动力，是超越风险社会的必由之路。[①] 社会作为治理主体的成长，是预防风险、实现社会有效治理的重要力量与平台。

在对我国30多年发展反思基础上，党的十八届三中全会指出，全面深化改革的总目标，是完善和发展中国特色社会主义制度，推进国家治理体系和治理能力现代化。这是对我国社会处于重大的社会转型期，我国合理规避现代社会发展风险的重要战略，成为解决我国社会发展问题的有力武器。党的十八届三中全会通过《中共中央关于全面深化改革若干重大问题的决定》，党的十八届三中全会在推进政府职能转变的部署中指出："科学的宏观调控，有效的政府治理，是发挥社会主义市场经济体制优势的内在要求。必须切实转变政府职能，深化行政体制改革，创新行政管理方式，增强政府公信力和执行力，建设法治政府和服务型政府。"党的十八届三中全会在创新社会治理体制中提出，要改进社会治理方式，"坚持系统治理，加强党委领导，发挥政府主导作用，鼓励和支持社会各方面参与，实现政府治理和社会自我调节、居民自治良性互动"。在对我国改革开放和社会建设经验的基础上，我党开始用"社会治理"这一概念来替换"社会管理"，提出"创新社会治理，必须着眼于维护最广大人民根本利益，最大限度增加和谐因素，增强社会发展活力，提高社会治理水平，全面推进平安中国建设，维护国家安全，确保人民安居乐业、社会安定有序"。改进社会治理方式，坚持系统治理，坚持依法治理，坚持综合治理，坚持源头治理。特别是新时代中国特色社会主义理论中，形成了中国特色社会治理理论内涵。第一，党的领导是社会治理的根本政治保证，中国共产党是社会治理的领导力量。第二，"以人民为中心"是十八大以来中国特色社会主义国家治理的根本逻辑，人民利益至上是社会治理的根本出发点。以人民为中心的治理理念，把增进人民福祉、促进人的全面发展作为社会治理的出发点和落脚点。第三，社会治理系统化、科学化、智能化、法治化，是社会治理体系和能力的基本

---

① 黄炬、刘同舫：《从风险社会到命运共同体：基于现代性理论的审视》，《学术界》2018年第3期。

方式。第四，全民共建共享是社会治理的基本格局。第五，社会治理精细化是社会治理现代化的内在要求，社会治理的重心在城乡基层社区。

3. 社会治理理论对本研究的意义

社会治理理论对于残疾人事业治理体系创新研究，其意义主要表现为：第一，作为中国特色社会主义事业的组成部分，我国残疾人事业取得长足发展但又面临诸多挑战和困难的背景下，以治理理论观察和审视我国残疾人事业发展的过程与现状，可以发现，虽然我国建立起了残疾人事业发展的基本框架，残疾人社会保障和服务体系的建设大大提升了残疾人的福利水平，但残疾人事业发展中的社会治理主体发育不足，水平和能力难以适应我国治理体系和能力现代化的要求，成为我国残疾人事业发展面临的最大挑战。第二，如何破解残疾人事业发展中的难题，应对风险社会残疾现象特征，以及回应新时代残疾人不断增长的多元多样的社会需求，满足残疾人对美好生活的期待，需要构建残障风险的共担机制，优化多元主体的结构，发挥多元化、异质化的残障治理主体的专有资源和比较优势所形成的强大合力，形成治理目标清晰、方法有效、主体结构完善的治理体系。第三，以治理理论视角，把提升残疾人事业治理创新的能力作为我们的研究重点。这要求不仅要关注残疾人事业发展过程中政府的主导能力，更重要的是处理中央与地方、社会与市场等关系，跨部门跨功能，边界的治理以及体制机制的联动性等的善治能力，以及社会组织的协同能力和残疾人及其家庭在治理体系中的主体性和基础性作用。

（三）社会融合理论

社会融合理论作为本课题理论基础，是为了通过治理体系的构建促进残疾人的社会融合，为残疾人治理体系目标的实现提供可测量的指标体系。

1. 社会融合理论的核心内容

社会融合理论的形成与发展经过了多学科建构。它首先由19世纪末著名的法国社会学家涂尔干在《自杀论：社会现象的研究》中提出了社会融合概念，之后形成了一系列的研究成果。研究普遍认为，一个融合程度较高的社会的行动者会很好地结合在一起，所有的行动者都享有平等机会、权利及共同的价值,社会行动者会对集体项目和社会福利做出贡献,各个社会组织和各种社会目标之间的冲突不存在或者最小化。

实证研究的成果主要集中于人口社会学学科角度,西方学界将移民、族群等作为研究对象,学者们沿着实证研究路线对其持续关注并不断发展,从社会个体的角度到社会制度等展开广泛研究。作为对社会系统中社会行动者互动(行为)及其效果(情感)的社会融合研究,一般会进行实证研究和政策研究,实证研究主要描述社会融合的状态和过程,而政策研究则将最终目的置于社会融合的手段和目标上。西方的政策分析研究者认为,一个融合程度较高的社会的行动者会很好地结合在一起,所有的行动者都享有平等机会、权利及共同的价值,社会行动者会对集体项目和社会福利做出贡献,各个社会组织和各种社会目标之间的冲突不存在或者最小化。依据关注层次的不同,将社会融合的研究归纳为个体层次、群体层次和整体层次三个层次。个体层次的研究主要关注个体与其他个体、组织或社会的关系的属性特征;群体层次主要关注由个体组成的某个群体或多个群体之间的关系的总体特征;整体层次则将社会融合作为社会健康发展的政策手段或目标。社会网络在社会融合研究中的作用日益突出,不仅被当作融合途径,也被看作融合结果。并认为,社会融合是一个逐步构建的过程,是可以通过评估和监控来实现的社会发展目标,[1] 并形成了社会融合理论的宏观、中观和微观理论,一是社会融合的宏大叙事,发展演化为社会整合理论;二是社会融合的族群模式,主要用来研究外来群体与流入地当地居民之间的社会关系,主要包括同化模式和多元模式等;三是社会融合的心理建构,主要从微观个体的心理层面研究社会融入和社会接纳,包括社会认同理论、自我认同理论和社会接纳理论。[2]

国内学者对于社会融合的研究认为,社会融合主要表现在宏观层面制度是否包容,微观层面主要包括经济、社会、文化和心理四个维度。

---

[1] 悦中山、杜海峰、李树茁、费尔德曼:《当代西方社会融合研究的概念、理论及应用》,《公共管理学报》2009年第2期。

[2] 嘎日达、黄匡时:《西方社会融合概念探析及其启发》,《理论视野》2008年第1期。

社会融合是社会群体以均等的机会通过全方位参与社会活动的一个动态的过程。[①] 也有学者认为社会融合应具有基本特质：创造一个机会均等、共存共享的社会是社会融合的价值取向；社会融合就是不同的个体、群体、文化之间良性互动的过程，进而发展成为和谐的理想社会；价值取向趋同、亲近距离、参与活动、物质福利属于社会融合的四个维度。[②] 我国关于社会融合的实证研究，与西方的社会融合研究相似，更多关注移民在我国主要是农民工或者流动人口，并建立起各种关于社会融合的评价指标体系。

作为一种回应社会现实问题的社会实践的理念与理论，社会融合成为国际社会的共识。1995年联合国社会发展世界首脑会议将社会融合作为世界社会发展的主要议题之一，哥本哈根社会发展问题宣言提出，要"建立稳定、安全和公正并基于促进和保护所有人权以及基于不歧视、容忍、尊重多样性、机会平等、团结、有保障和所有人包括处境不利和易受伤害群体和个人都参与的社会，以此促进社会融合"，并特别强调"确保处境不利和易受伤害群体和个人受到保护并充分参与经济和融入社会"。从承诺社会教育、宣传以及政策方面，加强促进社会融合的体制，消除一切形式歧视，在平等和尊重人的尊严基础上实现社会融合[③]。

2. 残疾人社会融合的相关研究

社会融合是现代残疾观的核心概念。研究认为，国际上对残疾人社会融合的共识正在形成，这些共识主要包括：社会融合是残疾人的法定权利，是国家、政府、社会及其家庭的责任与义务；融合应该是残疾人与非残疾人的互动，不只是残疾人向主流社会的单向运动；残疾人的社会融合有一个从初步融合向完全融合发展的过程，且融合的范围将不断

[①] 彭宅文：《残疾、社会排斥与社会保障政策的干预》，《中国人民大学学报》2008年第1期。

[②] 罗新阳：《从排斥到融合：残疾人社会融入路径研究——基于对浙江省绍兴市1845份问卷的分析》，《中共南京市委党校学报》2014年第6期。

[③] 《联合国社会发展哥本哈根宣言（1995）》，https：//www.un.org/zh/documents/treaty/files/A-CONF-166-9.shtml。

扩大，融合程度将不断加深。① 残疾人在一个融合社会中，平等是融合的前提，参与是融合的手段，共享是融合的目标。② 有实证研究将残疾人社会融合分成经济融合、康复—服务融合、社会参与融合、权益融合四个方面的内容，分析认为，我国残疾人个体层次的性别、受教育程度、就业、居住条件因素，社区、社会层次的环境友好度和城乡二元的居住地类型因素对残疾人社会融合具有显著影响。③ 高社会融合残疾人组在文化程度、婚姻状况、工作情况、残疾时间长短、残疾程度、经济状况、家庭氛围和居住情况等有显著差异。④

2006 年联合国通过的《残疾人权利公约》明确残疾人"充分和切实地参与和融入社会"的原则，秉持联合国《残疾人权利公约》非歧视和融合发展理念，中国残疾人联合会起草的《促进残疾人平等参与和融合发展的联合倡议》得到了亚太经济体的通过。我国将"平等、参与、共享"的社会融合理念作为残疾人事业发展的基本目标。

3. 社会融合理论及其实践对本研究的意义

社会融合理论为建构基于风险—治理—融合的残疾人事业治理体系创新的理论框架提供理论基础。在本研究中，第一，将残疾人社会融合作为本研究的出发点和落脚点，将残疾人社会融合作为残疾人事业治理体系创新的根本目标和遵循。因此，研究重点分析了残疾人社会融合的主要问题，影响残疾人社会融合的主要因素和作用机理，并提出构建残疾人社会融合的体制机制、文化、社会基础的对策建议。第二，将融合理念作为残疾人事业治理体系创新实践中，要打破残疾治理过程中诸多的分界与分野，更加关注人类角度的多样性，以残疾治理的共享理念和整合的策略方法，促进残疾人事业与我国经济社会协同发展，促进减少残疾风险因素、减弱残疾风险影响以及残疾人权益保护和支持等同步推

---

① 刘林、李凡：《残疾人及其社区的社会融合指南》，华夏出版社 2010 年版，第 11—12 页。
② 张万洪：《保障权益 促进融合》，《人民日报》2019 年 7 月 26 日第 18 版，http://paper.people.com.cn/rmrb/html/2019-07/26/nw.D110000renmrb_20190726_3-18.htm。
③ 周立军：《残疾人社会融合研究》，硕士论文，广东省社会科学院，2017 年。
④ 李彦章、周竹、许丁杰：《高社会融合残疾人的特点分析》，《第十八届全国心理学学术会议摘要集——心理学与社会发展》，2015 年。

进。第三，在研究中，也强调多学科、多视角的融合，汲取医学康复学、人口学、管理学、社会学等在残疾及残疾人研究中的成果和营养，启发本研究的思维和知识共融基础。

二 残疾人事业治理体系创新的核心概念

基于风险—治理—融合的残疾人事业治理体系创新的理论框架，是在风险社会理论、治理理论以及社会融合理论基础和我国残疾人事业发展基础上，提出的残疾人事业发展分析的一个视角。它不仅是一种理念，也是一种新的思维，是反思残疾人事业发展的理论视角。为了进行残疾人事业治理创新研究，我们首先要厘清相关的概念，为建构相关研究框架进行支撑。概念是建构理论的基础，在我国残疾人事业研究和实践中，人们运用大量的概念，但很多概念的清晰、明确需要进一步厘清，以便更好地建构残疾人治理体系创新框架。

残疾及其相关概念是本研究的基础性概念。研究在梳理前人对残疾及残疾人界定及其概念演变的基础上，在残疾治理创新背景下对概念进行阐释。

（一）残疾及残疾过程

对于残疾的看法与态度构成了残疾观，是残疾治理思维的重要起点。在很多时候，人们将残疾人与残疾概念并不进行明显的区分，但在我们的研究中，为了更好地阐述和分析相关问题，我们认为需要进行比较清晰的界定。

理论上，残疾（disability）是在演变中发展的概念，1980年世界卫生组织《残损、活动和参与的国际分类》（ICIDH）和2001年《国际功能、残障和健康分类》（ICF）都对这一概念进行了界定，ICIDH中将"残疾"界定为一种涵盖损伤、活动受限和参与局限在内的概括性术语，残疾是指一种身体受损的现象。而ICF则将残疾界定为是有某些健康状况（如脑瘫、唐氏综合征、抑郁症）的个体与个人因素和环境因素（如消极态度、使用公共交通设施和进入公共建筑障碍以及有限的社会支持）之间相互作用的消极方面。研究认为，ICF融合了残障医学模式、社会模式以及残障的普遍经验视角，使"残障"成为了一个关于障碍状态的综合概念。将所有健康状态（healthconditions）平等地置于"残障—健康"维度之上加以衡量。世卫组织的界定是国际上通用的，我国作为世界卫生组织的会员国，也认可相关的概念。

本研究将残疾作为一个过程来理解。残疾过程是基于残疾人发展趋势的观察，社会发展和医学进步并未能真正减少残疾数量，"残疾人的数量在持续增长"（《世界残疾报告》，2015年），人类活动频率的增多、活动范围的扩大和影响力的增强，使得人类面临的风险结构从自然风险占主导逐渐演变成人为的不确定性占主导，同样，残疾致因与人类活动密切相关，获得性致残比例不断增强。残疾的风险不仅来自我们生活于其中的自然环境，也来自人类创造的社会环境、制度环境、生活环境，系统中的风险因子变得愈加复杂和不确定，残疾风险的复杂性和致残因素的多元性使得残疾发生的脆弱性、不确定性和裂变性明显增多、增大、增强。因此，在应对改善和解决残疾人面临现实困境与问题过程中，开始对残疾发生的过程重点考察。在1981年《残疾预防与康复：世界卫生组织残疾预防与康复专家委员会报告》，从医学角度分析疾病现象关联顺序为，疾病—残损—残疾—残障，由此出发，这一观点认为，残疾是可防可控的，残疾预防和康复至关重要，是将致残情况降到最低程度的根本方法。同时，也提出了与社会相结合的原则，强调残疾发生的前、中、后三个阶段全过程，分析来说包括了残疾的致因过程、残疾的形成过程、残疾程度的控制过程等。

20世纪后半期至今，科学进步特别是医学科学的进步推动社会政策制定者、残疾研究者以及社会对于不同残疾观批判反思，人类对于残疾风险的认知不断深化，对于残疾的理解更具包容性，残疾的内涵和外延也不断丰富，在此基础上，对于残疾过程和残疾现象的对立分歧逐渐弥合。各个学科研究者和社会行动者更加科学理性对待不同学科和不同认知的差别，汲取其中的营养，融合于自己的知识体系和学科架构中，形成更加科学、系统的思考、考察、分析残疾过程和现象的理论体系。这一观念打破以往关于残疾的认知局限，采取融合而非对立的态度，整合人类对于残疾知识谱系，"从客观性、功能性和社会性三个层面或者说三个视角把握了残疾的本质"，形成一种具有人文关怀，彰显残疾人的主体能动性，又对于科学技术特别是医学与信息技术融合，以及动员更多社会力量形成残疾知识创新，与残疾人及其社会关系的理解与融合，从而从理念到实践中真正消除歧视，促进共融，这为本研究提供了知识和思想基础。

（二）残疾人及残疾人多样性

关于残疾人的概念，则更加具体。与各国经济社会发展相适应，与各个国家的社会福利和社会政策相关联，关于残疾人，世界不同国家都有自己关于残疾人的界定。根据《联合国残疾人权利公约》的定义，残疾人包括肢体、精神、智力或感官有长期损伤的人，这些损伤与各种障碍相互作用，可能阻碍残疾人在与他人平等的基础上充分和切实地参与社会。《中华人民共和国残疾人保障法》将我国对于残疾人定义，指在心理、生理、人体结构上，某种组织、功能丧失或者不正常，全部或者部分丧失以正常方式从事某种活动能力的人，反映出我国对残疾人的权威界定主要从功能受阻方面进行界定。作为社会政策对象的残疾人，必须申请并获取"中华人民共和国残疾人证"，它是认定残疾人及残疾类别、等级的合法证件，也是享受国家和地方政府优惠政策及扶助规定，维护合法权益的依据；同时也是制订政府相关工作计划，发展残疾人事业的基础。本研究中的残疾人作为一个发展的概念，现阶段依然采用我国社会政策中关于残疾人的界定，同时，着眼未来，基于风险—治理—融合框架下的残疾人概念，应该具有更丰富的内涵，这不仅是基于残疾是社会存在的人类状态的一种，他们在某种程度上存在着身体和社会的障碍，而这种障碍会随着人们残疾风险的自觉、社会政策的支持、康复技术的提高以及现代辅具的智能化、社会环境的无障碍建设等，在一定程度上会消弭甚至消除这种障碍，因此，残疾人不仅是个体的概念，更强调个体与社会环境因素互动而产生的障碍，也是社会结构的产物。因此，对于个体的人来说，都面临着同样的残疾风险，但真正的残疾发生主要降临到了贫困的、不发达的地区，以及更多的贫困和弱势群体身上。残疾人的状态也是一个动态的过程，其障碍程度会在社会互动的过程中增加或减少。

理解残疾人多样性，从其特征和内外部关系中去理解。《联合国残疾人权利公约》确认了"残疾人的多样性"。我们认为，残障的确体现了人类的差异性，但也处在人类多样性的光谱之中。第一，在人类社会的发展进程中，由于遗传、疾病、自然灾害、事故、战争和环境污染等自然和社会的原因，残疾现象的出现是不可避免的，客观上成为人类历史发展和社会进步所付出的一种代价。残疾人同其他社会成员一样，是人类的组成部分，是人的存在的多样性和差异性的一种表现。第二，在人类历史的各个阶段，在每个国家、每个社会的各个阶层，都有残疾人存在。第三，在残疾人群体内部，本身存在不同残疾的类型，残疾的社会建构性，影响和造成残疾的要素也呈现多样性，残疾人需求也是多样的，对每一个或者每一群体的残疾人来说，其需求也有所侧重。其需求也是全面的，同时由于其特征，存在着需求的多样性。第四，以人自身的生命周期视角，每个人都可能经历残障的阶段。人生不同阶段都存在重要的致残因素，如婴幼儿时存在的先天性因素、学龄阶段的传染病、工作过程中的创伤性、老龄时期的退化性疾病等都是残疾风险在不同年龄阶段的体现。残疾风险既不会因年轻活力而远离，也不会因年老体弱而溜走。第五，人类对于残疾和残疾干预的认知也呈现出多样性特征，包括生物医学模式、功能模式和社会模式等，但这些都只是从不同侧面、角度的自洽，每一个模式都不能完全解释残疾现象及残疾人的需要。

残疾人的多样性要求我们以更开放、更全面的视角审慎思考和解读残疾风险和残疾人风险的状况，进行残疾人福利的机制体制和公共政策的选择。

(三) 残疾风险的内涵

本书认为，残疾治理是指以多元主体协同的方式，采取多种有机结合的风险治理工具，消灭或减少残疾风险事件发生的各种可能性，或者残疾发生后减少其危害性的过程。基于此，提出"残疾风险"并将它作为研究的核心概念。残疾风险作为一个新的概念，研究采用"发展建构"的方法，发展建构是一种描述性称谓，即通过对相关研究的文献梳理和现象思考建构具有对话性质和发展性质的概念，或者说通过研究发展递增的方式建构具有对话性质的概念。这是比较常用的概念建构方式，也是知识生产产出最多的方式。

关于风险的定义，人们普遍认为风险是损失发生的可能性，也是指一种不确定性。随着社会发展的个体化增强，风险首先表现为一种个体风险，是由于个体认知能力的有限性和未来事件发展的不确定性，基于个体的主观评估对预期结果与实际结果的偏离程度及可能性进行的估计。从人类历史来看，作为人类的一种可能性损失，也作为人类的多样性，残疾发生的可能性和不确定性始终存在。残疾伴随着人类产生而产生，因为出生缺陷或者因为后天的各种原因特别是传染病等造成了大面积的残疾发生。随着人类社会的发展，特别是到具有风险社会特征时，风险更多是来自于个人或团体的行为（包括过失行为、不当行为以及故意行为）或不行为使社会生产以及人们生活遭受损失的风险，人类面临的威胁更多是由其生存的社会所制造的风险。残疾发生的"人为"影响越来越显著，残疾风险的社会性特征日趋明显。这主要表现为：第一，残疾产生和发展的不确定性增强，随着经济社会的快速发展，残疾的风险不仅来自人类生活于其中的自然环境，也来自人类创造的社会环境、制度环境、生活环境，残疾发生系统中的风险因子变得愈加复杂和不确定，残疾风险的复杂性和残疾致残的多元性使得残疾发生的脆弱性、不确定性和裂变性明显增多、增大、增强，残疾发生率提升。第二，残疾风险的"人为风险"主导性特征显著。在残疾发生和残疾人面临的风险中，自然风险和人为风险的界限越来越模糊，"人为风险"成为残疾风险的主要来源。残疾的风险，也同样存在着外部风险即通常所说的遗传性残疾和发育缺陷非遗传性残疾的先天性残疾，还有"人为风险"，即因为环境行为因素、疾病、伤害等共同作用下发生的获得性残疾，而且这种人为风险，远高于传统社会的外部风险。第三，残障的风险及其分配呈现不均衡状态。相关数据显示，相对贫穷不发达的地区、弱势的人群承受着更大的残疾风险。同时，残疾人比健康人承受了更大的教育风险、就业风险、健康风险、贫困风险等。《世界残疾报告》认为，"全世界残疾人与非残疾人相比，其健康情况差、受教育程度低、经济状况不良、贫困率高。这种情况部分是由于残疾人面临难以获得服务的障碍，而我们多数人早就得到，包括卫生、教育、就业、交通、信息。在情况较差的社区这些障碍愈加严重"。同时，现代社会，自觉的残疾社会制度干预体系得以形成。福利制度一方面改善了残疾人的状况，但同时作为回应社会现实的过程，也出现了残疾人政策发展的不充分、不均衡，这反而使残障之间的不平等没有真正地弥合，残疾人之间的权利不平等加剧，残疾人更容易陷入贫困，残疾人的权益更容易受损。第四，残疾风险的不确定性为残疾治理提供了可能性。残疾风险认知的提升、残疾预防以及残疾社会政策等风险分担机制可以有效规避和降低残疾风险。现代技术的发展，特别是医学、智能技术等发展，使得残疾发生、发展的风险治理可能性不断提升。残疾治理的目标一是在残疾发生之前，全面地消除损失发生的根源，尽量减少残疾的发生；二是在损失发生之后努力减轻残疾的程度。因而，残疾预防和残疾康复成为残疾治理最重要的两个策略，同时回应残疾人需求，提升残疾人生命生活质量也同样重要。

基于以上分析，我们认为，所谓残疾风险是指残疾发生与没有发生之间的一种状态，这种状态，会由于个体认知与造成残疾的可能性因素之间的互动而导致个体残疾发生的可能性，或者因为社会系统的回应改变残障伤害程度的不确定性，残疾风险具有个体性和社会性的特点。

（四）残疾人社会融合

残疾人社会融合是残疾人问题解决的最终目标。国际上，在联合国和世卫组织发布的诸如《关于残疾人的世界行动纲领》（1982）、《残疾人机会均等标准规则》（1993）、《国际功能、残疾和健康分类》（2001）和《联合国残疾人权利公约》（2008）等文件中均体现了这一思想。残疾人作为处境不利和易受伤害的群体，社会融合成为残疾人社会政策的实践理念。吉登斯认为，"获得社会支持（特别是制度性支持）与社会融合是残疾人生存发展，不被边缘化的有效路径"。[①]

对于残疾人的社会融合，以及怎样实现社会融合研究较少。为数不多的关于残疾人社会融合的文献强调社会融合对残疾人的重要价值和意义，认为社会融合是残疾人回归正常社会，平等参与社会生活、共享社

[①] [英]吉登斯：《第三条道路——社会民主主义的复兴》，北京大学出版社2000年版，第111页。

会发展的唯一途径。① 也有研究认为，社会融合是指以和谐为目的的个体或群体与社会环境的交互过程。残疾人社会融合，既可以指残疾人不断融入社会的过程，也可以指残疾人本身就在社会环境中，与生活在一起的人们相互接纳、融为一体的状态。社会融合一般有三个层面的意义：社会的融合、文化的融合和心理的融合。②

为了分析残疾人社会融合的实际状况，有研究从实证角度出发，从残疾人康复、宣传、教育、就业、参与等方面理解残疾人的社会融合，以此来评价残疾人发展状况。研究指出，残疾人社会融合指残疾人弥补残疾人的功能缺陷，消除残疾人自卑和社会歧视，提高残疾人的知识、技能，提高残疾人的收入，使他们像正常人一样生产、生活，获得发展机会，享受社会发展带来的物资和精神财富，使所有人都具有"新残疾人观"并付出行动等一系列过程及结果。③ 还有两篇硕士论文对我国省域内残疾人社会融合状况进行分析，他们并没有给出残疾人社会融合的定义或理解，只是将残疾人社会融合分成经济融合、康复—服务融合、社会参与融合、权益融合四个方面④；从残疾人的经济生活、政治生活以及社会生活三个维度描述残疾人的社会融合的现状⑤。

社会心理学主要关注残疾人的心理状况，研究更重视残疾人对社会融合的情感态度和感受的主观指标，有学者从自我融合、关系融合和情感融合三个维度，设计出残疾人的社会融合量表，评估残疾人的社会融合程度。⑥

但对残疾人作为社区融合、与其他人群共生存在的弱势群体特征，而不是移民或我国的流动人口作为外来者，研究者并未给出残疾人社会

---

① 罗新阳：《从排斥到融合：残疾人社会融入路径研究——基于对浙江省绍兴市1845份问卷的分析》，《中共南京市委党校学报》，2014年第6期。
② 吴文彦、厉才茂：《社会融合：残疾人实现平等权利和共享发展的唯一途径》，《残疾人研究》2012年第3期。
③ 罗泮、赵康、刘林等：《农村残疾人社会融合现状调查及思考——以四川省越西县为例》，《农村经济》2008年第12期。
④ 周立军：《残疾人的社会融合研究》，广东省社会科学院，2017年。
⑤ 王鑫：《残疾人社会融合：现况及分析》，山东大学，2011年。
⑥ 周竹、李彦章、许丁杰、黄全红、杨幼平、何丽、程龙：《残疾人社会融合自评量表的初步编制及信度效度分析》，《中华行为医学与脑科学杂志》2015年第3期。

融合的概念，对其融合的特征和概念描述与解释依然有较大的空间。本研究将残疾风险干预作为残疾人社会融合的过程性指标，主要包括残疾预防、残疾人的社会保障与社会服务、残疾人赋权增能等社会政策指标，对于残疾人社会融合作为残疾治理的结果性指标，主要包括残疾人的经济融合、康复—服务融合、无障碍建设、权益保障、主体参与等方面作为融合的主要指标。

三 残疾人事业治理体系创新的内涵、取向与结构

"残疾人事业治理创新"的理论建构，是基于残疾人事业发展过程中的问题，在对残疾和残疾人研究的基础上，在国家治理体系和能力现代化背景下，为进一步推进残疾人事业发展，促进残疾人福祉，提升残疾人事业发展的质量而提出。不是解释理论建构和意义，而是让人更加全面地理解后边的内容，尽量把后边要写到的内容提炼出来。

（一）残疾人事业治理体系创新的内涵

基于风险—治理—融合理论的残疾人事业创新，以回应我国现代残疾人事业治理体系和能力现代化的要求。

1. 理论结构

这三种理论在本研究中的结构功能是这样的，风险社会理论为本研究提供观察残疾风险和残疾人事业发展问题的视角，治理理论为研究提供应对问题的理念、方式方法以及建构制度的路径，社会融合理论为我们考察评价残疾人事业治理体系的效能实现的程度，重点是残疾人事业治理体系的顶层设计和建构。

残疾风险—治理过程—治理效能模式是基于现代社会风险对残疾人事业发展进行治理。这里的风险指的是残疾的风险和残疾人事业发展面临的风险。面对残疾风险发生的不确定性增强，残疾发生率提高，残疾更容易发生在脆弱人群中以及残疾风险导致残疾人更大的风险，及残疾人的经济、社会、文化权利的风险从而导致的残疾人婚姻困难、家庭的稳定性不足，更易于陷于贫困、更容易受到歧视等，以残疾致因和残疾制度性风险作为治理对象，以建立更加有效、更加有力的残疾人家庭、社会制度体系。风险治理模式更重要的是评估、反思现有的政策、制度

体系及其效果，不断提高残疾人事业发展治理体系和能力现代化，提升残疾人事业治理效能，消除残疾人和人类的社会障碍，提升残疾人事业发展的水平，促进残疾人福祉和社会福祉的提高。

残疾风险现代性的后果是风险的流动让最弱势的群体成为风险后果的承担者，但最后风险的影响将扩散向整个社会，无人能幸免。残疾风险的现代性将倒逼残疾人事业发展的转型，使我们对残疾人干预的模式乃至整个人类的发展模式进行质疑和反思，而消减和规避残疾风险则需要全社会协同努力，残疾人事业的治理成为历史的必然。

2. 重要取向

残疾人事业治理创新是指以残障制度性风险为治理内容，以减少、减弱残疾风险，追求残疾人福祉提升，以及社会公共利益最大化为目标，在党的领导下，以政府为主导，残疾人服务社会组织、经济组织、社区以及残疾人家庭和自身等多种主体，通过平等的合作、对话、协商、沟通等方式，以合理的主体间结构，对残障风险的发生发展以及对残疾人生存、生活和发展的境遇改善过程进行制度性引导和规范，最终实现残疾人福祉提升，促进社会稳定和谐发展。在我国残疾人治理体系创新实践中，研究主要通过残疾人事业治理体系的应然状态进行建构，并以此对我国残疾人事业发展的现状进行评估，发现我国现有残疾人事业发展中的短板与不足，通过对国际和发达国家残障治理的启发，结合中国实际，创新我国残疾人事业治理。

3. 核心内涵

以消除"残疾"风险、促进残疾人社会融合为目标的残疾人事业治理创新，不仅着力于残疾发生后的残疾人的教育、康复、就业等提升其能力，发展残疾人社会支持网络，更关注社会环境治理，重视残疾预防，减少、减弱残疾发生，特别重视无障碍环境建设，确认无障碍"不仅是一种行为或状态，而是指进入、接近、利用一种境遇或与之联系的选择自由"，这对消解残疾带来的脆弱性、减少残疾现象的发生、弱化"残疾恐惧"、增强抵抗残疾的能力具有重要的作用。通过消除障碍，提供残疾人参与机会的均等，以促进平等的参与。

同时促进社会大众了解、理解残疾现象。要使社会大众深刻认知和理解，每个人都面临着残疾风险，残疾人是"人类潜能的重要资源库"，是人类社会资源的一部分，残疾人的人格尊严应得到尊重，残疾人的权利应受到保护，潜力应得到开发利用，保护残疾人的权利，是政府、社会的共同责任；消除因人们的偏见和无知而形成的歧视也成为残疾人事业治理创新的重点。

我国残疾人事业经历了同样的过程，从重视残疾人的生存、发展到将残疾预防提到议事日程经历了一个较长的时间。从对残疾人事业治理创新的过程来说，对残疾人的社会支持与关注只是其中重要的部分，当然是其中最重要的部分，但同时，加强残疾预防康复，从源头上控制残疾的发生和发展，减少残疾发生的风险，降低残疾发生的比例，控制残疾发展的程度，更是治理残疾问题的根本之道。

（二）残疾人事业治理体系创新的关注点

新时代在我国社会矛盾发生重大变化的前提下，残疾人事业治理创新过程，与我国经济社会基础与发展相互作用、相互影响。协同推进残疾人事业的全面健康发展，必须要调整残疾人以及残疾人事业发展的内部和外部关系，以促进社会和谐与发展，共建共治共享。主要包括残健关系、残障治理与社会互动关系、残障治理的主体间关系等成为理论建构的基础。

1. 融合残健关系

残疾人事业治理创新的价值追求，首先是基于这样的一种对残疾的认知和判断，认为残疾是一种社会存在，是人类多样性的一种表现，是人类社会发展的必然代价。所谓残疾和健全并不是二元对立的，而是将其置于"健康"概念之中去理解，都有其存在必然性；同时，认为外部障碍是造成残疾的主要原因，是社会建构的结果，社会应该为受损的个体承担责任。同时也强调残疾人的生存权与发展权，强调其社会权利与义务相对应。

2. 协调互动关系

治理不是一套规则，而是一个过程，残疾人事业治理创新将残疾发生的整个过程作为治理内容。所谓人的残疾，不仅是指残疾人，而是把人类的残障作为一个现象，因而对于人是如何残疾的问题和如何消除与缓解残障对人类的影响作为重点。研究认为，残障是社会过程，也是社会现象。其内涵是指残障风险的发生、发展并不是单一、线性的，是一个动态发展的过程，残疾风险的确是不确定的，这种不确定既意味着残疾风险的强化与多发，也意味着残疾风险的可控、可干预和可预防。如果我们确定了关于残疾和残障的定义，就会有残障发生的前、中、后三个阶段，分析来说包括了残疾风险的致因过程、残疾风险的形成过程、残疾风险的控制过程等。残疾的承受主体是人，但是，残疾的发生是由不同的致因、不同的致因与干预方式的互动，以及互动的时间节点、彼此强度、策略选择等因素相关联。世界卫生组织残疾预防与康复专家委员会的报告认为，利用现有技术可以使至少50%的残疾得以控制或者使其延迟发生，"残疾预防是成本最低、效果最好的社会战略"，这是国际的共识。因此，不仅要基于残疾发生后被认定为残疾人的残损状态进行有效的社会干预，消除残损带来的社会障碍，同时更是要寻求造成人类残疾的社会因素，并认为"人的残疾"是被建构的社会现象，残疾是可以预防和治理的，残疾是社会互动的结果。

3. 弥合主体间性关系

构建组织体系是社会治理的首要问题。残疾人事业治理创新治理的角色结构体系主要解决的是治理主体是谁、治理主体之间的角色地位以及主体间的关系等。我国公共权力体系具有多元性特征，它包括执政党、人大、政府、协商组织、司法以及社会事业组织等，这些带有强制性、导引性和渗透性的权力体系无不对我国社会治理产生着深刻的影响。建立残疾人事业治理创新体系，首先必须构建科学的公共权力体系。党的十九报告中提出"以人民为中心"的理念，明确要求打造共建共治共享的社会治理格局。"加强社会治理制度建设，完善党委领导、政府负责、社会协同、公众参与、法治保障的社会治理体制，提高社会治理社会化、法治化、智能化、专业化水平。"科学界定了我国公共权力主体在社会治理体系中的关系，明确党委总览全局和协调统筹的领导地位，党要把握方向，引导发展；确立政府在现代社会治理体系中的主导地位，要构建服务型、法治型、效能型和诚信型政府；依法治国的基础地位，"科学立法、严格执法、公正司法、全民守法"。同时，大力推进社会组织发展以及完善基层社会自治，夯实社会协同和公众参与的机制。

4. 厘清家庭与社会关系

家庭是自然和基本的社会组合单元，是人类抵御风险的最初单位。在我国，家庭应该、也必然是残疾人事业治理创新的基础。这是基于我国社会文化基础和我国国情的理性选择。在现代社会，残疾人的支持包括了非正式支持与正式的社会支持，正式的支持主要是制度性的社会保障，非正式支持主要是指与血缘相联系的残疾人家庭及其亲朋好友对残疾人的扶助。尽管残疾人社会保障和社会服务体系的"两个体系"建设成效显著，切实有效帮助残疾人应对日常生活困难、就业、医疗、教育、康复等问题，残疾人的社会支持网络得到了极大的拓展，内涵更加丰富，在一定程度上，社会保障成为与家庭同样重要的支柱，在残疾人的经济支持方面具有一定的替代作用。但在现实中，家庭依然最大承担着残疾人经济支持、日常照顾、精神慰藉、紧急救助的功能，特别是我国伦理、传统道德乃至法律上，家庭是残疾人最基础的保障。尽管由于人口流动、家庭小型化等，中国传统家庭的文化基础动摇，功能弱化，但家庭对于残疾人来讲，依然是最具价值的资源，其中的功能具有不可替代性。同时在减轻、减弱残疾过程中，人从准残疾到真正可能的功能缺失，家庭的扶助与护理支持，家庭的预防意识与能力对于残疾发生的控制也起到巨大的作用。《国家残疾人权利公约》也提出"有权获得社会和国家的保护，残疾人及其家庭成员应获得必要的保护和援助，使家庭能够为残疾人充分和平等地享有其权利做出贡献"。

（三）残疾人事业治理体系创新的基本结构

残疾人事业治理体系创新主要从治理对象、治理理念、治理目标和治理结构等方面进行架构，主要包括以残障风险治理为对象、平等共享治理理念、社会健康共融的治理目标以及多元主体协同合作的治理结构。

1. "全过程覆盖"的治理定位

残疾人事业治理创新视角关注残疾发生前、中、后期整个过程，这三个阶段都应该得到同样重视，并动用公共资源进行治理。清晰地将"残疾"而非仅仅以残疾人作为实施预防和干预的机会和路径，由重点对残疾人功能补偿服务管理延伸到残疾发生发展的全过程。减少或消除残疾的发生以及因为没有能很好地重视康复而造成的不必要的残疾成为"残疾人事业治理创新"的重要内容。在残疾的过程风险中，治理残疾过程中由于残疾人事业发展的渐进性、历史局限性等出现的制度风险作为治理的重点，在制度创新和机制创新过程中不断消除残障风险过程中的"人为"障碍特别是政策偏好、政策冲突、政策无效等以提高残疾人事业治理的效能，从而真正提升残疾人的社会福祉和残疾预防的有效性，最终实现"人"的全面发展。

2. 平等共享的治理理念

对于残疾人发展来说，平等具有更为重要的意义。《联合国残疾人权利公约》中"因残疾而歧视任何人是对人的固有尊严和价值的侵犯"，"残疾人作为平等社会成员参与方面继续面临各种障碍"，"促使残疾人有平等机会参与公民、政治、经济、社会和文化生活"等相关判断，残疾人享有与所有人的自由平等的人权，同时把残疾人在充分参与个人发展和社会发展中所遇到的障碍，认定为是对人权的侵犯，强调社会为残疾人的生存权与发展权的保障提供的便利与可能。"不歧视、机会均等"是国际和我国残疾人事业治理创新的基本原则和价值追求。因此国际残疾人发展原则平等、共享、发展、融合得到更多的共识。

共享是与全面建成小康社会高度契合的新发展观。共享作为我国经济社会发展的出发点和落脚点，体现了我国社会主义本质和共产党宗旨、科学谋划人民福祉和国家长治久安的价值取向，也是我国经济社会发展进入新阶段的客观需求，也为我国全面建成小康社会提出更明确的目标和更明确的方向，只有践行共享发展理念，才能使全体人民在共建共享发展中有更多获得感，增强发展动力，增进人民团结，朝着共同富裕方向稳步前进。同时也关注残疾人公共政策中不充分、不均衡的问题，着力消除残疾发生、发展的因素，有效应对"残疾人口增多"和"残疾人内部的利益分化"的两种趋势并存格局。

既如此，现代的国家和政府、社会、市场、家庭等都是残疾人事业治理创新的利益相关者，都应当为残疾人提供必需的补偿帮助，消除其回归主流社会的障碍；同时更承认残疾人是社会物质和精神财富的创造者，具有基本的社会权利和独立人格，以合理便利原则，通过赋权方式提升残疾人平等参与社会生活能力，促进残疾人与健全人、与政府、与社会之间的良性互动，协助残疾人自主、平等、共享经济社会发展成果。

3. 社会健康、共融的治理目标

多元治理的视角下，公共利益是指政府与利益相关者在利益和利益分配问题上所达成的共识。公共利益首先是一个利益和利益分配的问题，涉及利益相关者之间的取舍和均衡，在协商和对话的过程中确立。

基于残疾人事业治理创新对象包括残疾发生发展全过程。因此，残疾人事业治理创新的目标将主要包括三个相关的现实目标，一是以减少残疾发生，减弱残疾的程度；二是追求残疾人福祉不断提升，美好生活的不断实现；三是最终建立一个美好的社会，实现社会公共利益最大化目标。

世卫组织摒弃了正常/异常的二分法，将所有健康状态（healthconditions）平等地置于"残障—健康"维度之上加以衡量，是国际关于残疾的新理念。在我国以全国卫生与健康大会召开为标志，"把以治病为中心转变为以人民健康为中心"，提出"树立大卫生、大健康的观念"，健康不仅是指生理健康，还包括心理健康、道德健康、社会健康、环境健康等，所有这些共同构成了完整的健康概念。同时提出预防为主，推行健康文明的生活方式，营造绿色安全的健康环境，减少疾病发生。强化早诊断、早治疗、早康复，"努力为人民群众提供全生命周期的卫生与健康服务"，全方位健康服务观也得以形成。这些将成为新时代我国残疾人事业治理创新的新观念，促进残疾人健康为目标成为新时代残疾人事业发展的主要导向。残疾人事业发展，要实现从消除隔阂到融入主流社会，到残健互相融合，最终实现社会共融的目标。

这就要求全面实施"社会共融发展战略"。首先，要消除对残疾人认识的障碍。在观念上，承认残疾人对社会全面福祉和多样性做出的和可能做出的贡献，承认对残疾的歧视和障碍依然大量存在，消除一些障碍才能真正实现社会共融。在国家战略上，使残疾人事业治理创新成为国家治理体系现代化和能力现代化的有机组成部分；在社会政策上，促进残疾人充分享有基本人权和基本自由，促进残疾人充分参与，保障残疾人权益的过程平等，在残疾人对社会的回报中获得尊严；在文化上，体现了公平、包容、惠及的社会价值理念。在实践中，更要消除政策实施和环境设施的障碍，重视残疾人的赋权增能，建立能够促进覆盖每个人平等参与、共建共享的社会环境，从而促进残疾人融入主流社会，推动社会朝着每一个人的可持续方向发展。并在提升中国残疾人事业治理创新体系和能力过程中，丰富世界残疾人事业治理创新的经验。

4. 多元协同合作的治理结构

党的十九大明确定位残疾人事业发展是我国"加强社会保障体系"的有机组成部分。与残疾人事业治理创新相关的主体包括政府及其职能部门、社会组织（残疾人自组织和服务组织）、残疾人及其家庭和社会大众等。要明确各主体的责任与权利，就要求对治理主体及其关系进行规范和明确，形成整合、多元主体的组织架构，优化残疾人事业治理创新结构。

第一，必须坚持和凸显政府的主导地位，政府要作为残疾人事业治理创新支持者、组织者、倡导者，从残疾群体的实际需求出发并发挥他们的主动参与性，畅通需求表达通道，完善利益诉求机制，促进各治理主体间的平等、对话和沟通协调；要强化政府在残疾人事业发展中的规划、政策、投入、监管等职责，残疾人及其残疾事业发展的信息共享，而将残疾人服务等具体事务委托社会和市场力量承担，促进残疾人事业治理创新中由"全能政府"向"有限政府"的转变。

第二，加快推进残联改革。残联作为国家与社会的联系纽带居于核心地位，肩负着残疾人利益代表、管理部门和服务组织等多种角色，是在我国残疾人事业发展初期当时状况下的一种选择，其亦官亦民的特性具有其历史的必然性和现实的合理性，这种情况在促进我国残疾人事业发展中发挥了巨大作用。但残联在现实中过多地包揽行政任务，使其行政职能的发挥远甚于服务功能，出现严重的"管理大于服务"现象，同时其在残疾人管理服务领域的垄断地位和行政地位，已不适应社会治理体系和能力现代化的要求。需要通过"职能规范化""机构简约化"和"工作透明化"改制，促进残联回归其代表、服务、管理残疾人的本位，并重点承担残疾人社会服务力量培育的重任，真正发挥其联结政府与社会的重要作用，为促进残疾人事业治理创新的"共生互惠共赢"关系形成。

第三，更要培育和发展残疾人事业治理创新的社会自治和服务组织。致残因素复杂化、残疾人的内部分化及其需求异质化，政府自上而下的单一援助显然难以达成理想效果，社会组织的灵活性和专业性在残疾人事业治理创新中有着得天独厚的优势，可以为残疾人事业治理创新提供知识和服务支持。应该以政策引导、制度规范和环境优化等方面为社会组织的培育和发展提供支持，从而为残疾人事业治理创新过程中的社会参与提供足够的力量。

第四，要以家庭建设为中心，构建出了新型的"家庭—社会"风险治理模式。以家庭治理为中心，周延个人与社群的家庭间治理模式。[①] 家庭作为社会的一个基元细胞，在风险治理中扮演着重要的角色。包括残疾人自身在内的残疾人家庭，是残疾治理的主体性力量。家庭是社会的基本单元，残疾人家庭往往更具脆弱性。要以社会政策支持残疾人家庭功能完善和作用发挥，需要通过赋权增能的方式，促进残疾人及其家庭的教育水平、家庭协作应对风险能力的提升，以及抵御家庭基本生活风险的功能发挥，能够有效参与社会、经济、文化生活，从而发挥残疾人及其家庭在残疾治理中的主体性作用，平等与国家治理、社会治理互动。

第五，要通过实施全方位宣传教育，提升公众残疾过程认知和残疾风险意识，使公众自觉参与到残疾人事业治理创新体系中。完善抵御残疾风险个人、家庭、社区、社会的支持性网络，提升残疾人事业治理创新的社会化程度。促进治理主体由政府"本位"向多元主体、多种形式方法转化。最终形成结构合理、运行顺畅的"残疾人事业治理创新复合体"共同参与残疾人事业治理创新。

只有如此，通过理念创新、制度创新和手法创新，架构起治理残疾的互为前提、互相制约与互相推动的社会网络，构建"残疾人事业治理创新生态链"，形成基于本土经验的残疾人事业治理创新模式。

---

① 白维军：《复合风险治理中的家庭功能研究——基于风险社会的视角》，《社会主义研究》2009年第4期。

第三章　中国残疾人事业发展与治理现状

基于残疾治理理论视角与分析框架，本部分将对中国残疾人事业发展整体状况进行全景式描述，并通过对江苏省、陕西省、甘肃省残疾人事业发展状况实证调研，发现我国残疾人事业发展的地区差异性，以及在关键治理环节上存在的结构性差异，从而发现我国残疾人事业治理的经验及其对未来发展的启示。

一　中国残疾人事业发展评价

不断消除因残疾导致的群体社会差异，是中国残疾人事业发展的价值追求。基于风险、治理与融合理论研究视角，重点对中国残疾人事业发展的治理领域、治理主体、治理方式、治理场域进行梳理剖析，为进一步创新我国残疾人事业治理体系提供思路与借鉴。

通过问卷调查与实地座谈发现，大多数受访者对中国残疾人事业整体发展状况持积极肯定的评价，评价较高的发展领域主要是残疾人身体康复和残疾人生存保障两大领域，而残疾预防、残疾筛查、残疾身份获得以及残疾人赋权增能、残疾人融合共享等治理效果相对较差。

（一）整体发展评价

65.0%的受访者对本地残疾人事业整体发展持积极肯定评价。

问及受访者对本地残疾人事业发展状况的整体评价，16.6%的受访者认为本地残疾人事业发展状况"非常好"，48.4%的受访者表示"比较好"，两者相加有65.0%的受访者对本地残疾人事业整体发展持积极肯定评价。此外，有 30.8% 的受访者对本地残疾人事业发展状况表示"一般"，还有 4.2% 的受访者表示发展状况"不太好"或"不好"，如图 3-1 所示。总体表明，大多数受访者对我国残疾人事业整体发展状况持积极肯定的评价，但同时也认为还有较大提升的空间。

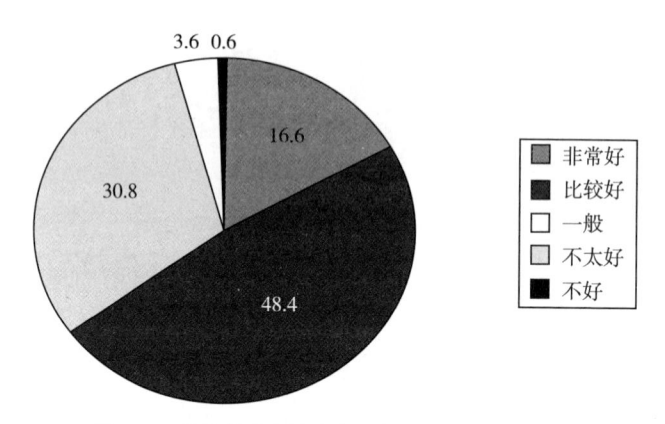

图 3-1　受访者对本地残疾人事业发展状况的评价

（二）具体领域评价

得分最高为残疾人扶贫，其次为残疾人社会保障，再次为康复领域，工作排序后三位的分别为残疾人托养、残疾人就业、残疾人无障碍建设。

按照我国残疾人事业发展"十二五""十三五"规划内容，我国残疾人事业发展的具体领域，大致分为残疾人扶贫、社会保障、康复、教育、法制维权、残疾预防、文化体育、托养、就业、无障碍建设 10 个方面。分别按照百分制赋值对残疾人事业十大领域工作成效进行评分，表示"非常好"赋值为 100 分，"比较好"赋值为 80 分，"一般"赋值为 60 分，"不太好"赋值为 40 分，"不好"赋值为 20 分，问卷调查统计显示，受访者对我国残疾人事业发展的十大具体领域，评分得分最高为残疾人扶贫，评价得分为 76.3 分，其次为残疾人社会保障，评价得分为 75.5 分，残疾人康复领域工作成效排序第三位，评价得分为 74.7 分，与之相对应的排序后三位的分别为：残疾人托养，评价得分为 71.2 分，残疾人就业，评价得分为 70.7 分，残疾人无障碍建设评价得分最低为 70.2 分，如表3-1所示。同时问及受访者对"当地残疾人事业重点工作领域成效显著的方面"时，问卷调查显示，受访者认为工作成效最为显著的领域是残疾人康复，回应百分比为45.2%，其次为残疾人社会保障，回应百分比为39.1%，排序第三位的为残疾人扶贫，回应百分比为35.4%。综合表明，残疾人扶贫、康复与社会保障是我国残疾人事业发展领域成效最为显著的领域，相比之下，残疾预防、残疾人文化体育、残疾人托养等领域成效不够突出，如图3-2所示。从残疾治理的不同过程评价结果来看，我国残疾人事业治理水平较高的领域，主要是残疾人身体康复和残疾人生存保障两大领域，而残疾预防、残疾筛查、残疾身份获得以及残疾人赋权增能、残疾人融合共享等治理效果相对较差。

表3-1　　　　残疾人事业发展十大领域满意度评价

	非常好	比较好	一般	不太好	不好	满意度评分
扶贫	15.6	52.5	30.3	1.2	0.4	76.3
社会保障	14.2	52.6	30.4	2.0	0.7	75.5
康复	12.3	52.5	32.5	2.0	0.7	74.7
教育	13.6	48.5	33.6	2.9	1.5	74.0
法制维权	12.3	46.7	37.0	3.9	0.2	73.4
残疾预防	10.4	46.4	37.8	4.7	0.6	72.3
文化体育	13.0	41.8	38.8	5.5	0.9	72.1
托养	10.9	44.8	35.5	7.2	1.6	71.2
就业	11.8	41.3	38.3	6.1	2.5	70.7
无障碍建设	10.3	41.4	39.7	6.3	2.4	70.2

（三）省域比较

通过比较陕西省、江苏省与甘肃省三省残疾人事业发展水平发现，残疾人事业整体水平评价呈现由东向西的地域递减态势，这与当地政府财政投入有关，也与民生建设整体水平有关，更与当地推动残疾人事业发展的理念有关。

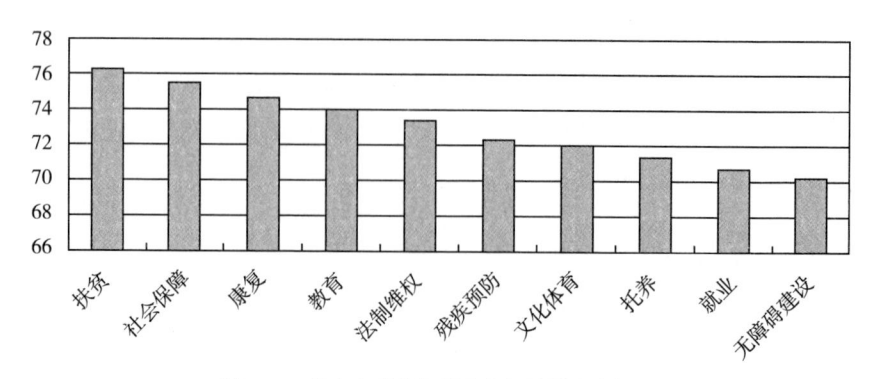

图 3-2　残疾人事业发展十大领域满意度评分

1. 发展品质比较

按照满意度高低，依次为江苏、陕西、甘肃。调查发现，受访者对残疾人事业发展总体评价，陕西省受访者表示"非常好"的比例为13.5%，表示"比较好"的比例为46.6%，两者相加对陕西省残疾人事业的满意率为60.1%。相比较发现，江苏省受访者的满意率为94.4%，甘肃省受访者的满意率为54.4%，如表3-2所示。可见，残疾人事业整体发展水平评价呈现由东向西地域递减态势，这不仅与当地政府财政投入有关，也与社会发展整体水平有关。在陕西实地调研座谈了解到，陕西省按照"抓重点、抓规范、抓提升、抓创新"工作思路，以残疾人脱贫攻坚为主线，以残疾人民生工程项目为抓手，在残疾人脱贫、康复、教育就业、组织建设、文化体育、权益保障等方面实现都有创新突破，残疾人的生存发展状况得到了明显改善，残疾人事业发展外部氛围有了好转，但是与江苏省残疾人事业发展水平相比，政府财力有限、社会组织发育不完善、基层残疾人组织建设基础薄弱，都直接影响着残疾人事业进一步发展提升，这种情况也明显表现在甘肃省地区。

表3-2　三个省份受访者对残疾人事业发展评价的比较　　单位:%

	陕西省	江苏省	甘肃省
非常好	13.5	40.2	10.9
比较好	46.6	54.2	43.5

续表

	陕西省	江苏省	甘肃省
一般	34.4	5.6	43.5
不太好/不好	4.5	—	2.1
满意率	60.1	94.4	54.4

注：满意率的计算方式等于"非常好"比例与"比较好"比例之和。

2. 理念策略比较

江苏受访者更关注发展理念，而陕西和甘肃重点关注政府投入。通过比较不同省份残疾人事业发展评价维度、发展原则以及发展领域，发现由于各省份对残疾人事业公共投入的明显差异，导致了各省残疾人工作者的发展理念思路以及关注重点有明显不同，集中体现了当地政策法规条例的发展水平。

进一步调查发现，江苏省受访者关注残疾人事业的维度，排在前三位的分别为发展理念思路、政策法规条例以及政府投入，甘肃省受访者关注残疾人事业的维度，排在前三位的分别为政府投入、社会力量参与以及发展理念思路，陕西省受访者关注残疾人事业的维度，排在前三位的分别为政府投入、社会力量参与以及发展理念思路，比较发现，政府投入以及发展理念思路是三个省份受访者共同关注的维度，除此之外江苏省受访者更关注政策法规条例，而甘肃省以及陕西省受访者更关注社会力量参与维度，如表3-3所示。比较发现，经济发达地区残疾人事业更强调政策法规的完备性，而经济条件不好的区域更关注残疾人事业治理主体的多样性。此外，受访者对家庭支持协助、社区支持作用、社会组织培育以及市场机制作用等关注程度不高，进一步表明我国残疾人事业发展更多强调政府治理主体作用，而其他多元治理主体社会关注薄弱。

表3-3　　　　三个省份受访者关注残疾人事业维度的比较　　　　单位：%

	江苏省	甘肃省	陕西省
发展理念思路	67.3	44.3	44.9

续表

	江苏省	甘肃省	陕西省
政策法规条例	60.7	43.3	37.2
政府投入	48.6	51.5	54.1
社会力量参与	46.7	50.5	52.6
运行体制机制	41.1	28.9	37.0
人员队伍建设	39.3	24.7	37.6
社区支持作用	22.4	24.7	14.6
社会组织培育	19.6	21.6	14.0
残疾人能力建设	17.8	26.8	21.7
家庭支持协助	13.1	27.8	20.9
人道主义氛围	9.3	11.3	21.7
市场机制作用	2.8	7.2	7.5
其他	0.9	3.1	2.6

进一步比较东西部地区的残疾人事业发展水平，发现当地经济发展水平与残疾人事业发展水平关系密切。以江苏省和甘肃省为例，问卷调查显示，江苏省受访者认为本地残疾人事业发展"非常好"的比例为40.2%，甘肃省受访者的比例为10.9%；认为"比较好"的江苏省受访者比例为54.2%，甘肃省受访者比例为43.5%，对比来看，江苏省受访者认为本地残疾人事业发展"非常好"和"比较好"的比例为94.4%，而甘肃省受访者的比例为54.4%，两者相差40%。数据统计发现，江苏省受访者对本地残疾人事业发展水平评价高于甘肃省受访者并呈现显著差异（$X^2=50.138$，$P=0.00$）；实地调研访谈也发现，江苏省残疾人工作者的访谈，更多突出强调发展理念以及机制创新，而甘肃省残疾人工作者更多集中于扶贫、康复等工作落地，这与当地经济发展水平和残疾人事业投入关系较大。

实地调查走访了解到，"十二五"期间江苏累计安排省级财政资金27亿元，专项用于支持残疾人事业发展，预算年均增幅达15%，远高于8%

的全国平均水平。① 从苏州残联座谈会了解到，苏州市持证残疾人总量为13.17万人，占总人口比例的1.94%，每年征收的残疾人保障金大约有七八千万元，这给残疾人事业发展提供了强有力的经济支撑，并结合残疾人事业实践有自己的发展思路，提出了"专业化、社区化、社会化、法治化"发展道路，通过专业化机构从事残疾人服务，把残疾人服务落实到具体社区，社会上能做的优先让给社会来做，落实法治理念推动残联事业发展，尤其是大力通过政府购买服务大大推进了残疾人事业发展。据统计，2016年，市残联政府购买工作小组组织评标会34次，市级残联完成38个项目的政府购买，预算共计为1361万元，各市区残联完成36个项目的政府购买服务，预算达2376.56万元，促进了助残服务的社会化和专业化。而从甘肃残联座谈会了解到，残疾人事业发展的政府投入还有非常大的缺口，尤其是一些经济落后市县残疾人事业的财政支持较弱，比如康复机构的建设问题，很多情况是上面文件政策下来了，下面基层落实不了，全省康复机构40多家，有一半的市县还未设立康复机构，残疾人就业同康复问题也比较相似，国家和省级层面关于残疾人就业政策是最多的，但政策落实难、难落实，残疾人就业难、就业率低。从问卷调查看，甘肃省受访者回应百分比最高的是"政府投入"，而江苏省受访者回应百分比最高的是"发展理念思路"，这表明经济发展水平对残疾人事业发展创新有非常大的影响，通常经济发达地区的残疾人事业，发展理念、政策创新会走在全国前面，而经济欠发达地区创新更多来源于国家政策的具体落地执行，呈现出"东部创新引领、西部政策落地"的不平衡发展局面。而据陕西省汉中市城固残联理事长介绍，全县残疾人事业经费主要类目为办公经费，县级政府没有额外提供残疾人事业发展经费，其他事业经费主要来源是省市的残联项目资金，所以难以在发展理念思路上有所突破和创新，很多创新想法与思路无法落地执行。

此外，建立Logistic回归分析模型（enter法），把认为本地残疾人事业发展"非常好"和"比较好"的受访者定义为观察组，把认为"一般""不太好"和"不好"的受访者定义为对照组，分析发现，认为本

---

① 关于检查《中华人民共和国残疾人保障法》和《江苏省残疾人保障条例》贯彻实施情况的报告。

地残疾人事业发展好的观察组在"发展理念思路""政策法规条例"两项上显著高于对照组（P=0.00，P=0.031），其"发展理念思路"的回归系数为1.043，如表3-4所示，"政策法规条例"的回归系数为0.423。数据结果表明，受访者对当地残疾人事业的发展评价，与当地残疾人事业发展理念思路和政策法规条例执行程度显著相关，特别是当地残疾人事业的发展理念思路直接影响其对残疾人事业发展的评价。

表3-4 受访者对残疾人事业发展评价维度的 Logistic 回归模型

	B	S.E.	Wald	自由度	显著性	Exp（B）
发展理念思路	1.043	.196	28.290	1	.000	2.839
政策法规条例	.423	.196	4.646	1	.031	1.526
家庭支持协助	-.430	.231	3.476	1	.062	.651
人员队伍建设	-.294	.192	2.330	1	.127	.745
市场机制作用	-.403	.321	1.570	1	.210	.669
运行体制机制	-.246	.200	1.508	1	.219	.782
其他	-.473	.545	.752	1	.386	.623
人道主义氛围	.134	.244	.300	1	.584	1.143
政府投入	-.084	.196	.184	1	.668	.919
残疾人能力建设	-.090	.223	.162	1	.687	.914
社会组织培育	.091	.241	.144	1	.704	1.096
社区支持作用	.075	.235	.102	1	.749	1.078
社会力量参与	-.038	.189	.040	1	.842	.963
常量	.346	.462	.560	1	.454	1.413

3. 实践原则比较

江苏更强调"普惠与特惠相结合"，甘肃则为"扶贫与助残相结合"。为了更清晰了解到不同经济发展地区残疾人事业发展原则的重点，以江苏省和甘肃省受访者对残疾人事业发展原则进行比较，最为明显的是江苏省受访者评价当地残疾人事业发展，更加强调"普惠与特惠相结合"，调查比例相差29.3%，其次为"强化治理体系与能力建设"，调查比例相差13.9%，而相比甘肃省受访者更关注"扶贫与助残相结合"，这也与当地残疾人扶贫重点工作任务有关，如表 3-5 所示。江苏苏州、扬州与镇江等地残联座谈会介绍，通过对残疾人群体实施多层次、立体化的分类施保，残疾人群体已经被全部纳入了社会保障救助范围，一些成年、重病、无业等特殊残疾人群体也获得了政策性叠加救助，残疾人扶贫脱贫不如西部地区任务重，因此残疾人事业发展更多满足于残疾人的发展性需求，更多对现有残疾人事业体制机制的尝试与创新。而在甘肃省座谈会了解到，甘肃残联反映残联的工作重心主要是扶贫救济，全省有 34 万贫困人口，但扶贫机构认定只有 11.4 万，缺乏统一口径导致残疾人扶贫工作"数字打架"现象，但整体上甘肃残联的扶贫工作任务是非常艰巨的，需要依托扶贫大政策、大投入。

陕西残联座谈会也反映残疾人事业工作重心在扶残助残领域，全省还有 20 多万贫困残疾人需要脱贫。可见，不同区域残疾人工作侧重点存在较大差异，其残疾人事业发展理念也会有较大不同，政策工作出发点与落脚点也有较大区别。

表 3-5　　三个省份受访者对残疾人事业发展原则的比较　　单位:%

	江苏省	甘肃省	陕西省
普惠与特惠结合	58.5	29.2	45.2
残疾人群体差别化管理	30.2	33.3	33.4
强化治理体系与能力建设	35.8	21.9	23.0
城乡协调发展	32.1	22.9	24.5
多元主体协同参与	34.9	30.2	26.3
推动市场力量的参与	26.4	24.0	17.8
残疾人服务社区化	47.2	54.2	31.5
扶贫与助残相结合	50.9	64.6	65.8
助残与残疾人能力建设	34.0	33.3	35.9
贯彻残疾预防/康复计划	26.4	29.2	30.3
其他	3.8	2.1	3.1

此外，建立 Logistic 回归分析模型（enter 法），把认为本地残疾人事业发展"非常好"和"比较好"的受访者定义为观察组，把认为"一

般""不太好"和"不好"的受访者定义为对照组，分析发现残疾人事业发展理念原则与残疾人事业发展水平密切相关，"普惠与特惠结合""助残与残疾人能力建设""残疾人服务社区化"是影响残疾人事业发展评价的显著性因素（P=0.000，P=0.000，P=0.002），从回归系数看，"普惠与特惠结合"因子的回归系数为1.165，大于"助残与残疾人能力建设""残疾人服务社区化"两个因子的回归系数（B=0.629，B=0.558），可见残疾人普惠与特惠政策相结合思路是影响残疾人事业发展评价的首要因素。从江苏省残疾人事业发展人大执法检查情况看，"各级政府把残疾人列为社会保障的重点对象，坚持普惠与特惠相结合的原则，在全国率先向残疾人发放重残补贴、护理补贴、重度残疾人和特殊困难残疾人生活救助、高中和大学残疾学生教育补贴等，及时将符合条件的残疾人纳入特困人员供养和低保范围。"[①] 而从甘肃座谈会看，虽然也遵从残疾人普惠与特惠政策相结合的发展思路，但由于政府投入不足导致政策执行力度与效果有差距。

表3-6　残疾人事业发展思路与发展水平的 Logistic 回归模型

	B	S.E.	Wald	自由度	显著性	Exp（B）
普惠与特惠结合	1.165	.183	40.679	1	.000	3.206
助残与残疾人能力建设	.629	.179	12.277	1	.000	1.875
残疾人服务社区化	.558	.180	9.578	1	.002	1.748
扶贫与助残相结合	.309	.180	2.954	1	.086	1.361
强化治理体系与能力建设	.288	.196	2.158	1	.142	1.333
贯彻残疾预防/康复计划	.223	.192	1.353	1	.245	1.250
城乡协调发展	.167	.193	.747	1	.387	1.182
残疾人群体差别化管理	-.153	.178	.735	1	.391	.858
其他	.169	.471	.129	1	.720	1.184
推动市场力量的参与	.060	.208	.082	1	.774	1.062
多元主体协同参与	-.026	.187	.020	1	.888	.974
常量	-.598	.300	3.962	1	.047	.550

---

① 江苏省人大常委会执法检查组关于检查《中华人民共和国残疾人保障法》和《江苏省残疾人保障条例》贯彻实施情况的报告。

4. 关注领域比较

三个省份残疾人事业不同治理领域发展状况有较大差异，调查发现，江苏省受访者对残疾人事业主要十大领域的满意度评价得分都超过了甘肃省和陕西省受访者的满意度评价，而甘肃省受访者的满意度评价还比陕西省受访者的满意度评价略高一些，表明经济发达地区残疾人事业发展重点领域明显好于经济欠发达地区，如表3-7所示。具体来看，三个省份受访者满意度评价得分较高的三个领域，江苏省受访者认为是残疾人法制维权、扶贫与教育，陕西省受访者认为是残疾人社会保障、扶贫、康复，而甘肃省受访者认为是残疾人扶贫、社会保障与康复，可见甘肃省受访者和陕西省受访者更多关注的重点为残疾人基本生活保障和身体康复领域，而江苏省受访者更多关注残疾人赋权与发展领域，反映不同区域残疾人事业发展重点的差异，进一步分析发现，三个省份受访者都认为就业是残疾人事业发展最不满意的地方，托养与无障碍建设也是较为薄弱之处，表明残疾人就业是全国各地残疾人事业发展普遍面临的问题。

表3-7　　　　不同省份受访者对残疾治理领域满意度[①]比较　　　　单位：%

	江苏省	陕西省	甘肃省
扶贫	89.9	61.7	70.1
社会保障	89.1	62.1	65.5
康复	89.0	59.1	63.1
教育	89.8	55.9	61.2
托养	77.8	49.7	60.3
文体	84.3	47.1	56.6
法制维权	90.6	51.9	53.8
残疾预防	82.1	52.4	50.6
无障碍	85.7	46.7	35.7
就业	81.8	45.7	51.8

① 满意率的计算方式等于"非常好"比例与"比较好"比例之和。

二 中国残疾人事业具体发展现状

对残疾人事业治理领域的类型划分，涉及不同观察角度与理论框架。从《中华人民共和国残疾人保障法》（2008年4月24日修订通过）对残疾人事业分类看，涉及残疾人教育、劳动就业、文化生活、社会保障、无障碍环境建设、法律维权等方面内容；从国务院同意残疾人工作委员会制定的《中国残疾人事业"十二五"发展纲要》看，"十二五"残疾人事业主要任务和政策措施分别为社会保障、康复、教育、就业、扶贫、托养、文化、体育、无障碍环境、法制维权、残疾预防11个方面。从《"十三五"加快残疾人小康进程规划纲要》来看，"十三五"残疾人事业主要包括保障残疾人基本民生、大力促进城乡残疾人及其家庭就业增收、提升残疾人基本公共服务水平、依法保障残疾人平等权益等方面内容。本书把我国残疾人事业治理体系涉及的领域分为五大领域，分别为残疾风险干预、残疾人身体康复、残疾人社会保障、残疾人赋权增能、残健融合共享等，通过对我国发展现状分析、问卷调查评价、省域差异比较，深入剖析我国残疾人事业发展现状及其内部之间的差异性。

（一）残疾预防

残疾风险干预是残疾人事业发展的起点与最终落脚点，对残疾风险的管理与防范体现了中国对残疾的认知与治理水平。残疾风险干预主要包括残疾预防、残疾筛查与残疾人身份认定三个环节。

1. 主要环节及其工作特征

（1）残疾筛查转介。残疾筛查转介是残疾人群体从健全人群体中人为分离出来的关键阶段，也是残疾治理过程中残疾人身份获得之前的关键环节。从治理体系分析出发，以下将从重点群体残疾筛查、疑似对象筛查鉴定、残疾筛查机构人员、残疾筛查随报制度四个方面对我国残疾人事业体系中的残疾筛查转介进行梳理分析。

重点群体残疾筛查。对我国残疾人事业中的残疾筛查制度分析后发现，我国对重点群体建立残疾筛查制度时间较晚，重点对孕产妇产前筛查、新生儿残疾筛查、0—6岁儿童残疾筛查三类群体进行筛查，出台政策文件主要为《孕产妇妊娠风险评估与管理工作规范》(国卫办妇幼发〔2017〕35号)、《新生儿疾病筛查技术规范(2010年版)》(卫妇社发〔2010〕96号)、《0—6岁儿童残疾筛查工作规范(试行)》(残联厅发〔2013〕8号),并制定了相关筛查工作规范与操作标准。此外,国家还建立了对高血压、糖尿病等慢性病人的身体健康防控机制。总体上,我国残疾筛查的重点对象已经基本被政策纳入,但是由于人口老龄化与慢性疾病的叠加效应,新增老年残疾人比例不断攀升,我国每年新增脑卒中患者逾200万例,此外全国每年新生缺陷儿约有90万例,我国人群死因交通事故上升至2013年的第三位,总体上我国残疾筛查制度对老年人、交通事故受害人等重点残疾风险群体还没有完全覆盖,存在一些残疾筛查的盲点与薄弱之处。

残疾筛查鉴定主体。研究发现,我国残疾筛查机制明显存在技术筛查与主观确认相互冲突现象。按照残疾筛查或疾病筛查机制,医疗机构承担着残疾筛查信息管理、报告和反馈职责,承担着转介到其他医疗机构进一步评估诊断的职责,但是残疾筛查的主体为残疾人或者其家属,从江苏、甘肃以及陕西实地走访座谈发现,少部分残疾儿童在残疾筛查的过程中被遗漏,主要情况是残疾筛查过程中更多依靠残疾人家属,对一些家庭经济贫困、对残疾认知不够、不情愿孩子是残疾人的残疾人家属,没有能够及时督促去相关医疗机构进行残疾筛查,而基层医疗机构在日常管理过程中,也没有能力提供残疾筛查的知识宣传。在政策层面上,我国对残疾筛查流程只对医疗卫生系统进行规范,但是对残疾人家庭没有相关政策制度干预,也没有提供相关残疾筛查的激励机制。

残疾筛查机构人员。从我国评定残疾人的标准来看,医疗技术标准是最主要的评定标准,因此残疾筛查人员机构成为残疾筛查成功的关键。从调查情况来看,视力、听力、言语、肢体等残疾类别对残疾筛查机构人员要求不高,而对智力、精神残疾人的残疾筛查评定要求较高,一些区县或以下医疗机构没有资质进行残疾筛查鉴定,也没有相关专业鉴定人员,导致残疾筛查鉴定难问题发生。

残疾筛查标准规范。调研发现,我国对0—6岁儿童残疾筛查的工作重点，是对视力、听力、肢体、智力、孤独症五类重点残疾类别进行筛查，相关的筛查技术标准也比较规范，但是对于其他类别残疾还没有相应的残疾规范标准。对于新生儿领域的残疾筛查，主要是对苯丙酮尿症（PKU）、先天性甲状腺功能减低症（CH）和听力进行筛查，对孕妇也主要是进行唐氏筛查，此外没有对新生儿和孕妇进行其他的残疾筛查。总体上，我国对孕妇、新生儿以及0—6岁儿童等残疾筛查种类较少，也没有出台相关的残疾筛查标准规范，有些医疗条件较差地区特别是基层对现有残疾筛查也没有能力落实。

残疾筛查随报制度。随着《残疾预防和残疾人康复条例》以及实施方案出台，我国初步建立了残疾筛查报告制度，要求医疗机构执业医师在临床中发现视力、听力、肢体、智力、孤独症等疑似残疾儿童时，填写残疾儿童临床报告卡，对自愿接受残疾评定的疑似残疾人实行残疾鉴定费减免优惠，但是现实实践中残疾筛查随报缺乏制度性的规范，信息鸿沟还明显存在。

总体上，我国残疾筛查转介治理相比"十二五"之前更为完善，一方面对孕妇、新生儿特别是残疾儿童建立了较为完善的残疾筛查转介机制，在医疗临床上初步建立了较为严格的残疾筛查报告机制，同时在一些重点领域制定了残疾筛查鉴定规范标准；另一方面，残疾治理主体参与方主要是医疗卫生机构，而接受残疾筛查的主体参与并没有很好地体现，导致一些疑似残疾人家庭由于家庭经济问题、鉴定费用、鉴定机构筛选等原因，没有及时让疑似残疾对象接受残疾筛查，如何激励孕妇、新生儿、残疾儿童接受残疾筛查，相关政策措施还有许多盲点与薄弱点，这需要以后在残疾筛查政策措施上有更多激励鼓励政策。

（2）残疾身份认定。残疾身份认定是认定残疾人及其残疾类别、残疾等级的合法凭证，是残疾人依法享有国家和地方政府优惠政策的重要依据。据统计，2017年全国残疾人人口基础数据库持证残疾人3404.0万人，与第二次全国残疾人抽样调查推算出的8502万名残疾人口相比，仅有40.04%的推算残疾人口领取了残疾人证，也表明有近半数抽样推算的残疾人不在政策覆盖范围内。

残疾认定标准。通过对第一次全国残疾人抽样调查标准与第二次全国残疾人抽样调查标准的比较发现，残疾的认定标准有所变化，其中残疾类别新增了言语残疾类别，在具体类别残疾的评定标准也有变化，以智力残疾评定为例，1987年根据美国智能迟缓协会1983年的诊断标准，而2006年以WeChsler儿童智力量表为标准，在精神残疾认定标准的"社会功能缺陷筛选表"也有差别。从治理的角度看，残疾认定标准的变化反映了对残疾治理的精细化进步，但是现有残疾标准更多是医学标准术语，反映残疾的社会性仍有许多不足。

残疾认定流程。我国对残疾人的残疾身份认定流程几经变迁，新修订的《中华人民共和国残疾人证管理办法》（2017年7月1日），对审批权限下放、办证周期缩减、鉴定责任明确进行修订，特别是放宽了残疾认定的主体，在县级残联负责残疾人证的申办受理、核发管理等工作基础上，可将残疾人证申办受理、发放等工作下放到乡镇（街道）残联，对有条件的地方可以上门开展残疾评定和办证服务，有利于落后偏远地区的残疾人办证服务。在陕西商洛地区实地调研发现，在残疾人证未修订之前一直实行县级办证市级复审程序，导致办证复审责任主体不统一，"刚开始复审的时候一天全市要审查四五百人，专门安排一个人，监督与审核都达不到作用，你比如说这个人拿个全身照，聋子站那里我也不知道"，此次明确了"县级残联对办证申请材料、受理程序、残疾评定结论和公示结果进行审核"，统一了残疾人证的管理审核责任，大大缩减了流程与环节。今年广东省残疾人联合会研发了第二代残疾人证网上申办系统，申请人只需实施"上网申请、到评定机构评残"两个步骤，其余流程都通过网络流转，大大改善了残疾认定周期与准确性，同时统一取消了目测评定方式，对需要上门评定的发放评定补贴。从残疾治理的角度看，残疾认定流程的优化有利于更好地进行残疾评定，也有利于残疾评定结果的公平公正。

残疾人证管理。严格残疾人证管理有利于残疾人事业健康发展，随着"两项补贴"等残疾人优惠政策以及扶贫脱困政策出台，残疾人证的"含金量"进一步提升，而残疾人证的管理服务也面临较大挑战。调研发现，"人情证""残疾人证出租"等现象时有发生，对残疾治理秩序带来了诸多挑战。

总体上，随着我国残疾人事业发展与残疾人证管理规范，残疾身份认定治理成效较大，表现为残疾认定标准更加明晰与精细化，残疾评定流程更加规范化，残疾评定责任主体更加清晰化，大大解决了长期以来基层残疾认定面临的困难困惑。但是残疾身份认定面临的最大现实问题是，有半数以上残疾人口没有进行残疾身份认定，实地调研了解到，一方面是残疾人家属不愿意领证，特别是疑似残疾儿童群体，其家长不愿意给孩子贴上残疾人的标签，避免受到同龄群体的歧视与社会偏见，如在陕西宝鸡凤翔调研了解到，精神残疾里面办残疾证的人非常少，害怕被周围人歧视甚至影响婚嫁，有些人甚至会说："你说我是精神病，我还说你是精神病呢"。还有一些残疾老年人，自身不认为属于残疾人而更愿意认为是老年自然现象，不愿意办理残疾人证影响社会对其认知评价。另一方面是我国残疾人证的"含金量"吸引力不足，一些中轻度残疾人享受不到任何政策性补贴，导致不愿意去主动申领残疾人证。此外，还有极少部分偏远山区残疾人等其他原因没有申领残疾人证，但是随着残疾人证管理规范化与便捷化，残疾人自愿申领残疾人证将更加方便。

（3）残疾预防工作进展。世界卫生组织把致残因素划分为遗传和发育致残、环境和行为致残、外伤和疾病致残三大因素，其中遗传和发育致残与环境和行为致残的相互作用结果导致了先天性致残，而环境和行为致残与外伤和疾病致残的相互作用结果导致了后天性致残。[①] 有学者在WHO致残模式的基础上，提出了"先天性—获得性"致残类型分析框架，认为先天性致残包括遗传性残疾与发育缺陷非遗传性残疾两部分，其中发育缺陷非遗传性残疾占绝大部分，获得性致残按照发生比例从低到高分别为传染性疾病致残、创伤及伤害致残，以及非传染性疾病致残（躯体疾病、精神病症和营养失调）三部分构成。[②] 第二次全国残疾人抽样调查致残因素分析发现[③]，非传染性疾病致残比例最高占53.45%，创

---

① WHO. *Disability prevention and rehabilitation*, 1981 (668), pp. 1-39.
② 崔斌、陈功、郑晓瑛：《中国残疾人口致残原因分析》，《残疾人口研究》2009年第5版。
③ 崔斌、陈功、郑晓瑛：《中国残疾人口致残原因分析》，《残疾人口研究》2009年第5版。

伤及伤害致残占12.43%，原因不明和其他占15.75%，传染性疾病致残占8.79%，发育缺陷非遗传性致残占6.60%，遗传性致残占2.98%。分析发现，明确为先天性致残因素的比例占9.57%，明确为后天获得性因素的比例占74.64%；明确为疾病性致残因素的比例占71.82%，明确为创伤性因素致残的比例占12.43%；明确为个体性致残因素的比例占75.46%，明确为环境性致残因素的比例占8.79%。从调查数据上看，残疾风险更多为后天获得、疾病性致残、个体性因素导致的，但是先天性因素、创伤性因素和环境性因素也是致残的原因之一，因此残疾预防应该从消除致残风险着手。

在联合国大会第三十七届会议（1982年12月3日第37/52号决议）通过的《关于残疾人的世界行动纲领》，首次对"残疾预防"的概念进行了界定，认为残疾预防是"旨在预防出现心智、身体和感官缺陷的各项措施（即一级预防），或在出现缺陷后，防止它造成不良后果"（第10条），"残疾预防战略对于减少缺陷和残疾的出现极为重要""应该采取措施及早发现缺陷的症状，立即进行治疗或补救，这样就可以预防残疾，或者至少大为减轻残疾的程度，而且往往可以避免造成持久性残疾"（第13条、第14条）。《残疾人权利公约》文件中，仅在第25条第2款中提及了残疾预防，"向残疾人提供残疾特需医疗卫生服务，包括酌情提供早期诊断和干预，并提供旨在尽量减轻残疾和预防残疾恶化的服务，包括向儿童和老年人提供这些服务"。从这两份有关残疾人的国际性文件来看，残疾预防理念更多倾向于医学领域，主要沿用医学概念阐释残疾预防相关现象。

我国新修订的《中华人民共和国残疾人保障法》（2008年4月24日修订通过）第11条明确指出，国家有计划地开展残疾预防工作，加强对残疾预防工作的领导，宣传、普及母婴保健和预防残疾的知识，建立健全出生缺陷预防和早期发现、早期治疗机制，针对遗传、疾病、药物、事故、灾害、环境污染和其他致残因素，组织和动员社会力量，采取措施，预防残疾的发生，减轻残疾程度。《残疾预防和残疾人康复条例》（国务院第675号令）进一步认为，残疾预防是指针对各种致残因素，采取有效措施，避免个人心理、生理、人体结构上某种组织、功能的丧失或者异常，防止全部或者部分丧失正常参与社会活动的能力。[①] 可见，残疾预防已经从单纯的医疗卫生领域脱离出来，是对残疾风险积极有效的干预介入，其干预介入的对象不仅仅是残疾人群体，更是针对全社会所有人；其干预的重点不仅仅是个体身体健康，更是无障碍社会环境。通过全国残疾人抽样调查的"一抽"与"二抽"数据比较发现，因伤害致残的比例不断增加，其中工伤致残比例翻倍增长，特别是由于汽车等公共交通工具的大量使用，因交通事故致残的比例增加尤其明显，已接近"一抽"比例的三倍，可见外部致残风险的增加，凸显残疾预防在残疾人事业发展中愈发重要。

近些年，我国残疾预防工作稳步向前推进。《中共中央国务院关于促进残疾人事业发展的意见》（中发〔2008〕7号）和《国民经济和社会发展第十二个五年规划纲要》提出了"制定和实施国家残疾预防行动计划""支持残疾人事业发展，健全残疾人服务体系"等有关要求，中国残疾人联合会会同中央有关部门，在2012—2014年组织力量，开展《国家残疾预防行动计划》编制工作。2013年，国务院残工委和中残联在东、中、西部三个城市推行残疾预防体系综合试点，探索形成适合国情的综合性、社会化残疾预防与控制工作模式，并为编制国家残疾预防行动计划提供实践经验和政策依据，陕西省宝鸡市作为西部城市与江苏省无锡市、湖北省咸宁市等成为首批国家残疾预防试点城市。2016年9月，国务院办公厅印发《国家残疾预防行动计划（2016—2020年）》，对有效控制出生缺陷和发育障碍致残、防控疾病致残、减少伤害致残、改善康复服务等方面做出工作部署，全国五部委印发《全国残疾预防综合试验区创建试点工作实施方案》，在全国选择100个县（市、区），试点建立残疾预防综合试验区。2017年6月，国务院正式批准将每年8月25日设立为"残疾预防日"，同年7月制定出台了《残疾预防和残疾人康复条例》，至此，我国残疾预防工作的顶层设计已经基本完成。

[①] 《残疾预防和残疾人康复条例》，2017年1月11日国务院第161次常务会议通过，2017年7月1日施行。

(4) 残疾预防治理特征。从治理角度分析发现，我国残疾预防治理特征主要表现为：一是残疾预防工作已经上升到国家政策层面。长期以来，我国对残疾预防工作主要停留在宣传政策层面，更多是采取社会宣传与公众倡导等方式。"十二五"以来，我国残疾预防工作从政策倡导层面进入了政策执行层面，在陕西省宝鸡市、江苏省无锡市、湖北省咸宁市进行首批国家残疾预防试点，在此基础上形成了《国家残疾预防行动计划（2016—2020 年）》以及实施方案，并在全国 100 个城市进行进一步政策试点，不断通过试点经验的总结与推广，充分完善残疾预防政策体制机制。二是残疾预防工作从残联走向政府协同。残疾预防是社会系统工程，只有政府、社会、个人各担其责并协调联动，才能取得显著成效。长期以来，残疾预防缺乏统一领导与部署安排，没有纳入经济社会发展总体规划中，相关政府部门工作职责也没有明确，"十三五"以来，通过残疾预防行动实施计划，健全了残疾预防工作的组织推进机制，政府各相关部门也明确了残疾预防的责任要求，也制定了一系列行动实施方案，也建立了相关部门相应的协调互动机制。三是初步建立了配套实施的"三级预防体系"，一级预防体系中强化了残疾预防宣传，每年的 8 月 25 日为残疾预防日，提供了社会大众对残疾的认知与了解，以及预防残疾发生的干预措施；二级预防体系中重点对新生儿进行普遍筛查，针对高血压、糖尿病等慢性病建立了医疗康复服务体系；三级预防体系中国家制定了《国务院关于建立残疾儿童康复救助制度的意见》（国发〔2018〕20 号），对残疾儿童进行精准康复救助，建立了残疾人的精准康复服务体系。可见，我国残疾预防体系框架已经基本形成，残疾人预防的三级防治体系也基本建立，政府部门之间的残疾预防协同治理机制基本建立。

2. 治理成效评价

建立残疾发生随报机制、开展残疾预防宣传、建立残疾预防管理体系得到较好评价。研究发现，我国残疾预防的治理工作成效总体较好。问卷调查发现，10.4%的受访者认为我国残疾预防工作成效非常好，46.4%的受访者认为工作成效比较好，两者相加共有 56.8%的受访者对我国残疾预防持肯定评价，如表 3-8 所示。分析认为残疾预防工作成效较为显著的领域，问卷调查发现，排在前三位的工作措施首先是46.9%的受访者认为"建立健全残疾发生随报制度"，其次为40.4%的受访者认为是"加强残疾预防宣传"，而38.5%的受访者认为是"明确残疾预防的管理制度和实施主体"，如表3-9所示，可见，建立健全残疾发生随报制度、加强残疾预防宣传、明确残疾预防的管理制度和实施主体是我国残疾预防治理的重要经验。

表3-8　　　　　受访者对我国残疾预防工作的总体评价

	频次（次）	所占百分比（%）
非常好	68	10.4
比较好	303	46.4
一般	247	37.8
不太好	31	4.7
不好	4	0.6
合计	653	100.0

表3-9　　　受访者对残疾预防工作成效显著和需要改进的方面　　　单位：%

	成效显著领域	需要改进领域
建立健全残疾发生随报制度	46.9	18.8
加强残疾预防宣传	40.4	25.0
明确残疾预防的管理制度和实施主体	38.5	27.5
建立疑似残疾报告制度	26.2	15.3
建立医疗和康复双向转诊制度	20.8	40.9
建立残疾预防数据网络平台	18.3	26.9
建立残疾预防的实施方案体系	11.7	30.2
其他	4.2	4.2

从残疾预防治理的措施看，通过播放残疾预防核心知识动画片、发放残疾预防核心知识读本以及"残疾预防日"宣传海报，组织开展在线残疾预防知识有奖问答、优秀微视频征集活动，大大提升了社会各界对残疾预防认知水平，提升了社会各界对残疾风险的认知，推动了社会各

界对残疾人事业的广泛关注。另外,近年来通过全国100个城市区县的残疾预防试点,涌现出"互联网+残疾报告"[①]、新生儿残疾筛查制度、产前检查制度等经验做法,特别是依托重点医疗机构建立的残疾随报制度,为继续推进完善我国残疾预防制度提供了操作实践指南。从残疾预防治理的成效看,通过两次残疾人口抽样调查,近19年间减少了近1500万残疾人的发生,一些特定致残疾病如小儿麻痹症、麻风病等消灭或接近消灭,可见残疾预防取得了较为明显效果。

3. 治理效果省域比较

江苏、陕西受访者都认为建立健全残疾发生随报制度工作效果较好,甘肃受访者认为加强残疾预防宣传工作效果更为明显。在残疾预防工作领域中比较发现,江苏省和陕西省受访者都认为建立健全残疾发生随报制度工作效果较好,而甘肃省受访者认为加强残疾预防宣传工作效果更为明显,此外江苏省在明确残疾预防的管理制度和实施主体、建立疑似残疾报告制度也非常突出,总体上,我国残疾预防工作更多侧重于宣传、报告、随报等领域,但是残疾预防与介入干预有机结合还面临很多实际难题,如表3-10所示。

表3-10　　　不同省份受访者对残疾预防工作满意领域的比较　　　单位:%

	江苏省	陕西省	甘肃省
建立健全残疾发生随报制度	61.8	46.0	36.3
明确残疾预防的管理制度和实施主体	49.0	35.4	34.1
建立疑似残疾报告制度	42.2	22.0	27.5
加强残疾预防宣传	42.2	38.8	44.0
建立医疗和康复双向转诊制度	23.5	21.1	20.9
建立残疾预防数据网络平台	20.6	19.1	14.3
建立残疾预防的实施方案体系	13.7	12.1	6.6
其他	1.0	4.9	6.6

---

① 我区残疾预防工作亮点纷呈,http://www.jiaxing.gov.cn/mljx/jrjx/ms/xzq/201808/t20180822_773912.html。

(二) 残疾人康复

残疾人身体康复是残疾人作为"正常社会人"的前提。从残疾的过程治理看，康复是残疾人身体重建的重要过程，也是残疾人参与社会生活的前提条件。

1. 治理实践

梳理我国残疾人康复的治理实践，残联刚创立之初，从医疗卫生机构没有涉及的领域入手，结合残疾人多样化康复需求，残联组织开展了白内障复明、儿麻矫治和聋儿听力语言康复"三项康复工程"，也拉开了残联时代中国残疾人康复事业快速发展的序幕，随着儿麻矫治数量较少，转向以白内障复明、低视力康复、聋儿语训为重点的三项康复工作。之后在延续7个残疾人事业发展五年规划中，残疾人康复工作都摆在了突出的位置，2016年全国卫生与健康大会上，提出了实现残疾人"人人享有康复服务"的目标，为残疾人康复工作提出新的发展目标与前进方向。

从康复治理的主体参与来看，残疾人康复服务是专业化的医疗服务，从我国参与残疾人康复服务的主体看，首先是专业康复机构或在医院设置康复科，"十二五"期间，医疗卫生规划强化在公立医院设立康复科，明确要求二级及以上公立医院（包括中医院）设立康复科，并且推动一些二级医院转型为康复医院，这为残疾人康复提供了接受康复服务的途径。从问卷调查与走访情况看，"建设专业康复机构/设置康复科"是受访者认为残疾人康复成效最为显著的方面。其次残疾人康复与医保体系链接，制定"运动疗法、康复综合评定等29项医疗康复项目纳入城乡基本医疗保障范围"，为残疾人康复提供了医保报销与主动康复医院。此外，民办康复医院为残疾人康复服务资源提供重要补充，通过对陕西省商洛市圣泉康复医院的实地走访，商洛市通过民办公助、公助民营等办法，促进了民办康复医院为残疾人提供康复服务，大大缓解了残疾人康复服务没有承接主体的困境。同时依托社区康复服务站，解决了部分残疾人康复服务可及性与便捷性问题。总体发现，我国残疾人事业康复工作主体参与更加多元化，既有医院康复科和社区康复站，还有专门公立康复医院和民办康复医院，多元主体参与为我国残疾人康复服务提供了重要支撑。

从康复服务的治理方式来看，调查情况表明我国残疾人康复服务的治理方式主要包括：一是扩大残疾人康复服务主体供给，"十二五"以来，我国残疾人康复服务机构稳步增长，至2017年达到了8334个各类康复服务机构，特别是设立康复科与推动民办康复机构，大大增强了残疾人康复服务的主体数量。二是增加残疾人康复服务人员，仅以社区康复服务协调员为例，我国残疾人社区康复服务协调员稳步增长，从2008年的13.4万人增长到2016年的45.4万人，7年间增长了近3倍以上。三是提升残疾人康复服务专业化水平。近年来，随着人口老龄化发展以及生活质量进步，残疾人康复服务专业化人才供给明显紧缺，对兰州超威骨科医院调研发现，能够为残疾人提供康复服务的专业人才非常紧缺，为此国家"十三五"规划纲要明确提出，要建设康复大学，为残疾人康复服务培养康复专业技术人才。四是康复服务纳入医保体系，康复服务具有见效慢、时间长、花费大等特点，2016年人社部、国家卫计委、民政部等部门联合印发了《关于新增部分医疗康复项目纳入基本医疗保障支付范围的通知》，将康复综合评定等20项康复项目纳入医保范围，原有纳入支付范围康复项目继续保留，从而大大减轻了残疾人接受康复服务负担，也打通了医保报销、康复机构、康复服务、康复人才的制度壁垒，能够促进更多残疾人主动接受专业康复服务。五是专项抢救性康复，重点对0—6岁残疾儿童实行抢救性康复（有些经济发达地区残疾儿童年龄延长到14周岁），实行聋儿人工耳蜗康复救助、肢体残疾儿童矫治手术康复救助、贫困脑瘫与智力残疾儿童抢救性康复，孤独症儿童康复训练、贫困肢体残疾儿童实施矫治手术等。2018年国务院出台的《残疾儿童康复救助制度》，将为更多残疾儿童提供更高质量的康复救助。六是适配残疾人康复服务辅具，为残疾人减免费用供应辅助器具，重点包括装盲杖、助视器、假肢、矫形器、人工耳蜗、助听器等类型，主要以基本型辅助器具为主，从残疾人事业康复工作统计来看，2017年以来残疾人康复服务辅具适配一直维持在200万件以下，2017年猛增到244万件以上，表明残疾人康复服务受益面不断扩大。

通过对2008—2017年残疾人康复效果统计情况看，我国接受过康复的残疾人数量持续增长，从 2008 年的 556.2 万人增长到 2017 年 854.7 万人；提供的残疾人康复辅助器具总量也在持续增长，从 2008 年的 109.5 万件增长到 2017 年的 244.4 万件；依托的残疾人康复服务机构数量也不断优化提升，从 2015 年的 7111 个增长到 2017 年的 8334 万个；康复服务协调员数量也不断攀升，从 2008 年的 13.4 万人增长到 2016 年的 45.4 万人，如表 3-11 所示，由此可以看出，从康复服务机构、康复服务人员以及接受康复服务的残疾人总量都持续增长，总体表明我国残疾人康复工作成效持续提升，残疾人获得康复的机会以及可及性不断增长。

表 3-11　　　2008—2017 年我国残疾人康复工作基本情况

	接受康复残疾人数量（万）	辅助器具供应总量（万件）	社区康复协调员数量（万）	残疾人康复机构数量（个）
2008	556.2	109.5	13.4	8345①
2009	620.0	112.2	20.9	6891
2010	604.7	113.9	32.9	6785②
2011	631.8	74.3	31.4	1904③
2012	760.2	114.5	35.3	2798④
2013	746.8	128.3	37.9	3289⑤
2014	751.5	152.4	39.2	4931⑥
2015	754.9	195.9	40.6	7111
2016	-	132.2	45.4	7858
2017	854.7	244.4	-	8334

数据来源：《2008—2017 年中国残联统计年鉴》。

① 其中肢体残疾康复训练服务机构 6352 个，智力残疾康复训练服务机构 2083 个。
② 肢体残疾康复训练服务机构达 4915 个，智力残疾康复训练服务机构 1870 个。
③ 肢体残疾康复训练服务机构达 1106 个，智力残疾康复训练服务机构 798 个。
④ 肢体残疾康复训练服务机构达 1592 个，智力残疾康复训练服务的机构 1206 个。
⑤ 肢体残疾康复训练服务机构达 1927 个，智力残疾康复训练服务的机构 1471 个。
⑥ 肢体残疾康复训练服务机构达 2181 个，智力残疾康复训练服务的机构 1730 个。

2. 治理成效评价

受访者认为残疾人康复成效最为显著的领域为建设专业康复机构/设置康复科、发放残疾人辅助器具。另外从问卷调查情况看，调查显示，有12.3%的受访者对残疾人康复工作成效认为"非常好"，52.5%的受访者认为"比较好"，两者相加有64.8%的受访者对残疾人康复工作持积极肯定评价。此外，还有32.5%的受访者表示"一般"，2.7%的受访者表示"不太好"或"不好"，如图3-3所示，可见，多数受访者认为我国残疾人康复工作成效较为突出，残疾人康复事业进步获得较为肯定的评价。

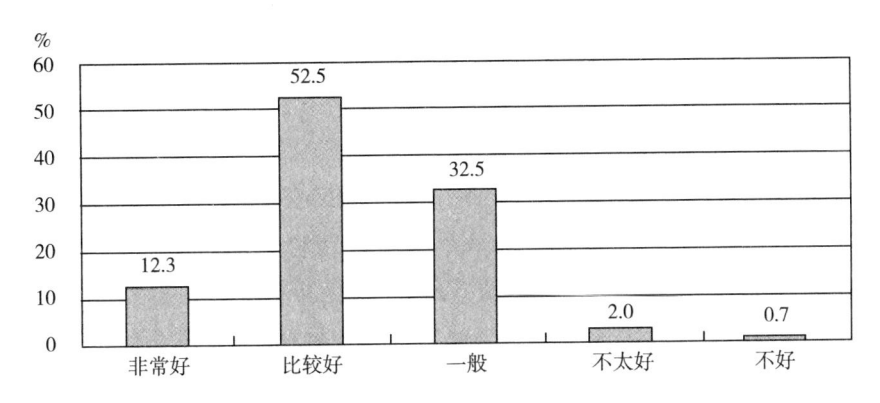

图3-3　受访者对残疾人康复工作成效的整体评价

从残疾人康复各项工作具体成效来看，受访者认为残疾人康复成效最为显著的领域是建设专业康复机构/设置康复科、发放残疾人辅助器具两个方面，回应百分比为56.6%、42.3%，如表3-12所示，这涉及残疾人康复医疗体系建设以及康复辅具适配问题，另外受访者认为需要改进的领域排在前三位的分别为纳入医疗诊断体系和医保报销体系、建设社区康复站和咨询服务中心、建立康复专业和职业发展体系，这涉及当前康复医疗体系、平台和职业发展等重大问题。

表3-12　　　　本地残疾人康复工作成效显著和需要改进的方面　　　　单位:%

	成效显著领域	需要改进领域
纳入医疗诊断体系和医保报销体系	30.7	31.5
建设社区康复站和咨询服务中心	29.8	29.9

续表

	成效显著领域	需要改进领域
建立康复专业和职业发展体系	14.8	28.4
推行为残疾人家庭送康复服务	31.4	26.8
实施重点人群抢救性康复或专项康复	18.6	23.7
培育民办康复服务机构	9.0	20.5
建设专业康复机构/设置康复科	56.6	18.3
纳入基层医疗考核体系	7.2	17.1
发放残疾人辅助器具	42.3	10.0
其他	1.0	2.5

3. 治理效果的省域比较

江苏省残疾人社区康复工作得到较高评价。问卷调查显示，江苏省受访者认为残疾人康复领域较为满意前三项工作分别为设立专业康复机构（科室），设立社区康复服务站以及为残疾人家庭送康复服务，陕西省和甘肃省受访者都认为是设立专业康复机构（科室）、为残疾人家庭送康复服务以及为残疾人发放辅助器具，如表3-13所示。比较发现三个省份受访者都对认为较为满意的康复工作为设立专业康复机构（科室）以及为残疾人家庭送康复服务，但是江苏省受访者认为残疾人社区康复工作效果突出，从江苏省邗江区残疾人服务中心了解到，在各个乡镇、社区街道都设置有专门残疾人服务点，里面配备齐全残疾人康复器械与康复服务员，给社区残疾人提供康复指导服务。

表3-13　　不同省份受访者对残疾人康复工作满意领域的比较　　单位:%

	江苏省	陕西省	甘肃省
建设专业康复机构/设置康复科	78.3	51.9	54.7
建设社区康复站和咨询服务中心	57.5	24.1	28.4
推行为残疾人家庭送康复服务	40.6	29.0	42.1
纳入医疗诊断体系和医保报销体系	29.2	31.3	30.5
建立康复专业和职业发展体系	16.0	14.8	14.7
实施重点人群抢救性康复或专项康复	22.6	18.3	10.5

续表

	江苏省	陕西省	甘肃省
纳入基层医疗考核体系	3.8	6.8	14.7
培育民办康复服务机构	6.6	9.5	5.3
发放残疾人辅助器具	34.0	46.5	35.8
其他	—	1.2	—

总体看，在人人都享有康复服务的国家治理目标下，我国残疾人康复取得了较为明显的成效，残联残疾人康复从"三项康复"工作开始，随着残疾人康复服务领域不断拓展，残疾人获得康复服务的方式途径趋向多元化，特别是国家在审定医院等级指标时把康复科列为评价重要指标，使我国残疾人康复有了质的提升。一方面，专业康复机构（科室）为骨干、基层社区康复为基础、残疾人家庭为依托的残疾人康复服务体系更加健全，康复服务主体参与多元化不断明显，残疾人获得康复服务的比例不断提升。另一方面，残疾人康复治理机制不断完善，残疾人康复服务被纳入了全民健康促进工程，纳入了各级政府经济和社会发展规划，残工委各成员单位按职责分工开展康复工作，促进了康复服务，包括机构、人员、设施等资源有效整合，并通过残疾人康复促进政策进行制度化。近来，国家实施残疾人精准康复实施计划，大力推行家庭医生签约服务，大大提升了残疾人康复服务资源供给和服务针对性。

（三）残疾人保障

残疾人基本生活保障是残疾人作为"正常社会人"的基础。从残疾人事业治理的角度出发，它主要分为残疾人社会保障、残疾人扶贫和残疾人托养三大主要领域。

1. 中国残疾人社会保障

我国残疾人事业社会保障制度建设主要围绕着"普惠+特惠"的分类救助保障思路，2015年，中国残联、教育部、民政部、财政部等部门《关于加强残疾人社会救助工作的意见》（残联发〔2015〕34号），同年制定了《国务院关于全面建立困难残疾人生活补贴和重度残疾人护理补贴制度的意见》（国发〔2015〕52号），为我国残疾人社会保障制度建设奠定了坚实的基础。从调查数据来看，残疾人"两项补贴"福利制度、对贫困重度残疾人实行特殊社会救助政策、对符合条件的残疾人全部纳入城乡低保等政策反响非常好。分析发现，我国残疾人社会保障制度体系建设主要围绕四个方面进行治理：一是残疾人最低生活保障救助。在最低生活保障制度设计上对符合条件残疾人应保尽保，而且对于成人、无业、一户多残等特殊残疾人，在原有最低生活保障制度基础上进行救助政策叠加，实行分类施保政策，国务院《关于加快推进残疾人小康进程的意见》中，对成年无业重度残疾人实施单独施保。二是社会基本保险参保治理，通过医疗养老保险个人缴费部分补贴或减免，更多残疾人纳入了基本保险体系中。三是社会福利补贴，对困难残疾人实行生活补贴制定，对重度残疾人实行护理补贴制度，强化了对残疾人社会保障支持力度。四是实行专项领域救助，主要有医疗救助，对贫困、重度、严重精神障碍患者纳入城乡医疗救助范围，基本医疗保险、大病保险和其他补充医疗保险支付的自负费用给予适当救助；残疾人教育救助制度，对残疾儿童和在校残疾学生实行学费减免或享受助学金；基本住房救助制度，对符合条件的城镇残疾人家庭实行优先配租公共租赁住房政策，结合脱贫攻坚工作推进农村残疾人危房改造；残疾人就业救助，通过贷款贴息、社会保险补贴、岗位补贴、培训补贴、费用减免、公益性岗位安置等办法，给予残疾人就业救助，确保有就业需求的残疾人家庭至少有一人就业，这些专项救助措施办法为残疾人群体中的部分残疾人提供了更精准的保障支持。五是临时性救助，调研的省份中，陕西省进行政策创新为残疾人购买意外伤害保险，建立临时性救助的专项政策。可见，我国残疾人社会保障治理体系主要由低到高划分三个层次，最低层次为"社会救助+专项救助"，中间层次为"基本养老保险+基本医疗保险"，最高层次为"社会福利+专项补贴"，从我国残疾人事业统计资料和调查结果看，最低层次制度机制建设已经非常完善，正逐步从专项救助和临时救助领域拓展，中间层次正逐步完善，一些地方受制于经济发展水平推行力度不够，最高层次除了"两项补贴"外，残疾人社会福利领域推进进展较慢。总体上，残疾人社会保障治理体系比较完善，"保基本、保底线"政策体系非常完备，受制于地区经济发展水平，各省市残疾人的社会保障覆盖面和保障水平有一定差距。

2. 治理成效评价

多数受访者对当地残疾人社会保障工作成效表示满意。

残疾人社会保障是残疾人生存保障的基础，也是我国社会治理体系建设与民生基础建设的重要基石，体现了社会发展"安全网"的水平。

我国残疾人社会保障制度建设不断完善，残疾人群体特别是贫困、重度、无业残疾人的社会支持保障网越来越严密。据2017年中国残联第六届主席团第五次全体会议残疾人工作介绍，2017年政策受益的困难残疾人生活补贴和重度残疾人护理补贴政策残疾人数超过2000万人次，比2016年增长了39.5%，残疾人城乡居民基本养老保险参保率达79.3%，残疾人城乡居民基本医疗保险参保率达96%。[①] 同时，问卷调查发现，14.2%的受访者对当地残疾人社会保障工作成效表示"非常好"，52.6%的受访者表示"比较好"，两者相加有66.8%的受访者对当地残疾人社会保障工作成效持积极肯定评价，同时有30.4%的受访者表示工作成效"一般"，还有2.7%的受访者表示"不太好"或"不好"，可见多数受访者对当地残疾人社会保障工作成效表示满意，如图3-4所示。

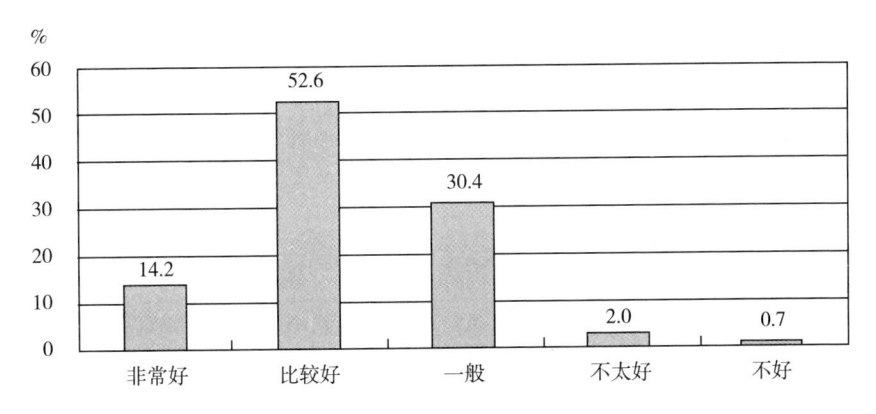

图3-4 受访者对残疾人社会保障工作成效的整体评价

从问卷调查情况看，受访者对残疾人社会保障制度的评价，更多集

[①] 《2000万人次困难和重度残疾人2017年有望获得补贴》，http://www.xinhuanet.com//politics/2016-12/29/c_1120214372.htm。

中在贫困、重度、补贴、救助、优惠等关键词上。具体来看，受访者认为本地残疾人社会保障工作成效最为显著的是实施残疾人"两项补贴"福利制度，其次是贫困/重度残疾人享受特殊社会救助政策，回应百分比为57.3%，将符合条件的残疾人全部纳入城乡低保排序第三位，回应百分比为54.6%，如表3-14所示，可见受访者认为残疾人社会保障工作产生显著成效的领域，更多集中在残疾人特惠社会救助领域上，政策覆盖面越大、社会救助力度越大，残疾人社会保障工作成效也更为显著。与之相对应的是，对于小众受益面、保障福利水平低的领域，如贫困/重度残疾人免缴养老医疗保险费、残疾人免费公共交通和进入公共场所、低收入家庭生活费用优惠或补贴、贫困残疾人实行特殊住房保障政策等，受访者认为其实际工作成效并不显著，这也是受访者认为需要改进创新的领域，特别是对贫困残疾人实行特殊住房保障政策，认为是目前残疾人社会保障领域最需要改进创新的方面。

表3-14　　本地残疾人社会保障工作成效显著和需要改进的方面　　单位:%

	成效显著领域	需要改进领域
残疾人"两项补贴"福利制度	62.6	12.1
贫困/重度残疾人享受特殊社会救助政策	57.3	23.6
符合条件的残疾人全部纳入城乡低保	54.6	21.4
贫困/重度残疾人免缴养老医疗保险费	25.2	32.0
残疾人免费公共交通和进入公共场所	25.2	31.5
低收入家庭生活费用优惠或补贴	24.8	29.1
贫困残疾人实行特殊住房保障政策	7.6	45.6
其他	1.9	7.2

3. 治理效果的省域比较

江苏省的贫困/重度残疾人享受特殊社会救助政策，陕西省符合条件的残疾人全部纳入城乡低保，残疾人"两项补贴"福利制度得到较高评价。

问卷调查发现，三个省份受访者对残疾人社会保障领域工作的评价中，都认为贫困/重度残疾人享受特殊社会救助政策、符合条件的残疾人全部纳入城乡低保以及残疾人"两项补贴"福利制度成效明显。从对陕西省实地调研发现，2015 年陕西省率先在全国建立了残疾人"两项补贴"制度后，2016 年出台了《关于进一步完善困难残疾人生活补贴和重度残疾人护理补贴制度的实施意见》，2017 年出台了《关于做好困难残疾人生活补贴和重度残疾人护理补贴管理发放工作的通知》，这些政策促进残疾人社会保障体系更加完善，不仅保障标准不断提升而且保障覆盖面不断扩大，18 周岁以上贫困残疾人生活补贴标准由原来每月 50 元提至 60 元，18 周岁以下补贴标准每月 100 元，并扩大到贫困家庭中的 4 级残疾人；重度残疾人护理补贴对象 2015 年只针对 1—2 级重度残疾人和贫困残疾人，2016 年又将低保家庭中的残疾人以及非低保家庭中 1—3 级的低收入残疾人、其他困难残疾人纳入困难残疾人生活补贴范围，从江苏省比较发现，残疾人"两项补贴"水平与覆盖面要比陕西省和甘肃省更高，残疾人低保与社会救助水平与覆盖面更加坚实，如表 3-15 所示。此外，为促进残疾人社会保障体现更加健全完善，各地政府根据当地经济财力状况不断创新，如甘肃省提出了"四保一救一防"的社会保障模式，对困难残疾人进行养老保险、医疗保险缴费补贴，陕西省创新出台了残疾人意外保险免费缴纳政策，使残疾人保障安全网更加严密。

表 3-15　不同省份受访者对残疾人社会保障工作满意领域的比较　　　单位:%

	江苏省	陕西省	甘肃省
贫困/重度残疾人享受特殊社会救助政策	82.9	51.0	51.9
符合条件的残疾人全部纳入城乡低保	65.7	60.4	50.0
残疾人"两项补贴"福利制度	60.0	52.1	65.8
残疾人免费公共交通和进入公共场所	33.3	8.3	27.0
低收入家庭生活费用优惠或补贴	28.6	30.2	23.5
贫困/重度残疾人免缴养老医疗保险费	14.3	27.1	27.8
贫困残疾人实行特殊住房保障政策	3.8	15.6	7.0
其他	—	1.0	2.7

从治理角度比较发现，我国残疾人社会保障采取的治理方式，一方面是采取社会救助模式，比如最低生活保障制度，主要针对生活困难的

残疾人群体，对一些家庭住房是危房或无房残疾人户，采取廉租房或安置房的保障政策，另一方面是采取特惠补贴的方式，比如"两项补贴"、对特殊困难残疾人生活费用进行减免等措施，由于各地政府财政经济状况不同，其保障标准与范围有所不同，但是其模式与路径基本保持相同，都是在全国统一社会保障政策框架下实施的。

（四）残疾人扶贫

伴随我国经济社会发展，对残疾人的扶助与支持从经济支持到提升能力，从救济扶贫上升到了精准扶贫。

1. 扶贫发展历程

我国残疾人扶贫发展历程与国家扶贫攻坚过程一致，大致可分为五个发展阶段，其中1985年之前为救济扶贫阶段，1986—1997年为扶贫开发阶段，1998—2000年为扶贫攻坚阶段，2001—2010年为整体扶贫阶段，2011年后为精准扶贫阶段。《中国残疾人事业"八五"计划纲要（1991—1995年）》《残疾人扶贫攻坚计划（1998—2000年）》《农村残疾人扶贫开发计划（2001—2010年）》《农村残疾人扶贫开发纲要（2011—2020年）》《贫困残疾人脱贫攻坚行动计划（2016—2020年）》等残疾人扶贫发展规划，为解决残疾人贫困问题提供了治理路径。对我国残疾人扶贫治理体系分析发现，主要从三个方面进行治理：一是建立残疾人扶贫兜底保障体系，以"两不愁、三保障"为治理目标，实施低保保障、教育扶贫保障、住房安置改造保障。通过问卷调查发现，有69.4%的受访者认为"为贫困残疾人建档立卡扶贫"成效显著，还有对贫困残疾人家庭进行危房改造，《关于优先支持农村贫困残疾人家庭危房改造的通知》（建村〔2013〕103号），将贫困残疾人家庭危房改造纳入农村危房改造年度计划，同时结合贫困残疾人危房改造、扶贫开发、保障性安居工程、抗震安居、游牧民定居、扶贫易地搬迁、自然灾害倒损农房恢复重建、小城镇建设等对农村贫困残疾人家庭进行危房改造，统计数据显示，2017年全国农村贫困残疾人危房改造数量为8.2万户。二是建立贫困残疾人就业增收体系，借助市场和社会力量，引导带动贫困残疾人增产增收，包括开展农村基层党组织助残扶贫工程，对残疾人家庭实施针对性帮扶，为残疾人家庭享受社会救助、社会保险以及住房保障等政策提供帮扶；实施万村千乡市场工程助残扶贫项目，在全国农村地区尤其是中西部地区，优先安置处于就业年龄段且具有劳动能力的农村贫困残疾人或其家庭成员，在县级商贸流通龙头企业、配送中心、乡级店就业，同时扶助农村残疾人或贫困残疾人创办村级店获得就业增收；实施残疾人康复扶贫贷款贴息，每个贫困残疾人或残疾人家庭可以获得一定金额贷款并给予贴息补贴，农村残疾人扶贫基地、合作组织和能人大户也可以获得相应的康复扶贫贷款政策；开展电子商务助残扶贫行动，推动电子商务进农村综合示范、电商精准扶贫工程及第三方电商平台所覆盖的贫困县、有条件发展电子商务的贫困村，为有意愿从事电子商务创业增收的贫困残疾人提供培训和创业支持，电商企业、电商扶贫示范网店为建档立卡残疾人贫困户优先安置就业和优先采购销售农特产品；实施残疾人扶贫基地发展项目，发挥"阳光助残扶贫基地"对贫困残疾人的引导、培训、示范和带动作用，促进贫困残疾人发展生产、增收致富，等等。三是建立残疾人能力增长体系，开展农村贫困残疾人实用技术培训，帮扶处于就业年龄阶段并有劳动意愿的农村贫困残疾人接受实用技术培训和实用技能；帮助有就业创业意愿和能力的贫困残疾人进行创业培训，提升农村贫困残疾人创业能力。总体上，我国贫困残疾人兜底保障治理效果非常明显，符合"两不愁、三保障"贫困要求的残疾人都纳入了扶贫范围，但是贫困残疾人就业增收体系在实践过程中面临较多困难，受制于残疾人文化水平素质，推进能力增长的治理效果也有很多缺失。

2. 治理成效评价

大多数受访者对我国残疾人就业工作持积极肯定评价。残疾人和健全人共奔小康是党和政府的庄严承诺，在多种残疾人扶贫方式综合施策下，我国残疾人扶贫治理效果非常明显，越来越多残疾人从贫困困境中走出来。从中国残联统计资料来看，2008年以来，每年实际脱贫的残疾人数大体保持在100万左右，接受技术培训的残疾人数规模在70万—80万人次，残疾人扶贫基地数量一直持续增长，辐射带动残疾人发展每年约20万户，农村贫困残疾人危房改造数量大约8万—9万户，表明我国残疾人贫困问题发生得到了有效缓解，如表3-16所示。

表 3-16　　　　2008—2017 年我国残疾人扶贫工作基本情况

	实际脱贫人数（万人）	接受技术培训人数（万人次）	残疾人扶贫基地（个）	基地带动残疾人户（万户）	农村贫困残疾人危房改造（万户）
2008	136.3	87.0	3157	—	9.8
2009	108.5	84.0	4021	30.1	10.2
2010	119.5	85.5	4575	23.3	11.8
2011	122.2	92.3	3985	15.6	9.4
2012	137.3	86.1	5226	25.8	13.2
2013	120.6	85.6	6201	24.6	12.2
2014	119.9	72.6	6593	—	—
2015	118.3	72.7	6693	25.0	6.9
2016	87.8	75.6	7111	24.9	8.2
2017	92.5	70.6	6692	21.8	8.2

数据来源：《2008—2017 年中国残联统计年鉴》。

此外，问卷调查显示，15.6%的受访者认为当地残疾人扶贫工作成效明显，52.5%的受访者认为成效较为明显，两者相加有68.1%的受访者认为残疾人扶贫工作明显，还有30.3%的受访者认为当地残疾人扶贫工作成效一般，有1.6%的受访者认为工作成效"不太好"或"不好"，可见大多数受访者对我国残疾人就业工作持积极肯定评价，这也与当前国家大力推行脱贫攻坚工作相关。在推进残疾人脱贫攻坚具体工作中，"为贫困残疾人建档立卡扶贫""建立扶持残疾人就业扶贫基地"和"对农村贫困残疾人康复扶贫"等工作成效明显，回应百分比分别为69.4%、48.9%、37.9%，而"组织社会力量结对帮扶贫困残疾人""社区建设项目优先考虑贫困残疾人""促进贫困残疾人参与合作社等产业化经营"等工作仍需要大力改进，如表 3-17 所示。

表 3-17　　　　本地残疾人扶贫工作成效显著和需要改进的方面　　　单位:%

	成效显著领域	需要改进领域
为贫困残疾人建档立卡扶贫	69.4	7.2
建立扶持残疾人就业扶贫基地	48.9	23.8

续表

	成效显著领域	需要改进领域
对农村贫困残疾人进行康复扶贫	37.9	24.4
组织社会力量结对帮扶贫困残疾人	29.7	35.9
对农村贫困残疾人进行危房改造	24.4	28.3
社区建设项目优先考虑贫困残疾人	13.1	35.7
促进贫困残疾人参与合作社等产业化经营	12.4	35.0
其他	2.5	4.9

3. 治理效果的省域比较

江苏省残疾人就业扶贫基地，陕西省和甘肃省的贫困残疾人建档立卡得到较高评价。问卷调查发现，三个省份受访者都认为建立扶持残疾人就业扶贫基地、为贫困残疾人建档立卡是残疾人扶贫领域较为满意的方面，从实地调研比较发现，江苏省残疾人就业扶贫基地，无论是在数量规模还是资金可持续发展上，都比陕西省和甘肃省要更好一些，特别是通过创建星级扶贫基地办法进行分类管理，为残疾人扶贫基地建设发展创新本土经验，如表3-18所示。在为贫困残疾人建档立卡扶贫上，陕西和甘肃两省扶贫力度很大，这和当地贫困残疾人数量规模较大有关，据甘肃省座谈会了解到，2017年扶贫办认定的贫困残疾人口为11.4万，陕西省贫困残疾人口规模大约为20多万，而江苏省在贫困残疾人扶贫方面没有太大的压力。

表3-18　　不同省份受访者对残疾人扶贫工作满意领域的比较　　单位:%

	江苏省	陕西省	甘肃省
建立扶持残疾人就业扶贫基地	72.8	47.4	43.6
为贫困残疾人建档立卡	69.9	58.9	70.6
对农村贫困残疾人进行康复扶贫	44.7	33.7	38.6
组织社会力量结对帮扶贫困残疾人	35.0	46.3	25.6
对农村贫困残疾人进行危房改造	23.3	23.2	23.5
社区建设项目优先考虑贫困残疾人	15.5	26.3	10.1
促进贫困残疾人参与合作社等产业化经营	13.6	3.2	13.4
其他		2.1	3.4

(五) 残疾人托养

我国残疾人托养治理体系主要分为集中托养、居家托养及日间照料三大形式，为残疾人提供生活照料和护理康复、生活自理能力训练、社会适应能力训练、职业康复和劳动技能训练、运动能力训练、辅助就业及支持性就业等服务。

1. 托养政策及发展

2012年，《关于加快发展残疾人托养服务的意见》（残联发〔2012〕16号）、《残疾人托养服务基本规范（试行）》（残联发〔2013〕20号）等政策文件，为残疾人托养体系治理提供明确发展思路，一是对我国残疾人托养机构的治理，主要是通过实施"阳光家园计划"来实现。2009年中国残联和财政部下发了《关于印发阳光家园计划的通知》（残联厅发〔2009〕14号）和中国残联《关于认真做好〈阳光家园计划〉实施工作的通知》（残联发〔2009〕12号），国家财政支持开展智力、精神和重度肢体残疾人的托养，打造残疾人基本公共服务"阳光"品牌，同时采用民办公助、公建民营、合作建设（PPP模式）、外包服务（BOT模式）等建设方式，扶持社会力量兴办残疾人托养服务机构，并提供运营补贴和服务补贴，从我国残疾人事业数据统计来看，残疾人机构托养、居家托养以及日间照料机构数量都有明显增长，特别是2017年各类托养机构都实现了快速增长。二是对托养服务规范化治理。2012年，我国出台了《残疾人托养服务基本规范（试行）》（残联发〔2012〕16号），对残疾人托养服务进行标准化的制定，促进残疾人托养服务机构规范运行。三是推进残疾人托养服务从基层延伸，在社区建立残疾人日间照料服务平台，为残疾人日间照料提供就近就便公共服务。从治理效果来看，机构化集中托养政策实施效果较好，通过社会化促进残疾人托养服务不仅提升了服务质量，也大大扩大了托养服务政策覆盖面，但是由于残疾人机构托养服务主要针对智力、精神和重度残疾人，现实能够享受机构托养服务的残疾人数量较低，通过对陕西省咸阳市调研发现，符合托养服务条件的智力、精神和重度残疾人共6254人，拥有政府购买残疾人托养服务机构资质的18个，但每年上级下拨的托养任务为1300人次，仅只有20.78%的残疾人可享受到服务，而且重度残疾人特别是精神、智力残疾人，很难通过几个月培训托养就能明显提高自理能力。此外，日间照料和居家托养也面临较大困境，通过调研发现，甘肃与江苏等地普遍存在覆盖人群范围少、机构生存较为困难等问题。

通过对中国残联残疾人托养服务统计结果看，近五年来残疾人托养服务机构总数呈持续上升态势，尤其是2017年托养服务机构总量增长较快，接受托养服务的残疾人数也呈现不断增长态势，数据表明，2015年之前每年接受托养服务的残疾人数据大约为16.0万人，而2015年之后接受托养服务的残疾人数据不断增长，2017年已增长到23.1万人，比2013年增长了近7.0万人，表明我国残疾人托养服务正稳步向前推进，如表3-19所示。

表3-19　　　　2008—2017年我国残疾人托养工作基本情况

年份	托养服务机构总数（个）	寄宿制托养服务机构（个）	日间照料机构（个）	综合性托养服务机构（个）	接受托养服务的残疾人数量（万人）
2013	5677	1750	2000	1927	16.0
2014	5917	1758	2132	2027	16.1
2015	6352	2242	1971	2139	19.1
2016	6740	2348	2169	2223	20.4
2017	7923	2560	3076	2287	23.1

数据来源：《2008—2017年中国残联统计年鉴》。

2. 治理成效评价

总体成效一般，"培育民办残疾人托养机构""为残疾家庭提供护理培训""重点托养精神残疾等"等需要加强。

从问卷调查情况看，10.9%的受访者对当地残疾人托养工作成效表示"非常好"，44.8%的受访者表示"比较好"，两者相加有55.7%的受访者认为当地残疾人托养工作成效显著，此外还有35.5%的受访者认为成效一般，有8.8%的受访者表示"不太好"或"不好"，总体认为我国残疾人的托养工作有成效。在推进残疾人托养工作具体工作中，问卷调查显示"实施阳光家园计划""建设公办残疾人托养机构""政策优先照顾残疾人家庭"三项工作成效显著,但是在"培育民办残疾人托养机构""为残疾家庭提供护理培训""重点托养精神残疾等"等方面还需要显著加强,如表3-20所示。

表3-20 本地残疾人托养工作成效显著和需要改进的方面 单位:%

	成效显著领域	需要改进领域
实施阳光家园计划	47.1	15.4
建设公办残疾人托养机构	43.9	23.2
政策优先照顾残疾人家庭	40.8	21.0
残疾人社区托养服务	32.0	27.9
重点托养精神残疾等	21.1	31.7
培育民办残疾人托养机构	14.5	40.7
为残疾家庭提供护理培训	10.7	34.1
其他	3.6	4.4

3. 治理效果的省域比较

江苏省受访者对残疾人社区托养服务的满意度评价更高。问卷调查比较发现,建立公办残疾人托养机构和实施阳光家园计划,是三个省份受访者都认为是残疾人托养工作较为满意的领域,但江苏省受访者对残疾人社区托养服务的满意度评价更高,相比陕西省和甘肃省,更突出托养政策会优先照顾残疾人家庭。总体上,我国残疾人托养服务主要以"阳光家园计划"为工作抓手,但是在机构建设与社区托养服务方面,东部地区要明显强于中西部地区,如表3-21所示。

表3-21 不同省份受访者对残疾人托养工作满意领域的比较 单位:%

	江苏省	陕西省	甘肃省
建设公办残疾人托养机构	76.9	48.4	35.2
残疾人社区托养服务	64.4	33.3	23.3
实施阳光家园计划	49.0	40.9	47.2

续表

	江苏省	陕西省	甘肃省
政策优先照顾残疾人家庭	36.5	37.6	43.2
培育民办残疾人托养机构	13.5	8.6	15.9
为残疾家庭提供护理培训	13.5	19.4	8.2
重点托养精神残疾等	11.5	16.1	24.7
其他	1.0	5.4	4.0

（六）残疾人就业

残疾人赋权增能是残疾人发展领域的关键，也是促进残疾人与健全人融合的基础条件。从残疾人事业发展治理的角度出发，残疾人赋权增能领域主要分为残疾人就业、残疾人教育两大领域。

1. 就业政策与发展

调查分析发现，当前我国残疾人就业领域治理主要在三个方面：一是治理重点方向是主动促进残疾人就业。在按比例安排残疾人就业方面，2013年出台了《关于促进残疾人按比例就业的意见》（残联发〔2013〕11号），在推进企事业单位按比例安排残疾人就业的基础上，重点落实党政机关、团体和事业单位按比例安排残疾人就业。在集中就业方面，对陕西省调研发现，在《关于政府采购优先购买福利性企业产品和服务的意见》（陕民发〔2015〕1号）基础上，专门出台《陕西省残疾人辅助性就业机构建设补助项目实施方案》（陕残联〔2016〕35号），要求所有区县至少兴建一所残疾人辅助性就业机构，促进残疾人辅助性就业机构规范化、标准化建设和示范带动作用。在个体就业创业方面，陕西省出台《关于扶持残疾人自主就业创业工作的实施意见》（陕残联〔2018〕25号），给予每位符合政策条件的残疾人每年5000元的创业扶持，提升残疾人自主就业创业的机会与渠道，一些省市为残疾人自主就业创业提供便利、税收优惠和收费减免、提供金融扶持和资金补贴、支持重点对象和"互联网+"创业、提供支持保障和就业服务等。调查数据显示，受访者对按比例就业和集中就业评价较高，但对开发公益岗位和就业创业优惠政策评价稍低。二是搭建残疾人就业和企业用工的平台建设，强化企业多元主动参与。具体治理手段包括残疾人保障金的征收以及残疾人扶贫基地建设，促进更多企业安排残疾人就业。从走访的江苏省仪征市残疾人就业情况看，残疾人就业与当地企业发展关系较大，仪征市有4000—5000家各种类型企业，这些企业有能力也有意愿帮助残疾人就业，当地安排残疾人就业的淘宝客服服务网点，与淘宝合作帮助残疾人安置就业，残联搭建就业场所并提供培训运营资金，很受残疾人及其家属欢迎。三是提升残疾人就业自身能力。主要是通过残疾人职业技能培训，根据残疾人就业培训的需要，开展电子商务、陶艺制作、计算机、美容、餐厅服务员、针织手工、盲人按摩等使用技能培训，重点推动残疾人按摩产业的发展。从治理效果看，国家政策层面主动促进残疾人就业力度不断提升，特别是在按比例安排残疾人就业和促进残疾人个体创业方面力度较大，然而促进残疾人就业还面临许多体制机制难题与现实挑战。

2. 治理成效评价

过半认为当前残疾人就业工作成效显著。从中国残联公布的残疾人事业发展统计数据看，我国城乡持证残疾人就业人数稳步增长，2016年为896.1万人，2017年为942.1万人；从就业类别看，农业种养殖人数较多，2017年人数为472.5万人，其次为灵活就业和居家就业，人数分别为118.9万人和145.8万人，按比例就业和个体就业也占一定比例，而集中就业、公益岗位就业、辅助性就业、社区就业等形式总体数量偏少。另外，盲人按摩产业发展持续平稳增长，在培训人数、按摩机构以及获得任职资格人数方面都有增长。问卷调查也显示，11.8%的受访者认为残疾人就业工作成效"非常好"，41.3%的受访者认为效果"比较好"，两者相加有53.1%的受访者认为当前残疾人就业工作成效显著，但还有38.3%的受访者认为残疾人就业工作成效"一般"，8.6%的受访者认为治理成效"不太好"或"不好"。综合统计数据和调查结果，表明我国残疾人就业领域治理效果总体较好，但有较大提升空间。

具体来看，当前我国残疾人就业工作治理成效最为显著的方面是落实用人单位按比例安排就业，回应百分比为46.8%，其次为严格依法征缴残疾人就业保障金，回应百分比为44.9%，排序第三为扶持集中就业机构（基地）和福利企业，回应百分比为39.2%。与此对应的是，认为最需要改进的领域调查排序第一的为"建立残疾人就业服务机构和平台",其次为促进残疾人就业创业政策优惠配套等,可见我国促进残疾人就业更多是正式制度安排上,但在就业平台建设、助残就业项目、政策体系配套等方面还需要着力加强,如表3-22所示。

表3-22　　本地残疾人就业工作成效显著和需要改进的方面　　单位:%

	成效显著领域	需要改进领域
落实用人单位按比例安排就业	46.8	22.6
严格依法征缴残疾人就业保障金	44.9	10.5
扶持集中就业机构(基地)和福利企业	39.2	20.8
残疾人参加职业培训	31.8	25.1
开发公益岗位和就业创业优惠政策	29.7	29.4
建立残疾人就业服务机构和平台	19.2	32.6
引导企业设立助残项目	12.8	29.5
就业政策和其他政策配套衔接	8.8	29.4
其他	3.3	4.0

3. 治理效果的省域差异

比较发现,三个省份受访者都认为,落实用人单位按比例安排就业、扶持集中就业机构(基地)和福利企业、严格依法征缴残疾人就业保障金是当地残疾人就业工作较为满意的方面,但是江苏省受访者对落实用人单位按比例安排就业效果更为满意。调研发现,近些年江苏省大力推行促进残疾人按比例就业政策落实,党政企事业单位建立残疾人岗位预留制度,全省所有党政机关和事业单位至少招录1名残疾人,不履行按比例安排残疾人就业义务的单位和其主要负责同志不能参评"先进",南京、无锡、徐州、常州、南通等出台了《用人单位按比例安排残疾人就业补贴和超比例奖励办法的实施细则》,根据按比例就业年审情况进行资金奖励补助,形成了按比例安排残疾人就业的社会氛围。此外,江苏省试点开展购买残疾人就业培训工作,实行"残疾人就业优先计划",新建辅助性就业场所,鼓励社会力量发展服务型福利企业,兴办盲人按摩机构、工疗机构等,促进市场企业参与发展残疾人扶贫基地等,大大提升了残疾人参与就业的渠道途径。相比由于陕西省和甘肃省民营经济发展基础较为薄弱，促进残疾人就业缺乏强有力的市场主体带动，而且党政企事业单位按比例安排残疾人就业进展较为缓慢，党政领导与对按比例安排残疾人就业缺乏有力的支持，如表3-23所示。

表3-23　　　　不同省份受访者对残疾人就业工作满意领域的比较　　　　单位:%

	江苏省	陕西省	甘肃省
落实用人单位按比例安排就业	75.5	40.5	43.0
严格依法征缴残疾人就业保障金	58.5	43.5	39.8
扶持集中就业机构（基地）和福利企业	49.1	37.2	38.7
残疾人参加职业培训	29.2	30.0	38.7
建立残疾人就业服务机构和平台	28.3	17.2	14.0
开发公益岗位和就业创业优惠政策	25.5	32.4	22.6
引导企业设立助残项目	8.5	15.1	8.6
就业政策和其他政策配套衔接	6.6	8.2	9.7
其他		4.8	1.1

（七）残疾人教育

残疾人教育是我国教育事业的一个重要组成部分，也是残疾人赋权增能的重要部分。

1. 教育发展

我国残疾人教育治理的重点方向依然是义务教育。在残疾人教育促进工作成效中，"普及适龄残疾儿童义务教育"成效最为明显，我国残疾人事业教育统计数据也显示，视力、听力、智力残疾儿童少年义务教育入学率达90%以上，对于重度残疾或多重残疾、不能到校学习的残疾儿童，采取了送教上门的教学办法，并把送教上门的残疾学生纳入特殊教育学籍管理；其次是建设特殊教育学校和师资队伍，据中国残联数据统计，2010年国家兴办的特殊教育学校数量为1705所，在校的盲、聋、智残学生数量为51.9万人左右。另外在残疾人教育治理的理念上，与过去相比更加侧重于发展残疾学生全纳教育，在普通学校建设特教班，通过

"普特教育融合"促进残疾学生与健全学生共同学习生活。通过对陕西西安户县一所小学调研发现,在原来健全人学生的学校中,专门开设了残疾人特教班,不仅缓解了特教学校建设难的问题,还促进了更多残疾学生入学,大大减轻了残疾学生家长的压力负担。数据显示,近些年我国残疾人教育取得了前所未有的巨大成就,截至2016年底,视力、听力、智力三类残疾儿童少年义务教育入学率达90%以上,全国特教学校增至2080所,比2013年增加147所,增长7.6%;在校生49.2万人,比2013年增加12.4万人,增长33.7%。[1] 此外,通过2008—2017年残疾人教育相关统计资料发现,虽然我国特殊教育普通高中班和中等职业学校数量有所缩减,但是特殊教育普通高中班(部)和中等职业学校(班)在校残疾学生数量持续增长,特别是被普通高等院校录取的残疾学生人数有较明显增长,如表3-24所示。

表3-24　　2008—2017年我国残疾人教育工作基本情况

	特殊教育普通高中班(部)	特殊教育普通高中班(部)在校人数	中等职业学校(班)	中等职业学校(班)在校人数	被普通高等院校录取残疾学生人数
2008	95	5464	—	—	6273
2009	104	6339	174	11448	6586
2010	99	6067	147	11506	7674
2011	179	7207	131	11572	7150
2012	186	7043	152	10442	7229
2013	194	7313	198	11350	7538
2014	187	7227	197	11671	7864
2015	109	7488	100	8134	8508
2016	111	7686	118	11209	9592
2017	112	8466	132	12968	10818

数据来源:《2008—2017年中国残联统计年鉴》。

---

[1] 张保淑:《"折翼天使"迈入锦绣华年(砥砺奋进的5年)——中国残疾人教育事业发展迎来新时代》,《人民日报》(海外版)2017年8月5日第8版。

2. 治理成效评价

普及适龄残疾人儿童义务教育获得普遍认可，但是在特殊教育学校、师资力量、社区教育、自主教育，特别是民办特殊教育机构建设还需要全方位的强化。此外，问卷调查显示，13.6%的受访者认为本地残疾人教育工作成效非常显著，48.5%的受访者认为比较显著，两者相加有62.1%的受访者认为残疾人教育工作显著，此外，有33.6%的受访者表示当地残疾人教育工作成效一般，还有4.4%的受访者认为当地残疾人教育工作"不太好"或"不好"。总体表明，多数受访者认为我国残疾人教育工作总体成效显著。具体来看，当前残疾人教育领域受访者认为成效最为显著的工作为普及适龄残疾儿童义务教育，回应百分比为61.9%，其次为建设特殊教育学校和师资队伍，回应比例为42.5%，而残疾人教育领域最需要改进的工作是发展民办残疾人教育机构，回应百分比为32.7%，其次为建立开展残疾人社区教育、残疾人特殊教育资源中心等，如表3-25所示。从调查情况来看，当前大力普及适龄残疾人儿童义务教育获得普遍认可，但是在特殊教育学校、师资力量、社区教育、自主教育，特别是民办特殊教育机构建设等方面还需要全方位地强化，才能真正落实《特殊教育三年提升计划》的目标任务。

表3-25　　　本地残疾人教育工作成效显著和需要改进的方面　　　单位:%

	成效显著领域	需要改进领域
普及适龄残疾儿童义务教育	61.9	14.0
建设特殊教育学校和师资队伍	42.5	28.4
延伸完善残疾儿童非义务教育	26.4	26.4
链接社会力量资助残疾儿童上学	23.6	21.3
建立残疾人特殊教育资源中心	23.2	28.7
发展民办残疾人教育机构	17.8	32.7
引导残疾人家庭自主教育	11.8	26.6
开展残疾人社区教育	10.0	28.8
其他	3.5	2.8

3. 治理效果的省域差异

比较发现，江苏省残疾人教育工作满意度明显高于陕西省和甘肃省，特别是在普及适龄残疾儿童义务教育领域满意度较高，其次是建设特殊教育学校和师资队伍，这和江苏省拥有全国知名特殊教育高等院校资源有关，而陕西省和甘肃省在残疾人教育领域存在较多薄弱之处。从甘肃省残联了解到，甘肃省残疾人教育总体基础薄弱、发展不快，专项调查有数据显示成年文盲率达到43.0%，义务教育入学率为85.0%，成年文盲率高于全国5.0%，义务教育入学率低于全国2.5%，全省总共有42所特教学校和一个特教中心，义务教育阶段未入学的儿童当中，有40.0%因为偏远且家庭困难不愿就读，这和当地民族地区较为落后现状整体关联，如表3-26所示。

表3-26 不同省份受访者对残疾人教育工作满意领域的比较 单位:%

	江苏省	陕西省	甘肃省
普及适龄残疾儿童义务教育	80.0	59.5	21.3
延伸完善残疾儿童非义务教育	39.0	24.4	34.0
建设特殊教育学校和师资队伍	66.7	37.4	27.7
链接社会力量资助残疾儿童上学	21.0	23.5	22.3
建立残疾人特殊教育资源中心	42.9	19.5	20.2
发展民办残疾人教育机构	10.5	19.1	11.7
引导残疾人家庭自主教育	8.6	13.4	16.0
开展残疾人社区教育	8.6	8.4	1.1
其他		4.6	

（八）无障碍环境建设

残健融合共享是残疾人事业治理的最终目标，从残疾人事业治理的角度出发，主要治理内容分为残疾人无障碍建设、法律维权和文化体育三大领域。

1. 相关政策

我国对无障碍环境建设领域的治理，主要是从两个方面展开：一方面强化社会的无障碍环境建设,《无障碍环境建设条例》(2012年国务院第208次常务会议通过)为我国残疾人无障碍环境建设提供了法律依据,各地无障碍建设与管理法规、规章和规范性文件陆续制定,2017年全国共有451个省、地市、县级出台了无障碍建设与管理法规、规章和规范性文件,使残疾人无障碍环境建设有法可依、有章可循,使残疾人能够走出家门与融入整体社会中。另一方面强化残疾人家庭无障碍改造,2017年89.2万户残疾人家庭实施了无障碍改造,使残疾人出行和社会参与更加便捷,整体上通过无障碍环境建设执法检查和家庭无障碍环境改造,残疾人无障碍建设标准更加规范,残疾人出行的无障碍建设环境进一步好转。但是从治理效果看,受访者对全社会无障碍环境建设并不太满意,特别是"督查无障碍设施工程建设和监管"满意度评价较低,从现实调研情况看,残疾人无障碍建设或无障碍设施"花架子"较多,街面道路和出行交通不符合规范的无障碍设施建设较多,被侵占的现象较为严重,非常影响残疾人顺利出行。

2. 治理效果评价

工作成效总体评价不高。问卷调查显示,10.3%的受访者认为当地残疾人无障碍工作成效非常明显,41.4%的受访者认为比较明显,两者相加仅有51.6%受访者认为残疾人无障碍环境建设工作成效明显,此外有39.7%的受访者认为工作成效一般,还有8.7%的受访者认为工作成效不太明显或不明显,可见我国残疾人无障碍环境建设工作成效评价不太高。在推进残疾人无障碍环境建设的具体工作中,调查显示,工作成效最为明显的是"补贴贫困残疾人家庭无障碍改造",其次为"公共交通、场所和配套设施无障碍改造""加强残疾人无障碍标准体系建设",而还应深入推进的领域主要为"推动残疾人信息技术无障碍工程建设""督查无障碍设施工程建设和监管",虽然"公共交通、场所和配套设施无障碍改造"工作成效显著,但还应该大力继续推进,如表3-27所示。

表3-27　　　残疾人无障碍环境建设工作成效显著和需要改进的方面　　　单位:%

	成效显著领域	需要改进领域
补贴贫困残疾人家庭无障碍改造	54.1	23.0

续表

	成效显著领域	需要改进领域
公共交通、场所和配套设施无障碍改造	49.2	40.0
加强残疾人无障碍标准体系建设	48.9	27.2
推动残疾人信息技术无障碍工程建设	24.0	38.7
督查无障碍设施工程建设和监管	16.1	39.1
其他	7.5	11.4

3. 治理效果的省域比较

陕西省和甘肃省受访者对补贴贫困残疾人家庭无障碍改造表示最为满意，江苏省在加强残疾人无障碍标准体系建设、公共交通场所和配套设施无障碍改造等方面满意率较高。三个省份残疾人无障碍环境建设比较发现，陕西省和甘肃省受访者都对补贴贫困残疾人家庭无障碍改造表示最为满意，但是江苏省在加强残疾人无障碍标准体系建设、公共交通、场所和配套设施无障碍改造等方面满意率较高，表明经济发达地区残疾人无障碍建设，侧重于无障碍标准体系建设和社会公共空间无障碍改造，侧重于社会无障碍环境的整体改造，而中西部地区更多侧重于残疾人家庭的无障碍改造，而对社会无障碍环境提质升级感到无力，如表3-28所示。

表3-28　不同省份受访者对残疾人无障碍建设工作满意领域的比较　单位：%

	江苏省	陕西省	甘肃省
加强残疾人无障碍标准体系建设	78.3	44.7	41.7
公共交通、场所和配套设施无障碍改造	70.8	29.8	48.7
补贴贫困残疾人家庭无障碍改造	54.7	52.1	54.3
推动残疾人信息技术无障碍工程建设	31.1	33.0	20.9
督查无障碍设施工程建设和监管	24.5	7.4	15.4
其他	2.8	17.0	7.4

（九）残疾人法律维权

随着国家对残疾人事业关注程度不断提升，特别是《中华人民共和国残疾人保障法》重新修订，残疾人事业法律法规体系建设更加完善，残疾人权益得到保障更加充分。

1. 残疾人权益法律法规

从治理措施看，一方面主要是加强残疾人法律法规修法执法普法，2017年共制定修改关于残疾人的专门法规、规章省级11个、地市级10个，制定修改保障残疾人权益的规范性文件省级12个、地市级53个、县级152个，同时全国县级以上人大开展《中华人民共和国残疾人保障法》执法检查和专题调研290次，政协开展视察和专题调研267次，使《中华人民共和国残疾人保障法》得到进一步贯彻落地，充分保障残疾人合法权益利益。同时借助"助残日""法制宣传日"等时机进行法律法规宣传，进一步增强残疾人维权意识，营造关心残疾人权益保护的社会氛围。各地残联协助人大代表、政协委员提出议案、建议、提案。另一方面是完善残疾人权益保障的维权机制，发挥残疾人法律救助工作协调机构和残疾人法律救助工作站作用，为残疾人提供法律咨询与援助。做好残疾人矛盾纠纷的调解工作，将矛盾纠纷化解在基层。通过充分运用残疾人相关法律的武器，使残疾人权益得到更加充分的保障。

2. 治理成效评价

将近6成受访者认为我国残疾人法制维权工作成效明显。问卷调查显示，12.3%的受访者认为残疾人法制维权工作成效非常明显，46.7%的受访者表示工作成效比较明显，两者相加有59.0%的受访者认为我国残疾人法制维权工作成效明显。此外，有37.0%的受访者表示工作成效一般，还有4.1%的受访者认为残疾人法制维权工作成效不太明显或不明显，可见我国残疾人法制维权工作成效较为明显，在推进本地残疾人法制维权工作中，工作成效显著的领域主要是"法律救助援助残疾人权益保护""推动残疾人组织和代表参政议政"两个方面，而"人大、政协执法检查残疾人权益法律保障""宣传倡导"还需要大力加强，如表3-29所示。总体上，我国对残疾人法律法规建设更加完善，通过法律武器维护残疾人权益制度更加健全，推动残疾人组织和代表参政议政力度更强，但是社会对残疾人偏见与歧视仍然比较普遍，残疾人与健全人有充分融合共享仍然有较大的差距。

表 3-29　　本地残疾人法制维权工作成效显著和需要改进的方面　　单位:%

	成效显著领域	需要改进领域
法律救助援助残疾人权益保护	44.6	29.7
推动残疾人组织和代表参政议政	39.5	30.9
排查化解残疾人信访和矛盾纠纷	35.6	31.9
送法进社区/乡村	33.1	25.4
人大、政协执法检查残疾人权益法律保障	32.1	29.9
宣传倡导	24.2	29.7
其他	4.5	6.6

3. 治理效果的省域差异

江苏省和陕西省受访者对法律救助援助较满意，甘肃省受访者则对"人大、政协执法检查残疾人权益法律保障"较为满意。三个省份比较发现，加强法律救助援助残疾人权益保护，是江苏省和陕西省受访者都认为较满意的工作领域，而甘肃省受访者认为人大、政协执法检查残疾人权益法律保障是其工作较满意的领域，如表3-30所示。可见，在充分维护残疾人权益方面，存在着面向个体的法律维权与面向法律执法的维权两种路径，相对而言，江苏省受访者认为面向残疾人的法律维权效果更为明显。

表 3-30　　不同省份受访者对残疾人法制维权工作满意领域的比较　　单位:%

	江苏省	陕西省	甘肃省
法律救助援助残疾人权益保护	62.9	40.7	37.2
推动残疾人组织和代表参政议政	48.6	35.1	47.9
排查化解残疾人信访和矛盾纠纷	44.8	36.6	18.1
送法进社区/乡村	36.2	33.0	36.2
人大、政协执法检查残疾人权益法律保障	34.3	28.2	42.6
宣传倡导	28.6	25.6	14.9
其他	1.0	6.3	1.1

（十）残疾人文化体育

围绕着残疾人文化体育发展需求，我国残疾人文化体育主要包括文化宣传、残疾人艺术会演和比赛展览以及残疾各类体育赛事。

1. 文化体育建设

一是开展残疾人文化宣传，在"国际残疾人日""全国助残日"等时间节点，借助中央各级媒体，利用多种形式进行主题宣传报道，提升残疾人事业发展氛围环境。二是提升残疾人公共文化环境。2017年底全国共有省级残疾人专题广播节目25个、电视手语栏目31个；地市级残疾人专题广播节目198个、电视手语栏目254个，全国省地县三级公共图书馆共设立盲文及盲文有声读物阅览室959个。三是开展残疾人艺术会演和比赛展览，组织开展了全国残疾人文化周等活动，多部门共同举办全国残疾人艺术会演，以及开展残疾人文化进家庭"五个一"活动，2017年共开展残疾人文化周活动6740场次，全国省地两级残联共举办残疾人文化艺术类的比赛及展览640次。四是开展残疾人体育赛事，我国多名运动员参赛在残奥会以及其他相关赛事上获得荣誉，2017年共有3500多名运动员参赛，涉及17项夏季残奥，3项群体项目比赛，3项特奥比赛，在残疾人国际赛事中共取得了186枚金牌、88枚银牌、75枚铜牌的好成绩。通过这些残疾人文化体育活动，满足了残疾人更多的文化需求，促进了残疾人参与社会生活以及残疾人的社会自强形象。从残疾人文化体育治理领域看，我国残疾人文化体育工作主要侧重于残疾人文化体育活动参与展示上，残疾人文化体育宣传与公共服务也是重点内容。

2. 治理成效评价

调查发现，受访者对残疾人文化体育治理效果评价，13.0%的受访者表示非常满意，41.8%表示比较满意，两者相加共有54.8%的受访者认为我国残疾人文化体育领域治理效果较明显。

3. 治理效果的省域差异

江苏省受访者对"残疾人文化体育进社区"活动满意度评价较高，陕西省和甘肃省分别在设置残疾人文艺、体育人才培养基地和公共文化体育场所向残疾人开放满意度评价较高。问卷调查发现，举办残疾人文化展演与体育健身活动都是三个省份受访者较为满意的领域，这也是我国残疾人文化体育的重点工作,近年来,全国各地大力开展了残疾人文化艺术会演,一批精彩文化节目受到了社会大众广泛欢迎,向社会展现了残疾人"坚强、乐观、自信"的精神风貌以及正能量的励志故事。借助残疾人运动会、残奥会等体育竞技平台,展现了残疾人群体自强不息的奋斗精神。另外比较发现,江苏省对实施"残疾人文化体育进社区"活动满意度评价较高,陕西省受访者对设置残疾人文艺、体育人才培养基地满意度较高,甘肃省受访者对公共文化体育场所向残疾人开放满意度评价较高,反映了各地在开展残疾人文化体育工作的多样性与侧重点,如表3-31所示。

表3-31 不同省份受访者对残疾人文化体育工作满意领域的比较　　单位:%

	江苏省	陕西省	甘肃省
举办残疾人文化展演、体育健身活动	72.0	51.0	43.9
实施"残疾人文化体育进社区"活动	57.9	39.6	38.1
设置残疾人文艺、体育人才培养基地	44.9	46.9	19.2
公共文化体育场所向残疾人开放	29.0	31.3	40.3
参加举办残运会、特奥会等赛事	26.2	27.1	16.3
建设公共图书馆或网上数字图书馆	15.9	27.1	20.0
媒体宣传报道	15.0	10.4	22.3
建设民间残疾人文化艺术培养机构	13.1	7.3	11.8
其他	—	2.1	5.6

在进行残疾人事业的十大领域治理过程中,我国还加强了残疾预防转介和残疾身份认定,作为残疾治理过程中的重要依据。

三 中国残疾人事业治理结构、工具与特征

在中国残疾人事业治理体系整个环节当中,多元治理主体之间的结构、关系以及治理工具与手段,体现了中国残疾人事业治理能力现代化的水平。在多元残疾人治理主体中,既有党委、政府(残疾人工作委员会)主导残疾人事业发展,还有市场企业和助残社会组织积极参与残疾人事业,还有广大的残疾人、残疾人家庭自我增权赋能,而代表广大残

疾人利益的残联组织则通过把广大残疾人的诉求上升为国家政策制度，体现了残疾治理"围绕中心、多元参与、自我赋能"的结构特征。在治理工具上是既有保持公平的政策强制手段，也有促进发展效率的市场配置手段，也还有分级分类管理服务的专业化手段，体现了我国残疾人事业治理体系与治理能力现代化的发展进程。

（一）中国残疾人事业的治理结构

在我国残疾人事业治理体系的多元主体中，既有党政决策部门，也有残疾人联合会执行部门，还有直接受益的残疾人群体与家庭，此外社会企业、助残组织与志愿者社会力量也是重要的参与主体。

1. 参与治理主体

（1）残疾人事业纳入党委中心大局越来越紧密。根据《中国残疾人联合会章程》，中国残联是国家法律确认、国务院批准的由残疾人及其亲友和残疾人工作者组成的人民团体，是全国各类残疾人的统一组织[1]，章程中充分明确了残联的群众团体性质，按照《中共中央关于加强和改进党的群团工作的意见》，明确指出群团事业是党的事业的重要组成部分，是党治国理政的一项经常性、基础性工作，是党组织动员广大人民群众为完成党的中心任务而奋斗的重要法宝，[2] 从实践中看，残疾人事业纳入党委中心大局越来越紧密，主要集中体现在以下方面。

一是各地党委对残疾人事业发展越来越重视。党的十八大报告提出，"健全残疾人社会保障和服务体系，切实保障残疾人权益。健全社会保障经办管理体制，建立更加便民快捷的服务体系"；十九大报告提出，"发展残疾人事业，加强残疾康复服务"。习近平总书记专门批示，"残疾人是一个特殊困难的群体，需要格外关心、格外关注。让广大残疾人安居乐业、衣食无忧，过上幸福美好的生活，是我们党全心全意为人民服务宗旨的重要体现，是我国社会主义制度的必然要求"。[3] 从陕西、江苏、甘肃等地实际调研情况看，各级党委政府都非常重视残疾人事业发展，

---

[1] 《中国残疾人联合会章程》（中国残疾人联合会第六次全国代表大会部分修改，2013年9月18日通过）。

[2] 《中共中央关于加强和改进党的群团工作的意见》，2015年7月。

[3] 2014年3月20日，习近平总书记致中国残疾人福利基金会的贺信。

每年度经济社会发展工作报告都有残疾人事业发展的相关内容论述，并有党委成员或副书记专门分管残疾人事业发展工作，每年都召开群团工作会议听取残联部门工作汇报，充分体现"残疾人事业是社会文明进步的标志"的党的意志。

二是把握残疾人事业的正确发展导向。通过在党的领导下开好残疾人代表大会，充分凝聚团结广大残疾人和残疾人工作者，把残疾人的利益诉求上升决策层面，把残疾人需求纳入经济社会发展大局，把残疾人工作纳入党委政府中心工作，并对残疾人事业发展进行全面部署，充分体现党以人民利益为中心的政治意志。从实践调查情况看，各地每五年一次的残疾人代表大会，各级党委领导班子成员都出席了残疾人代表大会并做工作报告。

三是促进残疾人代表参政议政。据残疾人事业发展研究会会长程凯介绍，县级以上残疾人及残疾人工作者担任各级人大、政协代表人数从2002年的1500人上升到2014年的4969人，残疾人代表参政议政能力和作用不断扩大。[1]

四是残疾人工作干部队伍培养选拔。近些年，在残疾人工作领导干部任期换届时，各级党委充分考虑到残联领导干部组织协调能力与干事业的态度，通过换届选举出一批年富力强、有事业心的残疾人工作领导干部，提升了残疾人事业发展的政策与资源协调动员，大大推动了残疾人事业向前发展。

（2）政府与残疾人工作委员会的政策协调执行。由于残疾人群体的特殊性以及需求的多样性，而且残疾人事业涉及残疾预防、康复、教育、就业、文化体育等多领域、跨部门工作，残联作为党委领导下的群众团体组织，无法有效承担起政府部门间的协调动员任务，同时按照"联合国残疾人十年"有关"成立残疾人事务国家协调委员会"决议，1993年，依据《残疾人保障法》和残疾人事业的实际需要，国务院根据《关于国务院议事协调机构和机构设置的通知》（国发〔1993〕127号）设立国务院残疾人工作协调委员会，2006年根据《国务院办公厅关于国务院残疾

---

[1] 程凯：《纳入并服务大局是中国特色残疾人事业发展的鲜明特征》，http://www.cdpf.org.cn/special/CDRS/content/2014-10/31/content_30461363.htm。

人工作协调委员会更名及调整有关组成人员的通知》（国办发〔2006〕27号），更名为国务院残疾人工作委员会，定位为国务院议事协调机构，地方政府残疾人工作委员会是同级政府议事协调机构，其职能在于协调国务院有关残疾人事业方针、政策、法规、规划的制定与实施工作；协调解决残疾人工作中的重大问题；组织协调联合国有关残疾人事务在中国的重要活动[①]。从我国国务院残疾人工作委员会成员名单看，国务院残疾人工作委员会主任一般由副国级领导担任，负责残疾人工作事务的总体部署协调，成员单位一般包括人社、民政、卫健、教育以及党委政府其他职能部门，秘书长都设在残联理事会[②]。梳理我国残疾人事业的治理框架体系，残疾人代表大会与主席团是残疾人事业发展的决策机构，而残疾人工作委员会是残疾人事业发展的协调执行机构。从治理效果来看，政府在残疾人事业治理体系发挥的作用表现如下。

一是出台了一系列残疾人法规体系。在《中华人民共和国残疾人保障法》基础上，制定了《残疾人教育条例》《残疾人就业条例》《无障碍环境建设条例》《残疾预防和残疾人康复条例》等法规体系及地方法规、条例，形成了较为完善的残疾人法律法规与保障条例。

二是制定了一系列残疾人事业发展规划。1991年制定了《中国残疾人事业"八五"计划纲要（1991—1995年）》，这是残疾人事业发展的第一个五年发展规划，之后每五年制定一部残疾人事业发展规划，至《"十三五"加快残疾人小康进程规划纲要》，共制定了六部残疾人事业发展规划。在残疾人事业发展规划的基础上，制定了就业、康复、教育、无障碍等规划方案与实施意见。同时"九五""十五"国民经济社会发展计划明确残疾人事业发展的重点领域内容，之后对残疾人事业发展进行专节单设，使残疾人事业发展充分纳入国民经济社会发展整体规划之中，使残疾人事业发展在"体系化发展、制度性保障"不断进步。

三是落实了一系列残疾人优惠政策。结合政府相关职能部门，出台了有关残疾人社会保障、康复、就业、扶贫、无障碍设施等残疾人政策，

---

① http://www.gov.cn/fuwu/cjr/2009-05/07/content_2630959.htm。
② 《国务院办公厅关于调整国务院残疾人工作委员会组成人员的通知》（国办发〔2018〕36号）。

充分保障了残疾人政策"普惠+特惠"特点,主要政策包括残疾人基本生活兜底保障政策、残疾人及其家庭就业增收政策、残疾人基本公共服务政策、发挥社会力量和市场机制推进残疾人事业政策等内容。

(3)残疾人代表大会与执行理事会的决策作用。根据中国残疾人联合会章程有关规定,残疾人代表大会是中国残疾人联合会的最高权力机构,负责确定残疾人工作的方针和任务部署,是中国残疾人事业发展的决策机构,同时章程也明确规定,残疾人联合会执行理事会是中国残联全国代表大会及其主席团的执行机构,是落实中国残疾人事业发展事务的中坚力量。主要发挥的作用体现在三个方面。

一是代表残疾人利益。通过残疾人需求与公共服务专项调查,详细了解残疾人生存与发展状况,了解残疾人公共服务获得程度与需求满足情况,进而上升社会政策措施予以解决。根据章程成立了盲人协会、聋人协会、肢残人协会、智力残疾人及亲友协会、精神残疾人及亲友协会五大专门协会,至2012年,5大残疾人专门协会全部成为社团独立法人,至2017年底,全国共建立省级及以下各类残疾人专门协会1.5万余个,[1]大大提升了残疾人权益维护。另外,残联不断被纳入政府专项议事协调机构中,妇女儿童、老龄、民政、教育、卫生、住房、社保、扶贫、文化、体育等发展领域,提升残联的参与权和话语权,维护残疾人的合法权益。

二是服务残疾人需求。为更好为残疾人提供需求服务,残联系统建立了国家、省、市、县(区)、乡(街)的残联组织,在基层村镇、社区和企事业单位建立残疾人协会,并聘任基层残疾人专职委员和乡镇(街道)残联专干,形成了横到边、纵到底的残疾人人员队伍,至2017年底,全国省、市、县、乡共成立残联4.3万个,全国95.4%的社区(村)建立残协达到58.6万个,省市县乡残联工作人员达11.3万人,选聘基层残疾人专职委员59万人。[2] 在残疾人服务领域上,开展残疾人康复、教

---

[1]《中国残疾人》编辑部:《改革开放以来残疾人事业组织体系建设成果一览》,《中国残疾人》2018年第8期。

[2]《中国残疾人》编辑部:《改革开放以来残疾人事业组织体系建设成果一览》,《中国残疾人》2018年第8期。

育、就业、社会保障、扶贫、文化体育等重点领域政策项目，满足特定需求的残疾人的多样化服务。

三是管理残疾人事务。包括残疾人证审核发放，与政府部门协调沟通，残疾人信访维权等。开展国际残疾人事业交流。在党委政府领导下，在"联合国残疾人十年""亚太残疾人十年"等倡导下，先后参加了"残疾人国际""康复国际"等国际残疾人组织，与联合国残疾人事务发展机构合作，推动亚太地区残疾人事务交流互动，促进联合国推进了《残疾人权利公约》签署，通过承办国际会议为国际残疾人事务提供中国方案，残疾人事业已成为我国对外交流的名片和人权斗争的亮点。

（4）市场主体与企业的参与性。我国市场企业参与残疾人事业的治理，除了慈善助残方式外主要通过安置残疾人就业，分析发现，市场参与残疾人事业的治理模式经历了"福利企业模式"向"按比例就业模式"的转变，体现了时代改革的重大历史变迁。

第一种模式：残疾人就业的"福利企业模式"

福利企业是以安置有劳动能力和愿意残疾人就业、具有社会福利性质的特殊企业。中华人民共和国成立以后，为解决大批贫困人口社会救济问题，国家通过"以工代赈"成立了由烈属、军属、残废军人、贫民组成的社会福利工厂，并在企业税收及产供销等方面国家制定保护扶持措施，据1957年统计，共有57万人在社会福利工厂参加生产[①]，之后国家对社会福利工厂进一步规划与调整，由民政部门规划审批福利工厂用于安置残疾人就业。改革开放以后，国家继续在税收减免、产品调整、原材料供应、技术改造、银行贷款等方面给予福利企业政策保护，特别是1993年实行统一年检认证制度，福利企业数量短时间增长非常明显，但是随着社会主义市场经济不断完善，福利企业的企业属性不断明确，福利企业暴露出管理体制、政策机制和自身建设等问题，福利企业的数量和安置残疾人数不断减少（如表3-32所示）。2016年，在行政审批制度改革、简政放权的大背景下，民政部出台《关于做好取消福利企业资格认定事项有关工作的通知》（民发〔2016〕180号），福利企业的资格

---

① 北京市崇文区民政局课题调研组：《社会福利企业发展的政策研究》，http://zyzx.mca.gov.cn/article/yjcg/shfl/200808/20080800019219.shtml。

认定被正式取消，对安置残疾人就业的市场主体，享受按安置残疾人数限额即征即退增值税的政策优惠。2017年，财政部颁布《关于促进残疾人就业政府采购政策的通知》（财库〔2017〕141号），鼓励采购单位优先选择符合残疾人福利性单位资质的市场主体产品，从政策效果看，虽然国家取消了福利性企业的资质认定，但是对于残疾人集中就业市场主体在政策优惠、产品采购等方面依然享受政策特惠扶持，促进残疾人就业的政策激励机制依然保持。实地调研发现，据陕西宝鸡老牛面粉厂、西安高压变电器铸件厂、韩城市黑牛建材有限公司负责人介绍，在企业里的残疾人都是属于残疾程度较轻的残疾人，其中西安高压变电器铸件厂、韩城市黑牛建材有限公司雇用的残疾人都是听力残疾人，这些工作岗位对员工技能要求较低，都是简单加工型产品生产，经过简单培训都可以上岗，不仅减轻了残疾人家庭生活照料负担，同时也有利于残疾人与健全人之间交往；虽然在日常企业员工管理方面比健全人要"麻烦"一些，但是残疾员工对岗位的忠诚度较高，一般不会跳槽或换工作岗位，对企业正常生产与人员招聘非常有利，但是三家企业普遍反映企业生存压力较大，而且在退税方面存在较大机制障碍，认为福利企业资质取消后对企业发展更有好处，政策税收退税机制更加完善，促进残疾人就业的体制机制更加顺畅。进一步研究发现，福利企业参与残疾人事业体现了治理方式的变化，体现了从社会福利机构性质向市场主体性质的回归，从关注社会效益向经济效益并重的回归，摒弃了宏观政策统一框架下残疾人政策的条块分割，体现了残疾人政策"普惠+特惠"的发展思维，符合了政府宏观调控与市场资源调配的辩证统一。

表3-32　　　　　我国福利企业数量与残疾职工人数变迁[①]

年份	福利企业数量（万个）	残疾职工人数（万人）
1986	1.99	37.0
1987	2.78	43.3
1988	4.05	65.9

① 数据来源于中国民政事业历年统计年鉴。

续表

年份	福利企业数量（万个）	残疾职工人数（万人）
1989	4.16	71.9
1990	4.18	72.9
1991	4.38	77.2
1992	4.98	70.0
1993	5.68	84.2
1994	6.00	90.9
1995	6.00	93.9
1996	5.90	93.6
1997	5.50	91.0
1998	5.10	85.6
1999	4.50	79.0
2000	4.00	72.9
2001	3.80	70.0
2002	3.60	68.3
2003	3.40	67.9
2004	3.24	66.2
2005	3.12	63.7
2006	3.02	55.9
2008	2.38	61.9
2009	2.28	62.7
2010	2.22	62.5
2011	2.15	62.8
2012	2.02	59.7

第二种模式："按比例就业模式"

1944年，英国成为按比例安排残疾人就业最早的国家，规定员工数量超过20名的企业必须至少安排3%的残疾人就业，作为解决残疾人就业的重要举措，已经成为国际社会通行的做法，《关于残疾人的世界行动纲领》《残疾人职业康复和就业公约》等国际条约都对此有明确的法律规定，如美国法律规定，企业必须按3%的比例安排残疾人就业，德国规定员工15人以上的规模企业必须安排6%的残疾人就业，日本《残疾人雇用促进法》规定更为详细，民间企业、公共企业以及政府部门必须雇用1.5%、1.9%、2.0%的残疾人。

梳理后发现，我国已经建立了较为完善的按比例安排残疾人就业政策体系。20世纪90年代，在联合国推动"残疾人十年"的大背景下，我国参照国际通行安置残疾人就业的办法，规定用人单位必须按比例安排残疾人就业，之后用法律法规进行详细规定。《中华人民共和国残疾人保障法》（2008年4月24日修订通过）第三十三条明确规定：国家机关、社会团体、企业、事业单位、民办非企业单位应按照规定的比例安排残疾人就业。《残疾人就业条例》（中华人民共和国国务院令第488号）第八条第二款进一步规定，达不到法定比例安排残疾人就业的单位需要缴纳残疾人就业保障金。从实践情况看，各省市根据《中华人民共和国残疾人保障法》和《残疾人就业条例》，都制定了按比例安排残疾人就业的政策法规，但是一些省份对安置残疾人就业的比例有所不同，其中新疆按比例安置残疾人就业达到2%，北京市和辽宁省为1.7%，还有上海市、吉林省、河南省、福建省为1.6%，其余省份为1.5%，此外不仅是企业需要按比例安排残疾人就业，法律法规规定党政机关、事业单位及国有企业都要带头按比例安排残疾人就业。此外，残疾人保障金征收与使用政策也不断变革，2015年9月9日，《关于印发〈残疾人就业保障金征收使用管理办法〉的通知》（财税〔2015〕72号），对残疾人就业保障金的征收、管理、使用相关政策进行了调整，在征收主体、征收标准、征收方式、资金使用范围、公示监督等方面进行规范，由过去残联征收统一转向地税征收，改变了过去征收手段有限、力度偏软等问题，企业漏缴、拒缴现象大为改观，促使残疾人保障金征收机制更加完善。

总体上，我国市场企业参与残疾人事业的治理，不仅经历着计划经济向市场经济转轨的历史变迁，而且经历着由集中安置向分散安置方式的变革。在计划经济时代，更多是依靠福利企业集中安置残疾人就业的治理方式；而在市场经济时代，更多是依靠按比例安置残疾人就业的治理方式，但总体上，不论在计划经济时代还是在市场经济时代，由于残疾人力资源的限制与天然不足，市场企业对残疾人就业存在天然的排斥效应，从实地调研情况看，多数市场企业反映按比例安置残疾人就业，享受政策权利与履行企业责任不对称，抵触情绪心态较为普遍。

（5）助残社会组织机构的服务性。由企业、社会组织、个人和其他社会力量出资并经营，或政府投资兴建委托社会力量经营的残疾人服务机构，官方定义为残疾人社会服务机构（或民办残疾人服务机构），具有"服务供给、法人注册、自主经营权"的典型特征。残疾人社会服务机构的健康发展，不仅关系到残疾人公共服务体系的建立，更关系到残疾人公共服务需求的满足程度，甚至关系到残疾人共奔全面小康的发展进程。按照官方正式定义，主要包括在民政部门正式登记的社会团体、基金会、民办非企业单位这三大助残社会组织，本书根据实际功能划分的社会组织模式如下。

一是助残社会组织政策体系。为鼓励和引导社会力量参与残疾人事业，促进残疾人服务机构有序健康发展，推动残疾人公共服务均等化，全国各地出台了一系列促进其发展的政策条例，梳理发现，近年来涉及促进助残社会组织参与残疾人事业的政策文件主要有：一是《关于支持社会力量兴办社会福利机构的意见》（民发〔2005〕170号）提出，鼓励和支持社会力量参与老年人、残疾人、孤儿和弃婴等社会福利机构，保证社会办福利机构在规划、建设、税费减免、用地、用水、用电等方面获得政策优惠，享受与政府办福利机构同等待遇。二是《中共中央国务院关于促进残疾人事业发展的意见》（中发〔2008〕7号）提出，通过民办公助、政府补贴、政府购买服务等多种方式，鼓励各类组织、企业和个人建设残疾人服务设施，发展残疾人服务业。三是《国务院关于鼓励和引导民间投资健康发展的若干意见》（国发〔2010〕13号）提出，通过用地保障、信贷支持和政府采购等多种形式，鼓励民间资本参与发展社会福利事业，鼓励民间资本投资兴办养（托）老服务和残疾人康复、托养服务等各类社会福利机构。四是关于鼓励和引导民间投资兴办残疾人康复机构的实施意见》（残联发〔2012〕14号）提出，鼓励各类民间组织、企业、个人和社会资本参与发展残疾人康复服务领域，并在资金、场地、人才、政府投入等方面予以扶持，推进实现"人人享有康复服务"

的发展目标。五是《国务院关于加快推进残疾人小康进程的意见》（国发〔2015〕7号）提出，要在发挥政府主导作用基础上，充分发挥社会支持和市场推动作用，加快形成多元化的残疾人服务供给模式，更好地满足残疾人特殊性、多样化、多层次的需求。六是《"十三五"加快残疾人小康进程规划纲要》（国发〔2016〕47号）提出，坚持政府主导与社会参与、市场推动相结合。充分发挥社会力量作用，鼓励采用政府和社会资本合作模式，形成多渠道、全方位的残疾人事业资金投入格局；倡导鼓励公众、企事业单位、社会组织和群团组织兴办医疗、康复、特殊教育、托养照料、社会工作等服务机构和设施。此外，全国各省市促进民办残疾人服务机构发展的政策文件，主要有2011年北京市出台的《北京市残疾人服务类民办非企业单位登记审查与管理暂行办法》、2012年广州市出台的《广州市民办残疾人服务机构资助试行办法》，以及2014年陕西省出台的《关于促进民办残疾人服务机构发展的意见》（陕残联〔2014〕71号）。梳理后发现，这些政策文件都明确表明助残社会组织是残疾人公共服务重要组成部分，并按照政府引导、社会参与、政策扶持、市场推动、同等对待、公平竞争等发展思路，积极鼓励和有效引导社会力量参与残疾人事业，推进残疾人社会服务机构的社会化、专业化、市场化，从政策治理角度分析，我国已经建立了较为完善的助残社会组织政策体系，也提出了一些操作性较强的发展思路与实践路径，特别是推动助残社会组织的登记备案与扶持有明显政策突破。

二是慈善助残组织发展。慈善事业是"社会的第三次分配"，对改善贫困困难群体的生存状况、缩小贫富差距、缓解社会矛盾、增强社会凝聚力与包容性意义重大。助残扶残一直是慈善事业发展的重点领域，中国残疾人福利基金会是我国慈善助残的核心力量，通过在全国各地开展"启明行动""助听行动""助行行动""助学行动""助困行动"等，形成了一批有影响力的助残慈善活动品牌，但从调研了解到，绝大部分助残慈善基金会都是官方公募基金会，民间公募基金会数量非常少，如"壹基金"也开展过"海洋天堂计划"等助残慈善活动。

三是志愿助残组织发展。中国最大的官方志愿助残组织是中国助残志愿者协会，是公益志愿助残领域的社会公益品牌，近年来中国残联与共青团中央以"心手相牵，共享阳光"为主题，实施了中国青年志愿者助残"阳光行动"，还有与其他行业部门联合开展了"关爱残疾职工""巾帼志愿助残""红领巾助残""老年助残""民航铁路交通出行无障碍志愿助残服务""亲情关爱志愿服务"等志愿助残活动，各省市县助残志愿者协会分支机构在国际助残日、国家残疾人日等节点，也广泛开展多种形式的志愿助残活动，为残疾人提供帮助、解决忧患，据中国残联数据统计，全国已建立助残志愿者联络站30余万个，助残志愿者人数达700多万，受助残疾人达到5000多万人次，为广大残疾人提供了优质实效的志愿帮扶。① 近年来，除了官方志愿助残协会组织外，民间志愿助残组织发展也非常活跃，特别是广东等社会组织发育机制浓厚地区，志愿助残组织机构增长非常迅速，受帮扶的残疾人数量也越来越多，但在陕西户县等实地调研发现，大多数基层助残组织包括民间助残组织，基本上是通过在重大节日开展活动链接起来，组织结构比较松散，人员流动性比较大，独立性、经常性开展志愿助残活动非常少。

四是助残服务组织发展。全国各地在20世纪80年代萌生了多家残疾人和助残民间机构，至2016年，全国已在民政、工商部门登记注册的助残社会组织机构有2393个，工作人员34461人，年服务对象363万人。② 调研总体发现，我国残疾人社会服务机构总体发育不足，问卷调查显示，问及"本地民办机构介入残疾人服务的程度"，由于残疾人社会服务机构发育不足，导致残疾人社会服务的市场化、专业化水平总体水平还需要较大提升。调查显示，仅有5.8%的受访者认为我国残疾人机构服务专业化程度非常高，有38.0%的受访者认为"比较高"，两者相加仅有43.8%的受访者认为我国残疾人事业发展社会服务机构专业化程度高。此外，我国残疾人服务产业化水平也有待提升，调查显示仅有52.2%的受访者认为，我国残疾人服务产业"完全满足"或"部分满足"了残疾人的特殊性、多样性和多层次的需求。政府购买残疾人服务是促进残疾人公共服务供给的重要方式，调查显示，仅有49.9%的受访者认为政府购买残

---

① http://finance.sina.com.cn/roll/20130717/235216156863.shtml.
② 《中国残疾人》编辑部：《改革开放以来残疾人事业组织体系建设成果一览》，《中国残疾人》2018年第8期。

疾人公共服务"非常明显"或"比较明显"扩大了残疾人公共服务供给，认为"不太明显"和"不明显"的比例达到13.9%，表明我国政府购买残疾人服务的力度还需要进一步加强。

五是残疾人自组织发展。自组织是指自发成立、自主发展、自行运作和自我治理的组织形态，是社会系统由无序走向有序的治理过程。从学者研究情况看，残疾人自组织发育很不充分，数量很少也难以统计，提供残疾人服务的专业化、多样性以及管理机制水平都比较低[1]。对陕西"山阳县西照川自强残疾人服务协会"个案研究发现，协会负责人毕春安是个肢体残疾人，跑遍全商洛7县区的敬老院，义务理发共900余人次，行程800多千米，辐射100余千米的4镇32个行政村，服务近3000余残疾人的工作，先后被评为"全省残疾人工作先进个人"和"自强模范"等荣誉称号，[2] 早年曾以讨要流浪为生，后在县残联及当地政府扶持下，资助免费上学后开办了"梦春"理发店后，经常帮助周边需要帮助的残疾人。当地山大人稀、信息闭塞，残疾人口比重大，重度残疾人占比高，很多残疾人的事情民政部门管不过来，当地政府看到毕春安本身是个残疾人，又非常热心帮助周围的残疾人，所以委托毕春安负责当地残疾人事务工作，最初毕春安是从残疾人维权开始，通过残疾人情况不断摸底排查不断代理镇上残疾人相关事务，之后也开始承担了残疾人专委工作，为更好地为残疾人提供服务，建立了"山阳县西照川自强残疾人服务协会"，组织残疾人开展种养殖产业生产，带领当地残疾人脱贫致富。从治理角度看，残疾人自组织发展来源于残疾人或残疾人家属，为解决周围残疾人事务自发成立的组织形式，但是残疾人自组织成长发展受制于个体能力、残联委托、政府信任以及规范化运行等因素，总体上，残疾人自组织在管理服务残疾人上更有优势，更能代表团结凝聚残疾人发展力量，但是规范化运行需要政府与残联积极引导。

六是残疾人学术研究机构。我国最大的全国性残疾人事业发展研究

---

[1] 葛忠明：《残疾人自组织规范化发展的路径探索》，《山东社会科学》2016年第7期。

[2] 《中国残疾人》编辑部：《关于开展向"陕西好人"毕春安同志学习做残疾人贴心人的通知》，http://cl.shy.gov.cn/info/1057/1023.htm。

机构是残疾人事业发展研究会，2008年在北京成立，是第一个全国性残疾人事业发展研究社团，主管单位为中国残疾人联合会，之后在北京大学、中国人民大学、山东大学、吉林大学、南京大学、四川大学等高校院所成立了中国残疾人事业发展研究基地（中心），同时在部分省份建立了残疾人研究中心，为各省残疾人事业发展提供智力支持。此外，还成立了残疾人健康管理专业委员会、残疾人口和统计专业委员会、残疾人社会工作专业委员会、无障碍环境研究专业委员会等专业委员会，每年召开学术年会推动残疾人政策进步。总体上，残疾人事业发展研究通过学术年会、研究课题等方式，推动残疾人政策研究水平不断提升，推动残疾人政策体系更加完善，但与发达国家相比，我国残疾人研究人员数量与学术水平还比较落后，在学术界的影响力与话语权还比较弱小，对我国残疾人事业发展的推动作用还需要强化。

（6）残疾人及其家庭的主体性。残疾人是我国残疾人事业发展的主体力量，每年树立的残疾人自强典型模范，为残疾人群体提供了榜样典范、示范标杆，成为促进残疾人自身成长的精神指引力量，比如张海迪、邰丽华等激励了许多残疾人努力奋斗，成为社会大众认知残疾人、理解残疾人的窗口。政策也积极推动残疾人就业创业融入社会，通过职业技能培训和农村实用技术培训等能力提升，设立残疾人扶贫基地、集中就业基地等安置残疾人就业方式，扩大残疾人就业机会和就业潜力，一些残疾人创业政策通过资金补贴和信贷等方式，鼓励残疾人创业实现高质量就业。

另外，家庭成为支持残疾人的重要力量，特别是在居家照护、康复训练等方面发挥重要作用。政策也在鼓励残疾人家庭发挥其功能，如设立重度残疾人护理补贴、残疾人居家托养服务等制度，帮助残疾人减轻照护压力、解放家庭劳动力，提高家庭抗逆力。同时有些残疾人家庭成员不断为残疾人发声建言，从政策上设立残疾人亲友协会、智精协会，广泛听取意见帮助解答难题，一些草根助残服务组织多由残疾人家属开设，成为了推动残疾人事业治理的坚强有力力量。

2. 主体之间关系

治理结构主要涉及治理主体与治理主体之间关系两大核心问题，其含义是指参与治理主体之间的权责配置与相互关系[①]。残疾人事业不仅是针对残疾人的事业，也是全社会共同参与的社会事业，需要党委政府、市场企业、社会力量、社区以及残疾人和家庭的共同参与治理。为此，将重点对我国残疾人事业的治理主体以及主体之间的结构关系进行分析研究，重点分析治理主体的权、责、利之间相互制衡机制，特别是决策权、执行权、监督权的相互制衡机制与运行机制，分析不同残疾人事业治理主体在决策权、执行权、监督权的角色与定位。

（1）决策结构。根据我国残疾人联合会章程，我国残疾人事业发展的决策主体是党委领导下的残疾人代表大会及其主席团，负责残疾人工作方向和发展任务安排。但长期以来，党委对残联工作的领导缺乏明确要求，导致残疾人事业发展游离于党和政府中心工作。2008年，出台《中共中央国务院关于促进残疾人事业发展的意见》（中发〔2008〕7号），明确指出各级党委和政府要把残疾人工作列入重要议事日程，党委和政府分别明确一位领导同志联系和分管残疾人工作；2015年，出台《国务院关于加快推进残疾人小康进程的意见》（国发〔2015〕7号），要求地方各级政府要将残疾人工作列为政府目标管理和绩效考核内容，我国的党委领导、政府负责残疾人工作领导体制才有了明显改善。在陕西调研发现，残疾人代表大会主席团的名誉主席一般由地方党委分管领导担任，主席团主席一般由地方政府分管领导担任，形成了完善的党政分工的发展体制，极大解决了残疾人事业发展纳入党委政府工作存在的体制弊端，解决了长期以来党委政府对残疾人工作不重视、被忽视的问题，据陕西商洛柞水县座谈会了解到，县委常委会、政府常务会和县政府残工委，每年至少要专题研究一次事关残疾人事业发展的重大问题，形成会议纪要和政策性文件，有力促进解决残疾人工作面临的政策资金发展难题，体现了残疾人工作充分纳入党委政府中心工作任务的发展体制。

（2）执行结构。在残疾人事业治理体系中，承担落实残疾人代表大会及其主席团工作决策主要是由残联理事会承担，从残疾人联合会的章程来看，明确规定了执行理事会是残疾人代表大会及其主席团的常设执

---

① 张璋：《政府治理工具的选择与创新——新公共管理理论的主张及启示》，《新视野》2001年第5期。

行机构。

观察残联组织机构的发展现状，机构扩展和职能拓展特征明显。一方面，从中国残联到基层残联的组织机构越来越完善。《2017年残疾人事业发展统计公报》显示，全国各省（区、市）、市（地、州）全部建立残联，93.5%的县（市、区）、98.7%的乡镇（街道）建立残联，95.4%的社区（村）建立残协；93.5%的省级残联、67.5%的地市级残联配备残疾人领导干部，52.7%的县级残联配备了残疾人干部；100%的省级残联、96.5%的市级残联和86.4%的县级残联建立了残疾人专门协会①，与2001年全国残联系统编制数量6.4万个、工作人员7.3万人相比，2017年省市县乡残联工作人员达11.3万人，乡镇（街道）、村（社区）选聘的残疾人专职委员总计59万人，充分表明横到边、纵到底的残联组织机构体系更加健全完备。另一方面，残联工作领域更加广泛。残联成立之初是从残疾人三项康复工作入手，逐步扩展到残疾人劳动就业、教育、康复领域，随着残疾人事业发展不断向残疾社会保障、无障碍环境、扶贫等领域拓展。

由于大量残疾人工作涉及政府各相关具体职能部门，2006年国家在各级政府设立了残疾人工作委员会体制，体现了残疾人工作纳入政府工作的机制创新，在残疾人工作委员会组织机构安排上，残工委主任一般由政府副职领导担任，残联理事长担任残工委副主任，有效解决了残疾人工作协调不动、推进不力的状况。据陕西省柞水县座谈调研了解到，过去县残联召开残疾人工作会，表彰有关部门和个人支持残疾人工作，一般是以残联文件形式下发表彰，既不符合程序，而且影响力不足，而以县委县政府名义召开残疾人工作会，表彰残疾人事业的先进集体和个人，比以往更能推动残疾人工作，但调研中发现，残联与残工委职能部门协调、统筹不够的问题还很突出，上下级残工委的体制运行不畅等比较明显。

除了党委、政府和残联外，市场企业和助残社会组织也是我国残疾人事业的重要参与治理主体，与助残社会组织主体角色不同，市场企业

---

① 《2017年中国残疾人事业发展统计公报》，http：//www.gov.cn/shuju/2018-04/26/content_ 5286047. htm。

参与残疾人事业治理主要是从企业社会责任角度出发,必须按比例安排残疾人就业,而助残社会组织参与残疾人治理,是通过助残扶残为残疾人提供更高质量的公共服务,因此市场企业参与残疾人事业治理是通过法规强制,而助残社会组织参与残疾人事业治理是通过政策鼓励。

(3) 监督结构。残疾人代表大会及其主席团不仅是残疾人事业的决策主体,同时也是残疾人工作的监督主体。根据残疾人联合会章程规定,残疾人代表大会主席团具有检查残疾人代表大会决议执行情况的职权,监督主体规定非常明确,但是在具体实践过程中,残疾人代表大会及其主席团只能对残疾人联合会执行理事会工作进行监督,无法对同级政府部门执行残疾人政策的情况进行有效监督,上级残疾人工作委员会对下级残疾人工作委员会缺乏监督机制,党委政府也缺乏对残疾人政策执行情况的监督机制,人大、政协等对残疾人政策监督比较薄弱,外部机构和残疾人群体对残疾人工作实施状况缺乏有效监督途径。在江苏省、陕西省、甘肃省等地调研发现,对残疾人工作的目标管理考核对象,多为上级残联对下级残联的工作考核,大多缺乏上级残工委对下级残工委的目标责任考核的长效机制安排。

小结:从残疾人事业多元治理主体在决策、执行、监督体系承担的角色来看,我国残疾人事业治理主体之间的关系表现为:其一,"主体—支持"关系,残疾人在整个残疾人事业当中是承担主体角色,是残疾人事业发展的起点与落脚点,其他治理主体都是支持者的角色,帮助残疾人赋权增能、自立自强。其二,"主导—参与"关系,党委政府通过规划计划主导残疾人事业发展方向道路,其他相关机构、社会力量和残疾人共同参与残疾人相关事务。其三,"协调—协作"关系,残联在党委政府安排下,具体残疾人工作执行过程中起主要协调者角色,社会力量和社区共同协作开展残疾人工作。其四,"执行—监督"关系,残疾人工作委员会各成员单位在残疾人事务中承担决策者责任,而人大、政协等国家政治力量和媒体、社会共同监督残疾人事业发展。多元体之间的治理结构呈现整合协作,共同促进了我国残疾人事业有序、有活力的健康发展态势。

3. 治理效果评价

政府主导作用和残联得到最高认可和评价。在促进我国残疾人事业发展的政府、市场企业、社会力量、社区以及残疾人（家庭）等多元主体中，调查发现，促进残疾人事业发展作用最为明显的是政府主导，"非常明显"和"比较明显"的调查比例之和为74.1%，其次为残疾人及其家庭能动作用和社区支持作用，"非常明显"和"比较明显"的调查比例之和为45.7%，而社会力量参与作用明显的比例之和为40.2%，市场推动作用明显的比例之和为36.9%，如表3-33所示。可见，与市场推动、社会力量、社区支持以及残疾人及其家庭相比，政府在残疾人事业发展过程中的主导作用非常明显，如图3-5所示。

表3-33　　　　　促进残疾人事业发展中体现作用是否明显　　　　　单位：%

	非常明显	比较明显	一般	不太明显	不明显
政府主导作用	41.7	32.4	20.6	3.4	2.0
市场推动作用	7.2	29.7	39.8	16.4	6.8
社会力量参与	10.9	29.3	38.0	16.7	5.1
社区支持作用	14.3	31.4	35.6	13.9	4.8
残疾人及家庭能动作用	17.2	28.5	35.3	14.5	4.5

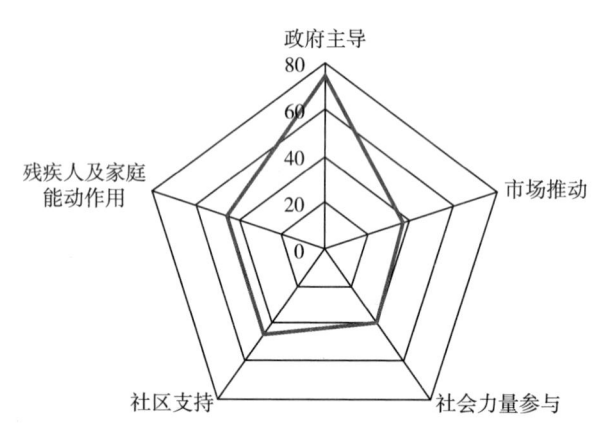

图3-5　不同治理主体促进残疾人事业发展的功能作用

进一步分析发现，我国残疾人事业治理的多元主体中，问卷调查显示，促进我国残疾人事业发展作用最为明显的残疾人联合会，回应百分比为92.8%，其次为残疾人工作委员会，回应百分比为46.5%，如表

3-34所示，此外，福利企业、残疾人、民办服务机构、社区、各类协会组织、基金会等也发挥着重要作用，但绝大多数受访者认为我国的市场企业、研究机构在促进残疾人事业发展作用不够突出。

表3-34　我国残疾人事业发展哪些机构部门作用较为明显　　　单位：%

	回应百分比
残联	92.8
残工委	46.5
福利企业	37.1
残疾人自身	32.7
民办服务机构	30.4
社区	30.3
各类协会组织	27.9
基金会	27.2
家庭	23.0
残疾人自组织	16.4
企业	6.9
研究机构	6.7

从调查数据结果看，在我国残疾人事业多元治理主体中，以残联为代表的党委政府在我国残疾人事业治理体系中呈现"一枝独秀"，在残联系统治理框架下，残疾人代表大会及其主席团负责残疾人工作决策与监督，残联理事会负责残疾人工作执行；在党委政府治理框架下，党委负责残疾人事业发展方向、组织建设与人事安排部署等领导决策，残疾人工作委员会负责残疾人工作具体执行。历史地看，残联治理框架与党委政府治理框架具有鲜明的时代特点。

在残联未成立之前，我国残疾人事业一直遵循政府治理框架，残疾人作为弱势群体纳入政府民政部门工作范围，但是残疾人的需求多样性一直没有得到重视。残联成立之后，残联治理框架很长时间游离在政府治理框架外，残疾人事业基本在残联系统中运作，2008年后随着《中共中央国务院关于促进残疾人事业发展的意见》（中发〔2008〕7号），要求党委政府把残疾人工作列入重要议事日程后，残联治理框架被纳入了政府治理框架，从调查数据看，残联被认为是促进残疾人事业发展作用最为明显的治理主体,而认为残工委发挥作用的调查比例相对较低,也表明当前我国残疾人事业正处于残联治理框架被融入了政府治理框架的发展阶段中。随着国家治理体系和治理能力现代化水平不断提升,社会力量参与残疾人事业的作用愈加明显,未来我国残疾人事业发展趋势,将目前残联治理为主转向为政府治理为主、残联治理为辅的发展阶段,未来随着社会力量不断发展,将从政府治理框架逐步向多元主体治理框架迈进,既发挥残联组织充分代表残疾人的利益职能,又体现党委政府的宏观规划执行作用,还能充分动员包括市场、社会组织、社区以及残疾人家庭等多元参与力量,体现政府治理为主、残联治理为辅、社会力量参与治理的局面,从调查数据看,当前社会力量参与残疾人事业所占比例与残联、残工委相比,所占比例还有明显差距,这是未来残疾人事业发展积极努力的领域。

(二) 中国残疾人事业的治理工具

"工欲善其事,必先利其器。"20世纪80年代以来,治理工具(或称政府工具、政策工具)尤其是政府治理工具成为了公共行政和公共政策领域研究的重点议题之一,并且在环境政策、能源政策等公共政策领域得到了广泛应用,也出版了一些非常有影响力的论著,如英国学者胡德出版的《政府工具》,美国学者彼特斯和荷兰学者尼斯潘主编的《公共政策工具》,莱斯特·M.萨拉蒙主编的《政府工具——新治理指南》等,萨拉蒙在著作中提出,治理工具是一种明确的方法,通过这种方法集体行动得以组织,促使公共问题得以顺利解决[1]。我国学术界对治理工具进展相对较晚,国内有学者认为,治理工具把实质性的治理目标或政策目标转化为具体的行动,以改变政策目标群体的行为,从而实现政策目标的手段和机制,[2] 大多数国内学者都认同治理工具是为了实现治理目标而采取的行动策略与方式,[3] 而且认为每种治理工具都有能够识别的特征属

---

[1] [美]萨拉蒙:《政府工具——新治理指南》,北京大学出版社有限公司,2016年1月出版。

[2] 张成福:《论政府治理工具及其选择》,《公共行政》2003年第4版。

[3] 张璋:《政府治理工具的选择与创新——新公共管理理论的主张及启示》,《新视野》2001年第5期。

性，也有结构化的行动模式。梳理当前国内外对治理工具的研究主要集中在三大领域，分别为治理工具的识别与分类、治理工具的特性与适用情境、治理工具的选择与绩效。① 本书将从以下三个方面对我国残疾人事业治理工具进行分析研究，发现我国残疾人事业治理工具的关系结构，以及不同治理主体之间的运行规则。

1. 治理工具识别

治理工具的识别是对治理工具进行分析的基础，任何治理工具都是多维度而非单一维度，而且学术界对治理工具的识别标准也缺乏共识。本书认为，任何治理工具都应该包括五大要素，所体现的物品或服务、提供物品或服务的方式、提供物品或服务的治理主体、提供物品或服务的关系规则以及治理的情境空间。

（1）残疾预防治理手法。梳理我国残疾预防治理工具，提供的物品或服务主要包括11大类，如表3-35所示，主要由政府部门提供，通过行政管制和宣传推动强化残疾预防工作。

表3-35　　　　　　　　残疾预防治理工具的具体表现

序号	物品或服务	提供方式	提供主体	关系规则	情境空间
1	残疾预防知识	宣传介绍	政府部门	志愿/强制	社区
2	成立领导小组	行政管制	政府部门	行政安排	政府
3	传染性疾病控制	行政管制	政府部门	强制/鼓励	政府
4	地方性疾病	行政管制	政府部门	强制/鼓励	政府
5	慢性病防治	行政管制	政府部门	强制/鼓励	政府
6	精神疾病防治与管控	行政管制	政府部门	强制/鼓励	政府
7	安全生产监管	行政管制	政府部门	强制/鼓励	政府
8	道路交通安全管理	行政管制	政府部门	强制/鼓励	政府
9	农产品和食品药品安全监管	行政管制	政府部门	强制/鼓励	政府
10	水气污染治理	行政管制	政府部门	强制/鼓励	政府
11	义诊咨询服务	行政安排	政府部门	强制/鼓励	政府

① 陈振明、张经纬：《政府工具研究的新进展》，《东南学术》2006年第6期。

(2) 残疾筛查治理手法。从实地调查与访谈后发现，残疾筛查的治理工具在实践中，主要的物品或服务包括孕妇产前检查、新生儿疾病筛查、婚前检查等特定人群筛查服务，以及指定筛查机构、提供残疾筛查补助、筛查转介诊断、残疾报告制度等。从提供方式来看，不仅有行政安排，还有免费或补贴的提供形式；从提供主体的类型看，主要是医疗，还有残联系统；从关系规则来看，主要是志愿/鼓励型；从情景空间来看，主要是在医疗系统，如表3-36所示。

表3-36　　　　　　残疾筛查治理工具的具体表现

序号	物品或服务	提供方式	提供主体	关系规则	情境空间
1	孕妇产前检查	免费或补贴	政府部门	志愿/鼓励	医疗系统
2	新生儿筛查	免费或补贴	政府部门	志愿/强制	医疗系统
3	婚前检查	付费/补贴	政府部门	自费/鼓励	医疗系统
4	确定筛查机构	行政安排	政府部门	协商/强制	医疗系统
5	筛查转介诊断	行政安排	政府部门	医疗流程	医疗系统
6	残疾筛查补助	免费或补贴	政府部门	按标准供给	残联
7	残疾报告制度	行政安排	政府部门	强制或非强制	医疗系统

(3) 残疾认定治理手法。调研发现，我国残疾认定的治理工具提供的物品或服务主要包括6大类，从提供的物品或服务内容看，包括建立标准、流程再造、医学检查、颁发证书、行政复议以及动员宣传等。从提供主体来看，主要表现为从医疗系统向残联系统的转换，包括建立残疾人标准、残疾鉴定流程、颁发残疾人证等，涉及医疗系统、残联、司法、社区等情境空间，如表3-37所示。

表3-37　　　　　　残疾认定治理工具的具体表现

序号	物品或服务	提供方式	提供主体	关系规则	情境空间
1	残疾人标准	行政安排/社会征询	残联	协商	政府/学术界
2	残疾鉴定流程	行政安排	残联	强制	残联
3	医学检查/残联认定	医疗检查评估	医疗系统	自愿	医疗机构/残联

续表

序号	物品或服务	提供方式	提供主体	关系规则	情境空间
4	颁发残疾人证	医学认定	医疗机构/残联	强制	医疗系统
5	残疾人证行政复议	行政诉讼	政府	法律协调	行政司法诉讼
6	动员残疾人证登记	宣传倡导	残联	自愿/鼓励	社区

（4）残疾人身体康复治理手法。通过调研了解到，残疾人身体康复治理工具提供的物品或服务主要包括10大类，除适配康复辅具、康复救助服务外，还有建设康复医院、康复服务机构或在医院设立康复科等，此外推行社区康复服务、康复辅具展览、抢救性康复训练、康复纳入保险支付、家庭医生签约也是残疾人身体康复治理工具的重要服务内容。从提供方式来看，不仅有行政直接安排，还有民办公助、公助民营等市场方式，近些年还大量出现社会购买抢救性康复训练服务内容。从提供主体类别看，涉及了政府、残联、企业、医疗机构等多个主体，通过行政化的治理方式以及资本化的市场方式推进残疾人身体康复，如表3-38所示。

表3-38　　　　　残疾人身体康复治理工具的具体表现

序号	物品或服务	提供方式	提供主体	关系规则	情境空间
1	适配康复辅具	补贴或减免	政府	志愿性	社会
2	康复救助	免费/补贴	残联	强制/鼓励	医疗/社区
3	设立康复科/康复机构	行政安排/民办公助/公助民营	政府/医疗企业	行政安排/公私合营	政府/市场
4	康复医疗服务	自费购买	医院/社会组织	市场行为	医疗部门
5	推行社区康复	行政安排	残联/社会组织	行政安排	社区
6	培训康复服务人员	行政安排	残联	行政安排	医疗系统
7	康复辅具展览	市场行为	企业	资本运作	市场
8	抢救性康复训练	社会购买	企业/政府	市场交换	医疗系统
9	康复纳入保险支付	行政安排	政府	行政安排	社会保障
10	家庭医生签约	行政安排	政府	行政安排	医疗系统

(5) 残疾人生存保障治理手法。残疾人生存保障治理包括残疾人社会保障、托养与扶贫等领域，通过调研梳理后发现，提供的物品或服务主要包括12大类，其中社会保障包括"两项补贴"、纳入低保范围、鼓励动员参保、购买意外保险、发放燃油补贴5项服务，残疾人托养包括残疾人托养服务、制定托养服务标准2项服务，残疾人扶贫包括产业扶贫、就业扶贫、兜底保障扶贫、教育扶贫、结对帮扶5项服务，从提供主体来看主要是由政府提供，此外一些市场企业也参与其中，提供的方式主要是福利、补贴、资助等政府行政形式，以及市场化资源配置和社会化组织志愿参与。物品或服务提供主体与对象之间的关系规则既有强制性、志愿化，还有市场企业之间的市场规则，如表3-39所示。

表3-39　　　　残疾人生存保障治理工具的具体表现

序号	物品或服务	提供方式	提供主体	关系规则	情境空间
1	"两项补贴"	福利补贴	政府	按标准供给	政府行政
2	纳入低保范围	福利补贴	政府	按标准供给	政府行政
3	鼓励动员参保	免缴/减免	政府	社会动员	政府行政
4	购买意外保险	补贴/商业	政府	合同	政府行政
5	发放燃油补贴	补贴	政府	按标准配给	政府行政
6	残疾人托养服务	社会购买	市场企业/社会组织	市场化评价	市场
7	制定托养服务标准	协商/专业机构	残联	专业化	专业机构
8	产业扶贫	资金/关系链接	政府/企业	市场规则	市场
9	就业扶贫	安排残疾人/家庭成员就业	政府/企业	市场鼓励	市场
10	兜底保障扶贫	救助	政府	强制	政府行政
11	教育扶贫	资助/	政府	强制/动员	政府行政
12	结对帮扶	一对一服务	政府/社会组织	社会志愿/强制	政府行政/社会空间

(6) 残疾人赋能增权治理手法。残疾人赋能增权治理包括残疾人就业、教育、文体等领域，通过梳理后发现，主要提供的物品或服务包括

12大类，其中就业领域包括7大类，教育领域包括3大类，文化体育领域包括2大类。从提供物品或服务的主体看，主要是政府或市场，通过资金支持或政府合作提供物品或服务，关系规则对于政府而言多为强制性或行政规制性，而对于市场而言多为志愿性或鼓励性，反映出政府治理与市场治理的不同方式，如表3-40所示。

表3-40　　　　　残疾人赋能增权治理工具的具体表现

序号	物品或服务	提供方式	提供主体	关系规则	情境空间
1	按比例安排就业	行政管制	政府	强制	企业/行政
2	个体就业创业	资金支持/与企业合作	政府/市场/社会组织	志愿/鼓励	企业/行政
3	辅助性/支持性就业	资金/政策支持	政府/市场/社会组织	志愿/鼓励	企业/行政
4	技能技术培训/比赛	补贴/政府购买	政府/企业	志愿/鼓励	企业/行政
5	建设就业基地/机构	补贴/政策支持	政府/市场	志愿/鼓励	企业/行政
6	征收就业保障金	行政管制	政府/企业	强制	企业/行政
7	开展就业招聘会	行政安排/市场参与	政府/市场	志愿	企业/行政
8	资助残疾儿童上学	补贴/资助	政府	强制	行政
9	未入学儿童筛查	行政安排	政府	强制	行政
10	建立特教学校/特教班/上门送教	行政安排/政府购买	政府/市场/社会组织	强制/志愿	行政
11	开展文化进社区/文体比赛/艺术汇演	行政安排/政府购买	政府/市场	强制/志愿	行政/市场
12	表彰自强残疾人	行政安排	政府	志愿	行政

（7）残健融合共享治理手法。残健融合共享治理包括残疾人无障碍建设、法律维权等领域，实地调查梳理后发现主要提供包括6大类物品或服务，提供物品或服务的主体不仅包括党委政府，也包括司法机构、社区、企业或专家委员会等组织机构，如表3-41所示。

表 3-41　　　　　　　残健融合共享治理工具的具体表现

序号	物品或服务	提供方式	提供主体	关系规则	情境空间
1	法律咨询援助	免费/补贴	法律援助/法律服务组织	自费/援助	司法
2	心理辅导	补贴/自费	社区/社会组织	志愿	社区
3	社会温馨家园	行政管制	政府/社区	志愿/鼓励	社区
4	残疾人参政议政	行政表彰	政府/政协	协商	政府
5	建立无障碍标准	行政管制	政府/专业委员会	强制	行政
6	家庭无障碍改造	资金技术	政府/企业	免费	家庭

（8）残疾人事业顶层设计治理手法。梳理我国残疾人事业顶层治理的行动策略与方式途径，主要内容包括：一是出台残疾人法律法规，出台修订《残疾人保障法》等残疾人法律法规。二是开展全国残疾人基本服务状况和需求的专项调查，获取持证残疾人和暂未持证残疾儿童的基本服务和需求状况，以及社区残疾人基本公共服务状况。三是出台残疾人事业发展规划与实施方案，自 1993 年以来出台了共七部残疾人事业发展规划（纲要）。四是建立残疾人服务组织机构，建立了从中央到地方以及基层的残联组织以及服务人员队伍。五是按照国家"大数据、大系统、大平台"的要求，中国残联积极推进残疾人大数据建设，形成了智能化残疾人证、残疾人康复、就业等大数据信息与决策平台，推动了残疾人工作"互联网+残疾人服务"的信息支持网络。六是制定残疾人政策，推出"两项补贴"、扶贫、就业等残疾人政策服务体系。七是强化对外交往，在国际残疾人事务中积极宣传中国主张、提供中国方案，推动《残疾人权利公约》签署并如期提高履约报告，推动实施了第三个"亚太残疾人十年"等，将残疾人发展问题纳入联合国《2030 年可持续发展议程》，倡导的"残疾人与经济发展事务"成为亚太经合组织正式议题，创办了亚欧会议框架下残疾人合作暨全球辅助器具产业发展大会，在中非合作、中国—东盟博览会等增加了残疾人事务合作交流内容，成功申办北京 2022 年冬奥会和冬残奥会等，推动我国残疾人事业发展国际化进程。

表 3-42　　　　残疾人事业顶层设计治理工具的具体表现

序号	物品或服务	提供方式	提供主体	关系规则	情境空间
1	法律法规	国家立法	立法机构	强制	社会
2	规划计划	直接行政	国务院与地方政府	指导意见	政府空间
3	残疾人政策	直接行政	国务院与地方政府	强制性	政府空间
4	建立残联组织	行政命令	国务院与地方政府	强制性	政府空间
5	建立大数据平台	数据共享	残联	强制/志愿	信息化平台
6	实施专项调查	行政安排	残联	强制	行政空间
7	国际合作交流	政策倡导	政府	协商	全球空间

2. 治理工具分类

对于政府工具/治理工具的分类，学术界有多种不同的分类方法，OECD 政策工具分类为直接管制、经济手段与劝说手段等，《改革政府》著作中对政府使用的工具概括为传统类、创新类和先锋类 3 大种类 36 种细类①。萨瓦斯在《民营化与公私部门的伙伴关系》著作中将治理工具分为政府服务、政府间协议、契约、特许经营、补助、凭单制、市场、自我服务、用户付费、志愿服务 10 大类。萨拉蒙等人在《政府工具》将治理工具分为直接行政、社会管制、经济管制、合同、拨款、直接贷款、贷款担保、保险、税式支出、收费、用户付费、债务法、政府公司、凭单制等类别②，国内学者陈振明将当代西方政府改革与治理中常用的市场化工具分为 12 大类③。本文根据治理主体提供不同物品或服务的类别，划分为信息类、自愿类、激励类、规制类以及组织类 5 大类型，其不同类别提供的物品或服务以及主要治理特征如下（表 3-43）。

---

① 戴维·奥斯本、特德·盖布勒：《改革政府》，上海译文出版社 1996 年版。
② Lester. M. Salamon and Odus. V. Elliot, *Tools of Government: A Guide to the New Governance.* Oxford niversity Press, 2002, p. 21.
③ 陈振明：《当代西方政府改革与治理中常用的市场化工具》，《福建行政学院·福建经济管理干部学院学报》2005 年第 2 期。

表 3-43　　　　　　　　　　不同治理工具类型与特征

工具类型	治理主体类别	物品或服务类别	主要治理特征	强制程度
信息类	政府、社会组织、个体、社区	信息资讯、宣传教育、大数据平台	通过信息传递，对目前群体进行宣介、教育与信息整合	弱
自愿类	志愿组织、家庭、社区、个体	志愿服务、家庭扶持、社区服务	自发性、非强制性与主动参与	中
激励类	政府、企业或社会组织、个人	资金、补贴、救助、政策支持或赋予荣誉等	通过积极或消极的激励手段影响目标对象行为	较强
规制类	政府	规则、标准或直接供应等	以威权为后盾，进行严格的实施与监督，保证结果与目标的一致性	强
组织类	政府/社会组织	组织机构、管理流程与人员队伍	以威权为后盾，建立严格组织人才与机构网络，推动目标顺利实施	强

（1）治理工具总量分布：以规制型治理工具为主，而自愿型和组织型治理工具总量偏低。根据实地调查与年度工作报告显示情况，按照信息型、自愿型、激励型、规制型以及组织型治理工具划分，分析结果表明，在 71 项我国残疾人事业治理的方式中，规制型治理工具比重最大，所占百分比为 76.1%，其次为激励型治理工具，所占比重为 26.8%，信息型治理工具所占比重为 22.5%，而自愿型治理工具和组织性治理工具所占比重均不到 10%，如表 3-44 所示，表明我国残疾人事业治理工具总体以规制型治理工具为主，而自愿型和组织型治理工具总量偏低。从调查实践来看，我国残疾人事业发展在政策话语上非常强调党委政府领导与政策支持，但是对于激励型治理工具特别是引导企业参与残疾人事业政策缺乏系统化支持，特别是自愿型治理工具在实践过程中更多表现为发展残疾人助残组织，但是从各地调研情况看，总体发展不够，呈体系化与机制化，更多为在重大节日如"助残日""国际残疾人日"等的"点缀"。

表3-44　　　　　　　我国残疾人事业治理工具总量分布　　　　　　单位:%

	频次（项）	百分比
信息型治理工具	16	22.5
自愿型治理工具	6	8.5
激励型治理工具	19	26.8
规制型治理工具	54	76.1
组织型治理工具	7	9.9

（2）治理工具领域分布：残疾人生存保障主要是运用政府规制型治理，赋能增权主要采用激励型治理，残健融合和残疾人事业顶层设计领域以政府规制型治理，残疾预防领域的信息型和规制型治理为主。从调查情况看，我国残疾人事业不同治理领域的治理工具有较大差别，从残疾预防治理领域看，主要是信息型治理工具和规制型治理工具，在实践当中主要是通过宣传倡导与政府相关部门来推行的，残疾人筛查的治理工具种类较为多样，除政府规制性治理工具外，信息型和激励型治理工具较多，而在残疾认定领域除政府规制型治理工具外，自愿型治理工具和激励型治理工具基本很少，在残疾人身体康复治理领域，激励型治理工具和规制型治理工具运用较为普遍，而残疾人生存保障领域主要是运用政府规制型治理工具，对比发现，残疾人赋能增权所采用的激励型治理工具所占比重在所有治理领域中为最大，在残健融合和残疾人事业顶层设计领域，仍主要是以政府规制型工具为主。纵向来看，信息性治理工具主要用于残疾预防领域，自愿型和组织性治理工具在大多数领域的表现不够充分，激励型治理工具主要在残疾人赋能增权和身体康复领域，规制性治理工具在所有残疾人事业治理领域都占较大比重。从分析情况来看，我国残疾人事业治理工具主要以政府规制性治理工具为主，以激励型治理工具为辅，而自愿型治理工具和组织性治理工具的发育都不够充分。见表3-45。

表 3-45　　　　　　　　我国残疾人事业治理工具领域分布

	信息型	自愿型	激励型	规制型	组织型
残疾预防治理	81.8	-	9.1	81.8	9.1
残疾筛查	42.9	14.3	42.9	57.1	14.3
残疾认定	16.7	-	-	66.7	16.7
残疾人身体康复	-	20.0	40.0	40.0	20.0
残疾人生存保障	8.3	8.3	25.0	100.0	-
残疾人赋能增权	-	8.3	50.0	91.7	8.3
残健融合共享治理	-	16.7	33.3	100.0	-
治理的顶层设计	28.6	-	-	57.1	14.3

（3）市场化治理工具：主要包括民营化、公助民营、用者付费、政府购买和补贴。在我国残疾人事业激励型治理工具中，市场化治理工具的运用较为普遍。梳理我国残疾人事业的市场化治理工具，主要表现为以下五种类型。

其一，民营化。民营化与私有化不同之处在于，产权不变但经营权交由私人部门，将政府的职能交由私人企业承包或出售给私人部门，以通过市场化的力量激发生产率提升。在陕西商洛慧聪听障机构调研发现，以前这里是商州区聋儿语训学校，属于公办性质的全额事业单位管理机制，随着当地聋儿数量越来越少，学校招生数量规模不断减小，为减轻财政负担和资源有效利用，在残联的领导下引进了陕西咸阳市的启聪特殊教育机构，这个机构在陕西有 4 家分支机构，办学质量与规模在当地都属于高质量水平。商洛市残联提供教学场地，咸阳启聪特殊教育机构提供资金和教学设备，以及培训特殊教育老师，日常管理由机构自行管理经营。机构每年还要完成如七彩梦、让爱永生、T 台梦等国家和省市项目，商洛市残联按照符合项目标准的经费下拨给机构，既解决了学校办学困难问题，还引进了先进的办学理念和经验，对促进当地残疾人事业特别是儿童康复工作有积极效果。

其二，公助民营。在商洛市山阳县圣泉康复医院调研了解到，圣泉康复医院本身属于私人投资开办的康复机构，主营业务是康复服务，也包括残疾人康复服务，大部分住院病人都是由于脑溢血、脑梗、高血压、冠心病等引发的，当地人民医院普遍缺乏康复条件和设备，目前共有70个床位48个员工30多个医护人员，基本上住了近80个病人，市场经济效益比较明显。为了更好地推动残疾人康复工作，山阳县与圣泉康复医院联系合作，每年残联为医院增添一些康复设备，同时也为残联提供的特定残疾人群体进行康复，这样医院不仅增加了需要康复的病源，同时还能获得医疗资源的供给，同时当地还能解决一些需要康复的残疾人无处康复的难题，使市场资源与政府资源形成了有效对接。

其三，用者付费。采用谁消费谁付费的公共服务模式，把价格机制引入到公共服务中来，不仅可以克服由于免费提供公共服务所导致的对资源不合理配置和浪费，也能避免由于无偿提供公共服务将导致补贴资助的不公平性，能够明显缓解政府的财政压力和负担。在残疾人公共服务领域特别是康复服务领域，对于很多的康复项目基本采取用户付费发展模式，对于一些地方已经改变了原有免费发放康复辅具办法，符合条件的残疾人群体也要缴纳一定费用，在一些高质量残疾人公共服务领域，如心理咨询、特殊儿童康复、文化体育、无障碍改造等都一般采用用户付费的模式，但是这与当地经济发展水平有直接联系。

其四，政府购买。当前我国残疾人事业发展过程中，政府购买的市场化方式已经越来越被采用，通过政府购买服务的方式，解决了政府既是裁判员又是运动员的角色。实地调查走访了解到，"十二五"期间江苏省累计安排省级财政资金27亿元，专项用于支持残疾人事业发展，预算年均增幅达15%，远高于8%的全国平均水平。[①] 从苏州残联座谈会了解到，苏州市持证残疾人总量为13.17万人，占总人口比例的1.94%，每年征收的残疾人保障金大约有七八千万元，这给残疾人事业发展提供了强有力的经济支撑，并结合残疾人事业实践有自己的发展思路，提出了"专业化、社区化、社会化、法治化"发展道路，通过专业化机构从事残疾人服务，把残疾人服务落实到具体社区，社会上能做的优先让给社会来做，落实法治理念推动残联事业发展，尤其是通过政府购买服务大大推进了残疾人事业发展，据统计，2016年市残联政府购买工作小组组织

[①] 关于检查《中华人民共和国残疾人保障法》和《江苏省残疾人保障条例》贯彻实施情况的报告。

评标会34次，市级残联完成38个项目的政府购买，预算共计为1361万元，各市区残联完成36个项目的政府购买服务，预算达2376.56万元，促进了助残服务的社会化和专业化。而从甘肃残联座谈会了解到，残疾人事业发展的政府投入还有非常大的缺口，尤其是一些经济落后市县残疾人事业的财政支持较弱，比如康复机构的建设问题，很多情况是上面文件政策下来了，下面基层落实不了，全省康复机构40多家，有一半的市县还未设立康复机构，残疾人就业同康复问题也比较相似，国家和省级层面关于残疾人就业政策是最多的，但政策落实难、难落实，残疾人就业难、就业率低。

其五，政府补贴。为解决残疾人公共服务不足问题，政府对特定公共服务内容进行财政补贴较为常见。如2017年北京市正式发布《北京市养老机构运营补贴管理办法》，将根据托养机构收住服务对象身体状况、服务质量星级评定、信用状况、医疗服务能力4个维度对养老机构实行差异化补贴，而且各类政府补贴可以叠加申请，不仅可以享受托养对象公共服务补贴，而且也可以享受一定数额的机构建设费用补贴，大大促进了社会力量参与残疾人事业的活力。在很多地方，残疾人购买康复辅具用品也能够获得一定程度的费用补贴，而且根据购买物品的等级享受的补贴标准也有不同。尤其是在残疾儿童康复领域，不同省份都对残疾儿童康复进行财政补贴，如陕西省对每位自闭症残疾儿童每年补贴1.2万元，但是对于江苏省经济比较发达的地方，补贴的费用要高一些。

3. 治理工具配置

治理目标、工具环境、治理主体、信息传播媒介、社会环境舆论等方面，都是影响治理工具选择的诸多因素，比较发现，规制类治理工具满意度评价相对较高，其次是组织类治理工具，激励类治理工具和自愿类治理工具依次排列，而信息类治理工具评价相对较差，省份比较发现，信息类治理工具满意度评价都较低。

（1）治理工具的选择。治理工具的创新与选择，对促进我国残疾人事业治理体系和能力现代化有着非常关键的作用。英国学者胡德提出治理工具选择的理性选择、分类选择、伦理道德、最少资源四项标准，美国学者萨拉蒙提出政府治理工具选择的效能、效率、公平、可行性、合法性五项标准。在"残健融合"大目标下受工具理性与价值理性的意识形态影响,制约着治理工具选择的因素较多,包括治理目标、工具环境、治理主体、信息传播媒介、社会环境舆论等方面。

其一,治理目标。治理目标是治理工具选择的出发点与归宿,通过提供公共产品与公共服务实现"善治",但是在大的治理目标下具体治理目标的选择具有选择性,从调查情况看,在发展残疾人事业大的治理目标背景下,江苏省、陕西省与甘肃省等发展残疾人事业,选择的具体治理目标就存在较大差异,直接体现在每年的残联部门工作重点上。比如在苏州调研了解到,残疾人扶贫并不是残疾人事业工作的重点任务,但是在陕西和甘肃地区残疾人扶贫工作任务艰巨。

其二,治理主体。治理工具的选择与治理主体的多样性有关,除了政府、残联、残疾人群体等治理主体外,市场企业与社会组织的多样性与规模,直接影响着治理工具的选择。在江苏调研了解到,仅仅征市就有非公企业近4000多家,征收残疾人就业保障金和安排残疾人就业能力非常宽裕,但是对于陕西省和甘肃省等西部地区,市场主体发育不足以及助残社会组织发育不足,极大影响了治理工具选择的范围与可行性。

其三,制度环境。制度是制约治理工具选择的核心因素,包括正式制度和非正式制度,从新制度主义来看,治理实质是提供物品和服务的制度安排,而治理工具的选择是对物品和服务的提供和生产的制度选择,不仅选择治理工具要受到制度的约束,同时治理工具选择后也要设置制度约束。如调查发现,政府购买工具在残疾人事业发展中的推行应用,使得政府购买制度也不断建立与成熟起来。

为适应新时代残疾人事业发展,需要引入协同治理理念和绩效管理观念,现在残疾人事业发展的绩效管理,都是对单个组织、个人进行绩效考核,但是普遍对治理的协同性以及治理工具组合有效性缺乏考核。

(2) 残疾治理工具满意度比较:规制类治理满意度评价相对较高,其次为组织类治理、激励类治理、自愿类治理、信息类治理。残疾治理工具比较发现,规制类治理工具满意度评价相对较高,其次是组织类治理工具,激励类治理工具和自愿类治理工具依次排列,而信息类治理工具评价相对较差。三个省份比较发现,除信息类治理工具满意度评价都比较低外，其他治理工具的满意度评价效果，江苏省总体好于甘肃省、陕西省，而陕西省和甘肃省治理水平总体差异不大。

其一，信息类治理工具。信息类治理工具是通过知识、数据使治理主体之间有机链接起来，调查比较发现，在对建设公共图书馆或网上数字图书馆、文化体育媒体宣传报道、残疾预防宣传倡导、建立残疾预防数据网络平台等工作评价上，三个省份受访者的满意度评价都较低，表明我国残疾人事业信息类治理工具效果总体较差，也是我国治理体系中存在的不足与盲点。见表3-46。

表3-46　　　　　不同省份信息类治理工具的比较　　　　　单位:%

	江苏省	陕西省	甘肃省
建设公共图书馆或网上数字图书馆	15.9	27.1	20.0
文化体育媒体宣传报道	15.0	10.4	22.3
残疾预防宣传倡导	28.6	25.6	14.9
建立残疾预防数据网络平台	20.6	19.1	14.3

其二，自愿类治理工具。比较发现，三个省份在引导社区参与和家庭支持方面，除了建设社区康复站（咨询服务中心）、送法进乡村是国家政策制度安排，其他如开展残疾人社区教育、为残疾人家庭提供护理培训、推进残疾人家庭自主教育等方面，三个省份受访者对治理工具效果总体评价不高。在残疾人自愿服务工具方面，虽然现在各地已经建立了一些相关组织机构，但是实际调研中发挥作用也不太明显，组织松散程度较高，临时性开展活动的工作方式较为明显。见表3-47。

表3-47　　　　　不同省份自愿类治理工具的比较　　　　　单位:%

	江苏省	陕西省	甘肃省
建设社区康复站和咨询服务中心	57.5	24.1	28.4
引导残疾人家庭自主教育	8.6	13.4	16.0
开展残疾人社区教育	8.6	8.4	1.1
社区建设项目优先考虑贫困残疾人	15.5	26.3	10.1

续表

	江苏省	陕西省	甘肃省
为残疾家庭提供护理培训	13.5	19.4	8.2
送法进社区/乡村	36.2	33.0	36.2

其三，激励类治理工具。激励类治理工具强调通过资金、补贴、救助、政策支持以及赋予荣誉等方式，从而影响目标对象相关行为以符合政策导向。现实中较多以政策激励社会参与的形式出现，从而激发企业或社会组织发展活力。比较发现，三个省份除了建立扶持残疾人就业扶贫基地、严格依法征缴残疾人就业保障金、扶持集中就业机构（基地）和福利企业外，其他如激发企业参加残疾人教育、康复、托养等工作总体效果都普遍较差，激发动员企业积极参与残疾人政策还面临较多难题。见表3-48。

表3-48 不同省份激励类治理工具的比较 单位:%

	江苏省	陕西省	甘肃省
建立扶持残疾人就业扶贫基地	72.8	47.4	43.6
严格依法征缴残疾人就业保障金	58.5	43.5	39.8
扶持集中就业机构（基地）和福利企业	49.1	37.2	38.7
低收入家庭生活费用优惠或补贴	28.6	30.2	23.5
链接社会力量资助残疾儿童上学	21.0	23.5	22.2
贫困/重度残疾人免缴养老医疗保险费	14.3	27.1	27.8
促进贫困残疾人参与产业化经营	13.6	3.2	13.4
培育民办残疾人托养机构	13.5	8.6	15.9
建设民间残疾人文化艺术培养机构	13.1	7.3	11.8
发展民办残疾人教育机构	10.5	19.1	11.7
引导企业设立助残项目	8.5	15.1	8.6
培育民办康复服务机构	6.6	9.5	5.3

其四，组织类治理工具。组织类治理工具涉及组织机构、管理流程与人员队伍等方面建设。比较发现，三个省份对残疾人组织机构与人员队伍建设工作评价，如建立康复机构、托养机构、特殊教育资源中心等，

其满意度评价相对比较高,而对于建立相对较为完善的管理流程与运行体系,如建立康复专业和职业发展体系、建立残疾预防的实施方案体系、就业政策和其他政策配套衔接、纳入基层医疗考核体系等,三个省份受访者的满意度评价都比较低,如表3-49所示。

表3-49　　　　　不同省份组织类治理工具的比较　　　　单位:%

	江苏省	陕西省	甘肃省
建设专业康复机构/设置康复科	78.3	51.9	54.7
加强残疾人无障碍标准体系建设	78.3	44.7	41.7
建设公办残疾人托养机构	76.9	48.4	35.2
建设特殊教育学校和师资队伍	66.7	37.4	27.7
设置残疾人文艺、体育人才培养基地	44.9	46.9	19.2
建立残疾人特殊教育资源中心	42.9	19.5	20.2
纳入医疗诊断体系和医保报销体系	29.2	31.3	30.5
建立残疾人就业服务机构和平台	28.3	17.2	14.0
建立康复专业和职业发展体系	16.0	14.8	14.7
建立残疾预防的实施方案体系	13.7	12.1	6.6
就业政策和其他政策配套衔接	6.6	8.2	9.7
纳入基层医疗考核体系	3.8	6.8	14.7

其五,规制类治理工具。规制类治理工具更强调政府制度与规则供给,以残疾人政策和残疾人工作来体现。比较发现,有明确工作统计指标的强制性工作满意度评价较高,而没有明确工作统计指标的倡导性工作总体较差,例如公共交通、场所和配套设施无障碍改造满意度评价较高,因为无障碍工程验收是需要遵循国家相关标准,而公共文化体育场所向残疾人开放满意度评价较高,因为是倡导性且难以指标衡量。另外,规制类治理工具效果一方面与当地经济实力有关,例如贫困/重度残疾人享受特殊社会救助政策,江苏省受访者的满意度评价,明显高于陕西省和甘肃省受访者,而陕西省受访者的满意度评价基本与甘肃省相同,这与当地经济条件情况基本吻合;另一方面与当地政府治理能力相关,如在落实用人单位按比例安排就业上,江苏省受访者满意度为75.5%,而

甘肃省和陕西省受访者满意度分别为43.0%和40.5%,这与政府大力推行政策落实力度有直接联系,如表3-50所示。

表3-50　　　　　　不同省份规制类治理工具的比较　　　　　　单位:%

	江苏省	陕西省	甘肃省
贫困/重度残疾人享受特殊社会救助政策	82.9	51.0	51.9
普及适龄残疾儿童义务教育	80.0	59.5	21.3
落实用人单位按比例安排就业	75.5	40.5	43.0
举办残疾人文化展演、体育健身活动	72.0	51.0	43.9
公共交通、场所和配套设施无障碍改造	70.8	29.8	48.7
符合条件的残疾人全部纳入城乡低保	65.7	60.4	50.0
法律救助援助残疾人权益保护	62.9	40.7	37.2
实施阳光家园计划	49.0	40.9	47.2
排查化解残疾人信访和矛盾纠纷	44.8	36.6	18.1
建立疑似残疾报告制度	42.2	22.0	27.5
延伸完善残疾儿童非义务教育	39.0	24.4	34.0
发放残疾人辅助器具	34.0	46.5	35.8
残疾人免费公共交通和进入公共场所	33.3	8.3	27.0
残疾人参加职业培训	29.2	30.0	38.7
公共文化体育场所向残疾人开放	29.0	31.3	40.3
开发公益岗位和就业创业优惠政策	25.5	32.4	22.6
督查无障碍设施工程建设和监管	24.5	7.4	15.4
对农村贫困残疾人进行危房改造	23.3	23.2	23.5
实施重点人群抢救性康复或专项康复	22.6	18.3	10.5

(3)治理工具的绩效。问卷调查显示,问及"促进本地残疾人事业发展最主要的动力",回应百分比最高的是"政府重视残疾人事业发展",排在第二位的是"残联执行国家政策有力"。从治理工具的角度看,我国残疾人事业发展使用规制型治理工具较为突出,从自愿型治理工具看,社会力量助残扶残所占比例仅为32.7%,排序仅为第7,完善家庭和社区支持所占比例仅为28.1%,排序仅为第8;从激励型治理工具看,市场力

量扶残助残所占比例仅为16.2%，排序仅为第10位；从组织型治理工具看，纳入监督考核范围所占比例仅为10.0%，排序仅为第11位，如表3-51所示。从治理工具使用效果可以看出，我国残疾人事业规制型治理工具效果作用最为明显，自愿型治理工具相对次之，激励型治理工具和组织型治理工具效果较差。从治理场域来看，调查显示，在推动残疾人事业发展的动力中，平等共享的社会氛围所占比例为50.0%，社会改变对残疾的观念所占比例为42.7%，表明我国残疾人事业发展治理场域环境得到较大改善，社会对残疾认知更加客观与理性，形成平等共享的社会氛围，残疾人共奔小康的意识，以及政府更加重视残疾人事业发展。此外，还来自于残疾人群体的自觉能动性，残疾人自我意识与能动性提升，这些都是促进我国残疾人事业发展的积极因素。但是从数据上看，"推动国际残疾人事业发展"的回应百分比仅为6.0%，表明我国残疾人事业发展还缺乏高度自觉性，对为全世界残疾人事业提出中国的解决方案还缺乏高度文化自信。

表3-51　　　　促进我国残疾人事业发展的主要动力　　　　单位:%

	回应百分比
政府重视残疾人事业发展	73.8
残联执行国家政策有力	52.6
平等共享的社会氛围	50.0
社会改变对残疾的观念	42.7
残疾人共同奔小康意识	41.0
残疾人意识与能力提高	36.7
社会力量助残扶残	32.7
完善家庭和社区支持	28.1
经济实力增长推动发展	23.4
市场力量的积极作用	16.2
纳入监督考核范围	10.0
推动国际残疾人事业发展	6.0
其他	1.5

（三）中国残疾人事业的治理经验

根据我国残疾人事业发展整体状况，以及对残疾治理结构与工具的分析，结合国际残疾人事业发展的经验与启示，我国残疾人事业治理的经验主要表现为"七个结合"，这也是下一步推进我国残疾人事业治理创新的基础根基。

1. 坚持国际经验与中国特色社会主义道路相结合

我国残疾人事业积极借鉴国际残疾人发展经验，在国际上积极推动签署《残疾人权利公约》，在国家法律上确立残疾人的人权观，在全社会倡导"平等、发展、共享"理念。同时，我国残疾人事业作为中国特色社会主义事业的重要组成部分，植根于中国特色社会主义的发展，汲取了中国特色社会主义理论、道路、制度和文化提供的发展养分，首先是坚持党的领导，这也是我国残疾人事业能够持续发展的根本保证，是做好我国残疾人工作最大的政治优势。西方发达国家政府普遍设立专门为残疾人事务设立的机构，导致具体残疾人工作机制有很大不同，我国坚持党委领导、政府负责的残疾人工作领导体制，还专门建立了代表残疾人利益的残疾人联合会群团组织，能够充分调动协调整合政府、市场、社会和残疾人家庭等方面的力量。此外，坚持用中国特色社会主义理论指导我国残疾人事业发展，宣传社会主义核心价值观，弘扬人道主义精神，树立现代文明社会残疾人观。实践证明，中华人民共和国成立以来，残疾人事业从初创到蓬勃发展，发生了巨大的变化，残疾人权利和尊严不断得到保护，残疾人能够平等参与经济、政治、社会和文化生活的环境氛围不断得到改善。

2. 坚持融入国家发展大局与残联主动作为相结合

我国残疾人事业发展积极融入国家发展大局当中，为促进残疾人事业与国民经济社会协调发展，国家连续制定了7个五年残疾人事业发展规划，而且在国民经济和社会发展总体规划、政府年度工作计划中，都把发展残疾人事业纳入内容之一，有关部门制定的专项规划和工作计划也充分考虑了残疾人群体，通过有计划、有落实、有监督，保障残疾人事业始终沿着目标持续前进。同时，残联作为代表残疾人的群团组织积极主动作为，推动国家层面对残疾人权益保障立法，推动"小儿麻痹后遗症矫正手术""聋儿语训"和"白内障复明手术"三项康复逐步拓宽残疾人服务领域,推动筹建国家康复大学提升残疾人精准康复专业技术力量,推动"两项补贴"完善残疾人社会保障体系,等等,都是残联主动作为积极推动国家和相关党政部门发展残疾人事业的结果,既体现了国家对残疾人事业的关怀重视,更体现了残疾人工作者筚路蓝缕、开拓创新的进取精神。

3. 坚持残疾人特惠政策与国家普惠政策相结合

我国残疾人政策制定从残疾人实际需求出发,通过残疾人基本需求与服务状况专项调查,以及工作过程中残疾人的诉求反映等多种方式,对残疾人的多样化需求进行政策分析,对比其他部门是否出台了相关政策,在此基础上主要采取三种政策干预方式。一是政策督促,督促协调相关部门落实政策文件,充分满足残疾人的合法权益。二是政策捆绑,协调相关部门出台政策文件把残疾人群体纳入政策视野范围,充分考虑残疾人群体的特殊性与差异性,比如残疾人低保政策,按照规定低保政策是以家庭为单位,根据贫困重度残疾人的实际生活状况,协调民政部门对贫困重度肢体残疾人出台分类施保政策。三是直接介入,这在残联组织早期工作中较多,比如"三项康复"、残疾人精准康复、家庭无障碍改造等,针对相关部门没有出台相关残疾人政策,残联依靠自身力量出台执行相关政策,比如"两项补贴"制度,残联在民政部门还没有出台残疾人福利补贴政策之时,依赖政策创新与制度创新,从陕西商南试点后逐步成为国家一项福利制度,政策成熟后转交给民政部门,残联在此承担着领域拓荒者、政策创新者的角色,体现了残疾人特惠政策与普惠政策相互融合、相互促进的政策创新模式。

4. 坚持残疾人基本保障与赋权增能相结合

一方面,我国残疾人事业发展将贫困残疾人作为重点保障群体,大力实施贫困残疾人家庭最低生活保障,将贫困残疾人家庭危房改造纳入扶贫开发、保障性安居工程、抗震安居、游牧民定居、扶贫易地搬迁、自然灾害倒损农房恢复重建、小城镇建设等危房改造,同时在国家脱贫攻坚总体框架下,通过残疾人"两项补贴"制度实施,开展贫困重度残疾人集中托养或社会化照料护理,推进贫困残疾人辅助器具适配和家庭无障碍改造等，保障了残疾人基本生存生活需求。另一方面，借助市场和社会力量增权赋能残疾人，开展农村基层党组织助残扶贫工程，落实用人单位按比例安排就业、严格依法征缴残疾人就业保障金，实施残疾人康复扶贫贷款贴息，帮扶处于就业年龄阶段并有劳动意愿的农村贫困残疾人接受实用技术培训和实用技能，实施《特殊教育提升计划》，形成以普通学校随班就读为主体、以特殊教育学校为骨干、以送教上门和远程教育为补充，统筹推进普通教育和特殊教育结合、不断融合的残疾人教育体系，为残疾人提供更多的教育机会。通过残疾人基本保障与赋权增能相结合，使残疾人获得了可持续发展能力，为残疾人融入社会提供了前提基础。

5. 坚持残疾人主体作用发挥与社会力量参与相结合

我国残疾人事业治理坚持残疾人主体性作用发挥，从1991年起，我国每年度由国务院残工委、中宣部和中国残联等对全国自强模范与助残先进集体和个人进行的表彰大会，截至2018年度共表彰全国残疾人自强模范919名[1]，不仅彰显残疾人的社会价值，也鼓励残疾人群体能够实现自我价值。同时，大力提倡全社会扶残助残的志愿精神，开展"红领巾助残""志愿助残阳光行动"等一系列公益助残活动，培育了"集善扶贫健康行""启明行动""助听行动""阳光伴我行""集善嘉年华"等有社会影响力的助残公益项目，形成了全社会公益助残的良好社会氛围和"平等、参与、共享"文明理念，而且为增进社会力量为残疾人提供服务、增进残疾人福利、促进残疾人参与社会生活，2012年以来，中央财政每年划拨专项资金支持社会组织参与社会服务，截至2017年，各地民政部门共登记助残社会组织6200余个，包括1500余个社会团体、4600余个民办非企业单位和约100个基金会，为促进我国残疾人事业专业化发展提供了巨大力量。[2]

6. 坚持残疾预防与残疾后保障服务相结合

我国残疾人事业坚持主动预防的发展思路，制定专门残疾预防法律法规，针对传染性疾病、营养不良和药物中毒等传统致残因素，国家相

---

[1] 杨乐：《从70个关键词看残疾人事业的发展》，《中国残疾人》2019年第9期。
[2] 杨乐：《从70个关键词看残疾人事业的发展》，《中国残疾人》2019年第9期。

继出台《国家残疾预防行动计划》和《残疾预防和残疾人康复条例》，设立全国残疾预防日，开展残疾预防综合实验区建设等，采取医学控制和社会环境改善等措施预防残疾发生。残疾发生后，从 1995 年起我国以残疾人证为残疾人管理服务入手，依法保障残疾人享有国家和地方政府优惠政策，同时从 2014 年开始，中国残联等 12 个部门组织开展残疾人基本服务状况和需求专项调查与信息数据动态更新工作，为有效保障服务残疾人提供政策制定依据，也为各级党委政府和残联组织为残疾人提供个性化服务提供科学支撑，从国家层面我国开展了两次残疾人抽样调查工作，基本掌握了我国残疾人事业发展状况以及残疾人整体实际情况，为党委政府制定残疾人政策法规提供重要参考。从残疾预防到残疾人证管理、残疾人保障服务，形成了残疾人事业有序治理格局。

7. 坚持依法治理与主动维护残疾人权益相结合

为了充分维护残疾人合法权益，从残联诞生起秉承依法治理的法治精神。1990 年 12 月 28 日，审议通过了《中华人民共和国残疾人保障法》（2008 年 4 月 24 日第 2 次修订），从法律上保障残疾人平等充分地参与社会生活，共享物质文化成果的权利，目前我国已形成以《中华人民共和国残疾人保障法》为核心，以《残疾预防和残疾人康复条例》《残疾人教育条例》《残疾人就业条例》《无障碍环境建设条例》等一系列保障残疾人权益的法律法规体系，使我国残疾人事业治理有章可循、有法可依。残疾人工作实践过程中，全国县级以上人大开展《中华人民共和国残疾人保障法》执法检查和专题调研，使《中华人民共和国残疾人保障法》得到进一步贯彻落地，借助"助残日""法制宣传日"等时机进行法律法规宣传，同时残联组织不仅专门设立了维护残疾人权益的部门，也借助"助残日""法制宣传日"等进行法律法规宣传，不断增强残疾人维权意识，对侵犯残疾人群益的行为主动提供法律援助，帮助残疾人运用法律武器保障自己的合法权益。人权保障与社会发展相结合、权益维护与福利促进相结合，成为中国残疾人事业法治建设的重要特征。[①]

[①]《中国残疾人事业发展道路》，https://baijiahao.baidu.com/s?id=1640501447101906238。

第四章　中国残疾人事业发展治理困境与挑战

中国残疾人事业发展治理的目标，是在承认残疾人生理性残疾的同时，尽量消除因残疾导致的社会性差异，从而实现残疾人与健全人的"残健共融"。本书从制度供给层面，围绕着高质量充分满足残疾人需求的工作目标，当前我国残疾人事业问题主要表现为供给严重不足，远远无法满足残疾人需求，主要原因是残疾人事业发展的制度供给存在缺位、错位与严重不匹配，需要从扩大供给总量和优化供给质量出发，不断完善残疾人事业发展治理体系和治理能力现代化。

一　残疾治理困境的主要表现

残疾治理困境是多方面的，从风险、治理与融合的理论视角，在残疾风险干预领域、残疾人身体康复、残疾人增权赋能、残疾人社会融入等重要领域，呈现我国残疾人事业治理体现面临的诸多需要解决的难题。

（一）残疾风险干预领域

预防残疾风险是残疾人事业发展首先面临的问题，也是残疾人事业治理关口前移的必然。随着社会结构复杂性、社会环境多元性以及健康因素的多样性，导致残疾风险发生时代性的变迁，同时更由于风险预防意识、专业技术力量缺乏、社会资源投入等原因，导致残疾风险管控和身体康复服务面临较多难题。

1. 残疾预防社会意识薄弱、专业支持不足、机制系统有待完善

(1) 残疾风险预防的社会意识薄弱。据第二次全国残疾人抽样调查显示,大多数残疾都是后天获得性因素致残的,其中人口老龄化、慢性疾病、精神疾病、意外伤害、环境污染、出生缺陷等是后天致残的主要因素,特别是随着"全面两孩"政策实施,导致高龄孕产妇数量显著增多,新生儿出生缺陷发生风险成倍增加,加上一些职业疾病、交通事故等也没有有效控制,后天致残风险不断累积。而多数残疾人家庭特别是农村残疾人家庭对残疾可防可控的认识不够,社会大众对残疾现象的认知还有较多偏见,导致残疾预防社会氛围与预防工作推进迟缓。

(2) 残疾预防的专业化支持力量不足。近年来,我国精神障碍患者呈不断增加趋势,但精神科医生匮乏,每十万人口仅有精神科医生 1.49 名,许多精神障碍患者得不到及时、规范的治疗。[①] 专业服务能力、科技创新能力不强等问题,导致残疾预防缺乏有效干预手段。

(3) 残疾预防机制缺乏系统化支持。当前,虽然国家颁布了残疾预防与康复条例,但是系统化、立体化残疾预防机制还没有完全建立起来,特别是建立医疗与康复双向转诊制度还需要创新,调查显示,三个省份对建立医疗和康复双向转诊制度需要最为迫切,如表4-1所示。

表4-1 不同省份受访者对残疾预防工作需要创新的比较 单位:%

	江苏省	陕西省	甘肃省
建立医疗和康复双向转诊制度	42.7	39.2	43.8
建立残疾预防数据网络平台	37.1	23.9	28.1
建立残疾预防的实施方案体系	28.1	32.5	24.7
明确残疾预防的管理制度和实施主体	24.7	28.5	31.5
加强残疾预防宣传	20.2	26.8	24.7
建立健全残疾发生随报制度	14.6	20.4	15.7
建立疑似残疾报告制度	6.7	17.5	14.6
其他	5.6	3.8	4.5

---

① 《我国每16人中就有1名残疾人 这么多人因何致残?》,http://gongyi.cnr.cn/list/20170826/t20170826_ 523919580.shtml。

2. 残疾人社区康复进展缓慢、专业化不足

（1）残疾人社区康复服务推进进展缓慢。虽然我国残疾人社区康复站建设和管理政策不断完善，但是实际调研发现，多数残疾人社区康复站运行不够到位，大部分社区康复服务站没有残疾人康复指导人员，即使设有康复指导员也没有发挥实际作用，多数社区康复服务站无人组织、无人管理问题突出。绝大多数残疾人社区康复员由社区残疾人专干兼任，虽然全国各地每年都会组织康复培训，但是残疾康复基于医学专业知识背景，即使进行康复培训但实际效果也不理想。社区康复指导员在指导残疾人康复训练、做好训练记录、提供转介服务、入户指导康复、维持康复站运营等工作时，需要投入大量的工作时间与精力，但是基层普遍缺乏对社区康复进行工作性补贴，无法建立激励社区康复员积极工作机制。社区残疾人普遍缺乏残疾康复意识，很多残疾人出门行动不便，从社区康复服务需求到需求实现面临很多障碍。社区残疾人康复服务与社区医康融合是推进残疾人社区康复有效途径，但是大多数基层社区医疗服务站缺乏场地、缺医护人员，"医康结合"存在很多现实难题。

（2）残疾人以及家庭康复意识普遍不高。部分残疾人与家庭对残疾康复缺乏知识了解，缺乏正确认知，而且残疾人康复普遍周期长、花费大，多数家庭不仅面临沉重的经济负担，而且在一段时间后没有看到明显效果非常容易放弃。全社会对残疾康复的意识与认知也存在较多盲点。通过陕西省礼泉县残疾人精准康复座谈会了解到，多数残疾人家庭对"康复价值"缺乏正确认知，"人都已经残疾了，也没有痊愈的可能性，康复还有多大价值？"很多从事公共卫生的基层家庭医生表示，绝大多数残疾人家庭照护者主要关注"是否身体不舒服，要不要看医生"，而对身体康复的知识与意识还很不足，加之现有基层家庭医生主要关注临床诊疗，身体康复的知识与专业手段不够，也难以传递给残疾人家庭照护者。

（3）康复服务体系与专业化水平较低。残疾儿童筛查、诊断、康复有效衔接的工作机制还没有完全建立，残疾人康复与医疗诊断报销还有许多的体制障碍，多数康复项目不在现有社会保障制度范围内，个别已纳入医保的项目由于报销比例等限制，补偿水平较低。残疾儿童康复机构、康复专业人员数量普遍不足，康复服务的规范性、专业性不强的问题仍较突出,许多民办机构留不住或者是吸引不了康复专业人员。同时,针对残疾儿童康复机构、康复从业人员、康复服务质量的评价、监管等工作也有待加强,由于技术人员短缺,加之没有康复项目支撑等,陕西省现有2/3康复机构服务能力不足,不能有效发挥作用。

(4)残疾人康复服务的需求反馈。对三个省份受访者调查发现,对残疾人康复服务需求主要是希望把康复纳入医疗诊断体系和医保报销体系中,以及建立康复专业和职业发展体系,而甘肃和陕西希望建设社区康复站和咨询服务中心,以推进残疾人社区康复工作,如表4-2所示。

表4-2 不同省份受访者对残疾人康复工作需要创新的比较 单位:%

	江苏省	陕西省	甘肃省
纳入医疗诊断体系和医保报销体系	43.3	30.2	31.8
建立康复专业和职业发展体系	36.7	26.4	29.5
实施重点人群抢救性康复或专项康复	24.4	22.4	36.4
培育民办康复服务机构	23.3	21.3	18.2
推行为残疾人家庭送康复服务	21.1	26.4	31.8
纳入基层医疗考核体系	20.0	15.6	17.0
建设社区康复站和咨询服务中心	14.4	32.9	33.0
建设专业康复机构/设置康复科	10.0	20.9	11.4
发放残疾人辅助器具	6.7	10.7	8.0
其他	3.3	1.6	6.8

(二)残疾人工作实务领域

在残疾人社会保障、扶贫与托养等领域当中,主要面临着区域之间、城乡之间、经济发达程度之间的不平衡,表现出各地政策标准不高、工作精细化程度较低、政策针对性不强以及难以落实等问题,需要强化残疾人事业财政投入,以及残疾人政策有效性和针对性。

1. 残疾人社会保障总体水平差距明显、兜底保障不够充分

(1)残健总体保障水平差距明显。从2013年我国残疾人状况及小康进程监测数据看,在家庭收入方面,全国残疾人家庭人均可支配收入为

10541.1元，仅为全国居民家庭人均可支配收入的56.7%。其中，城镇残疾人家庭人均可支配收入为全国城镇居民家庭人均可支配收入的58.8%，农村残疾人家庭人均纯收入为全国农村居民家庭人均纯收入的88.0%，残疾人家庭收入与社会平均水平差距明显。在家庭支出方面，城镇残疾人家庭人均医疗保健支出是全国平均支出的1.6倍，农村残疾人家庭人均医疗保健支出是平均支出的1.7倍，残疾人家庭恩格尔系数为48.5%，比全国居民家庭恩格尔系数36.2%高出12.3个百分点，可见残疾人家庭生活质量明显落后于全国平均水平。在重点发展领域方面，城镇残疾人登记失业率为10.8%，为全国城镇登记失业率的2.5倍。

（2）城乡区域差距非常不平衡。受我国社会保障体系水平与公共服务的影响，我国残疾人社会保障城乡差异非常明显，据江苏镇江、扬州等残联介绍，残疾人康复、教育、托养等基本公共服务优质资源，都集中于城市特别是大城市，而农村残疾人社会保障服务资源非常匮乏，社会力量参与渠道与途径很少。从区域来看，东部经济发达地区残疾人保障水平相对较高，以江苏省和陕西省"两项补贴"中的困难残疾人生活补贴为例，2016年江苏省对困难残疾人生活补贴，低保家庭重度残疾人以低保标准30%—40%发放生活补贴（2016年江苏省农村低保标准为每月365元），低保家庭内的非重度残疾人按低保标准25%发放生活补贴，低保家庭外无固定收入智力、肢体、精神、盲视力重度残疾人按低保标准100%发放生活补贴，而陕西省针对18周岁以上贫困残疾人以每月60元发放生活补贴，18周岁以下以每月100元发放生活补贴，比较发现，江苏省重度贫困残疾人每月可享受困难残疾人生活补贴为1314元（以30%最低标准），而陕西省重度贫困残疾人每月可享受困难残疾人生活补贴为720元，相比而言江苏地区残疾人社会保障更加充分。

（3）残疾人兜底保障还不够充分。据江苏省人大常委会对《中华人民共和国残疾人保障法》和《江苏省残疾人保障条例》贯彻实施情况进行执法检查发现，2017年有21.8万残疾人年收入低于6000元，有近17万名成年无业残疾人没有享受到救助和补贴，而在陕西等西部经济不发达地区，由于政府财政压力导致残疾人社会保障水平比东部地区更低。从陕西调研情况看，依靠家庭供养且无法单独立户的重度残疾人，虽然有政策规定要参照单人户纳入最低生活保障范围,但政策执行过程中因为财力的限制,一些区县难以完全落实;一些区县对于贫困残疾人的突发性、紧迫性、临时性基本生活困难问题,仅有不到 5 万元临时救助经费,难以及时回应。

(4) 残疾人社会保障的需求反馈。调查发现,三个省份受访者都认为,需要国家层面推动贫困/重度残疾人免缴养老医疗保险费政策,此外还希望建立低收入家庭生活费用优惠或补贴制度,而对于甘肃省等贫困地区,特别希望建立对贫困残疾人实行特殊住房保障政策,如表 4-3 所示。

表 4-3　　不同省份受访者认为残疾人社会保障需要创新的比较　　单位:%

	江苏省	陕西省	甘肃省
贫困/重度残疾人免缴养老医疗保险费	51.6	45.2	50.6
低收入家庭生活费用优惠或补贴	46.2	29.8	30.6
残疾人免费公共交通和进入公共场所	31.9	29.2	21.2
贫困残疾人实行特殊住房保障政策	28.6	30.1	38.8
贫困/重度残疾人享受特殊社会救助政策	11.0	26.3	10.6
符合条件的残疾人全部纳入城乡低保	9.9	26.7	24.7
其他	8.8	6.7	9.4
残疾人"两项补贴"福利制度	5.5	12.7	18.8

2. 残疾人扶贫难度普遍较大、政策针对性不足

(1) 残疾人贫困发生率较高。据 2017 年 7 月陕西残联座谈介绍,农村建档立卡贫困残疾人为全省建档立卡贫困残疾人的近 20%,而且农村残疾人比城市残疾人的贫困发生率明显偏高。从甘肃调研发现,2017 年甘肃省残联统计有 34 万名贫困残疾人,扶贫办认定的有 11.4 万名贫困残疾人,对于中西部经济落后地区,残疾人扶贫任务还相当严峻,建立防贫困的机制体制还有待进一步加强。

(2) 残疾人扶贫难度普遍较大。残疾人文化素质和人力资本水平不高,新技术新技能获得的机会不足,激发残疾人内生动力机制明显不足。群体自身造血功能较为薄弱,外部扶贫机制主要侧重救助救济,导致残疾人扶贫难度较大。从陕西调研情况看,残疾人知识文化水平普遍较低,

15周岁以上初中文化程度以下所占比例约半数，导致很多残疾人缺乏生产技能，缺乏获取政策的能力，在务工、就业等方面市场竞争力较差，而且很多重度残疾人需要家庭成员照护，导致家庭缺少足够劳动力，此外，残疾人在医疗康复方面支出费用比普通家庭要高，导致家庭支出性贫困问题较为突出，家庭自我发展能力与要素较为贫乏。

（3）现有扶贫措施针对性不强。一些扶贫政策缺乏"量体裁衣"式的具体措施，针对性不够强，精准度不够。部分涉及残疾人扶贫等政策项目，相关监管要求不具体不全面，监管程序、责任追究等缺乏强有力监督检查。从陕西宝鸡职业技能培训学校调研情况看，现在的课程安排普遍在10—15天，有些课程只有3—4天短期培训，课程设置较为理论化，实践课程内容不多，也不对接企业，导致培训后残疾人还是无法就业，整体情况看除了盲人按摩培训较好就业外，其他的培训课程直接实现就业比例较低，导致残疾人培训的积极性也不强。

（4）残疾人扶贫服务的需求反馈。主要服务需求重点在于残疾人扶贫难以纳入产业化经营过程，社区建设项目对贫困残疾人缺少优先考虑，在甘肃、陕西等地，贫困残疾人危房改造、链接社会力量参与扶贫等服务需求较为旺盛，如表4-4所示。

表4-4　　不同省份受访者对残疾人扶贫工作需要创新的比较　　单位：%

	江苏省	陕西省	甘肃省
促进贫困残疾人参与合作社等产业化经营	42.5	34.8	28.6
社区建设项目优先考虑贫困残疾人	40.2	35.9	32.1
组织社会力量结对帮扶贫困残疾人	33.3	37.9	22.6
对农村贫困残疾人进行危房改造	26.4	28.2	38.1
对农村贫困残疾人进行康复扶贫	18.4	24.7	22.6
建立扶持残疾人就业扶贫基地	12.6	25.6	32.1
其他	9.2	3.5	8.3
为贫困残疾人建档立卡	6.9	7.3	7.1

3. 残疾人托养供给与需求适配性差异较大

(1) 残疾人托养资金供给严重不足。据陕西省咸阳市座谈介绍，全市符合托养服务条件的智力、精神和重度残疾人6254人，经第三方评定确认的政府购买残疾人托养服务机构资质的18家，可充分满足多数残疾人托养的服务需求，但是每年政府能够提供的托养服务名额为1300人次，仅只有20.79%的残疾人可享受到服务，在一定程度上也挫伤了残疾人托养服务机构的积极性。

(2) 残疾人托养服务机构运营困难。调查发现，大多数托养服务机构没有地方财政资金支持，仅有建设资金补贴，对于机构建设来说是杯水车薪，导致依靠残疾人付费托养服务和政策支持难以运转。依靠"阳光家园计划"解决一些机构建设问题，但是政府每年仅提供少量购买托养服务，缺乏对床位补贴政策制度，致使多数残疾人托养服务机构还面临非常严峻的生存压力，导致这些托养机构仅能艰难维持运转。

(3) 托养服务政策本身局限。当前我国的残疾人托养服务对象，主要是重度残疾人，特别是精神、智力残疾人，按照托养服务政策希望寄宿制托养服务的残疾人，在机构内经过一定时间的培训从而回归社会，但现实中很难通过几个月培训就明显提高自理能力，而且大量一户多残、以老养残的重度残疾人家庭尤其是贫困家庭迫切需要长期的残疾人寄宿托养服务，以减轻家庭照护负担、解放家庭生产力，但是现行托养政策还没有及时调整，特别是对失能重度贫困残疾人给予长期寄宿型托养照料的政策支持。

(4) 残疾人托养服务需求反馈。从调查情况看，培育民办残疾人托养机构是当前残疾人托养服务最需要创新的领域，这与当前承接残疾人托养服务的机构数据较少关系最大。其次是对精神残疾群体的托养服务，加强社区托养也是需要治理创新的重点领域，如表4-5所示。

表4-5　　　不同省份受访者对残疾人托养工作需要创新的比较　　　单位:%

	江苏省	陕西省	甘肃省
培育民办残疾人托养机构	45.1	41.3	36.0
重点托养精神残疾等	37.4	31.4	27.9

续表

	江苏省	陕西省	甘肃省
为残疾家庭提供护理培训	34.1	32.3	39.5
政策优先照顾残疾人家庭	22.0	21.2	20.9
残疾人社区托养服务	17.6	29.2	32.6
建设公办残疾人托养机构	9.9	26.6	20.9
实施阳光家园计划	9.9	15.2	27.9
其他	5.5	3.7	8.1

4. 残疾人就业增能难度增大

（1）残疾人就业率较低。据2016年全国残疾人就业工作会议暨辅助性就业现场会介绍，我国城乡就业年龄段持证残疾人的就业率为43%，其中在辅助性就业机构实现就业的智力、精神和重度肢体等的残疾人近6万，但是远低于健全人就业水平。[①] 同时据江苏省人大常委会执法检查情况介绍，2017年全省就业年龄段残疾人就业结果显示，不具备就业条件的重度残疾人无法实现就业，中轻度智力、精神残疾人不具备就业能力，而且绝大多数就业单位也不愿意接收。[②] 反映出我国残疾人就业总体状况不佳，特别是一些重度残疾人以及中轻度智力、精神残疾人难以就业。

（2）残疾人就业政策落实难。当前，残疾人政策层面关于残疾人就业政策是最多的，省市县也制定了相关的残疾人就业条例，一些福利优惠政策也有促进就业的内容，但是政策实践中政策难以落实较为普遍。在甘肃省调研了解到，在推进按比例安置残疾人就业政策落实过程中困难很大，只有40%的企事业单位缴纳了残疾人保障金，还有60%的企事业单位没有缴纳残保金。另外个体或政府公益岗位不能低于30%安排残疾人就业，但是有些岗位不适合残疾人，而且还三年一换岗。出台的关于个体残疾人的免税政策落实起来困难也很大。在陕西省，残疾人就业

---

① 《我国城乡就业年龄段持证残疾人就业率43%》，http://zj.people.com.cn/n2/2016/1020/c228592-29177172.html。

② 《担负起不让一个残疾人掉队的历史重任》，http://www.sohu.com/a/194014510_100010234。

条例明确规定"国家机关、社会团体、企业事业单位、民办非企业单位等城乡各类组织应当按照不低于本单位在职总人数1.5%的比例安排残疾人就业",但能够按比例招录残疾人就业的仍然较少,带头和带动作用不够明显;相当大比例的用人单位安排残疾人就业未达法定标准,履行缴纳就业保障金的义务不够积极;少数地方政府把减免就业保障金列入招商优惠项目,变相帮助企业规避法定义务;不少企业宁愿缴纳就业保障金也不愿安排残疾人就业。

(3)残保金征收执行不严。1995年,财政部出台了《残疾人就业保障金管理暂行规定》(财综字〔1995〕5号),这为我国残疾人事业发展提供了坚实经济基础。从调查走访情况看,我国残疾人就业保障金的征收工作仍面临许多问题和困难。一是多数缴费单位对缴纳残疾人保障金缺乏正确理解,有企业认为,扶持残疾人应该是国家层面的事情,不应该由企业承担;有企业认为,政策文件规定了机关、团体、企业事业单位都要缴纳残疾人就业保障金,但是实际征收过程中只针对企业收缴;还有企业认为,残疾人保障金支出不透明、使用不公开,这也给残疾人保障金征收工作带来阻力。二是缴费单位反映残疾人保障金征收标准较高,残疾人保障金征收政策是以社会平均工资为缴费基准,由于社会平均工资比一些企业实际工资要高,造成缴费企业在征缴过程中存在不满和抵触情绪。三是征收执法缺乏刚性手段。从甘肃残联调查发现,尽管《甘肃省残疾人就业保障金征收管理暂行办法》明确残保金统一由税务部门代为征收,但是涉及残保金征收管理如基数核定、确认等还在残联部门,而残联缺乏对缴费单位经营情况、财务情况了解,税务部门又没有管理职能,对当年未缴纳和拒缴残保金的单位缺乏法律刚性,需要履行烦琐的法律程序。因此,造成了很多企事业单位不缴、漏缴和拒缴残疾人保障金的现象。另外,企业社会责任报告也没有残疾人按比例就业的内容,导致残保金征收缺乏更严格的法律刚性。

(4)残疾人就业服务的需求反馈。调查发现,建立残疾人就业服务机构和平台是陕西省和甘肃省受访者认为最创新的方面,而江苏省受访者认为更需要引导企业设立助残项目,此外开发公益岗位和出台就业创业优惠政策也是促进残疾人就业需要创新的重点领域,如表4-6所示。

表 4-6　不同省份受访者对残疾人就业工作需要创新的比较　　单位:%

	江苏省	陕西省	甘肃省
引导企业设立助残项目	41.1	26.5	29.4
开发公益岗位和就业创业优惠政策	33.3	27.4	32.9
就业政策和其他政策配套衔接	31.1	28.0	29.4
残疾人参加职业培训	23.3	28.0	15.3
建立残疾人就业服务机构和平台	21.1	34.4	41.2
扶持集中就业机构（基地）和福利企业	15.6	21.9	24.7
落实用人单位按比例安排就业	8.9	25.6	21.2
严格依法征缴残疾人就业保障金	8.9	10.9	11.8
其他	6.7	3.9	3.5

（三）残健融合共享领域

残健融合是残疾人事业发展的最终价值目标，也是构建人类命运共同体的核心价值取向。然而在残疾人教育、文化体育以及法律维权等重点领域，总体表现为缺乏政策强力推动、缺乏有力工具手段、缺乏主体自我觉醒、缺乏社会环境氛围，导致残健融合更多地停留在理念层面而非具体实践上。

1. 残疾人教育与康复、就业等政策链接不通畅

（1）残疾儿童少年入学还有待强化。当前，通过特教学校就读、普通学校就读、送教上门等多种教育服务方式，为残疾儿童少年提供了更多教育机会，但是从调研情况看，特教学校在地市级配置的数量不多，特别是甘肃和陕西等地区，特教学校数量非常少，一些聋儿语训学校还因生源问题逐渐萎缩。普通学校就读成为残疾儿童少年入学的快速增长点，但是很多普通学校没有能力接纳残疾儿童，绝大多数教师没有获得特殊教育师资培训，甚至发生健全儿童家长呼吁"开除"残疾儿童的舆论事件。送教上门成为解决重度残疾人教育的主要方式，但实际过程中送教上门形式化较为突出。

（2）残疾人职业教育还非常薄弱。职业教育是残疾人职业素养培育、就业能力提升的阵地，也是进入人力资源市场的重要支持平台。当前职

业教育机构和师资普遍缺乏，在开展残疾人职业培训过程中普遍存在形式主义，而且很少的职业教育培训经费难以满足残疾人技能培训的要求。民办残疾人教育机构基本上集中在智力、自闭症、孤独症等群体中，而其他类别残疾人民办特殊教育数量较少。

（3）教育与康复、就业等政策链接还不通畅。在残疾人教育政策过程中，缺乏与康复政策的有效衔接，康复工作与教育工作脱节依然比较突出，大多数高等院校的康复训练基础设施建设状况落后，不能很好地满足残疾学生康复需求，特别是义务教育阶段后残疾人就业转接较难，相对于主流社会残疾人还处在相对封闭的弱势亚文化生活圈子中。

（4）残疾人教育服务的需求反馈。调查发现，残疾人教育领域创新最突出的是需要发展民办残疾人教育机构，而对陕西和甘肃等西部地区，更需要建立残疾人特殊教育资源中心，以及建设特殊教育学校以及培育师资队伍，如表4-7所示。

表4-7　　不同省份受访者对残疾人教育工作需要创新的比较　　单位：%

	江苏省	陕西省	甘肃省
发展民办残疾人教育机构	53.8	29.5	35.2
引导残疾人家庭自主教育	31.9	24.8	25.0
开展残疾人社区教育	31.9	28.9	22.7
延伸完善残疾儿童非义务教育	27.5	25.5	30.7
链接社会力量资助残疾儿童上学	27.5	21.3	18.2
建立残疾人特殊教育资源中心	12.1	32.4	26.1
建设特殊教育学校和师资队伍	8.8	31.8	36.4
普及适龄残疾儿童义务教育	7.7	16.8	9.1
其他	4.4	2.0	5.7

2. 残疾人文化体育缺乏要素支撑

（1）容易忽视残疾人文化体育需求。从调查走访情况看，残疾人工作重心更多侧重于残疾人扶贫、康复、就业等领域，更多突出残疾人文化体育竞技类项目，而对残疾人文化体育需求关注不够，相关残疾人文化体育政策项目较少。从基层调研情况看，残疾人文化体育工作以残疾人艺术表演和体育竞技比重居多,而面向普通残疾人的政策项目偏少,"十三五"时期主要是开展"文化进家庭'五个一'"项目、给重度残疾人家庭提供康复体育器材、方法和指导进家庭服务项目,主要涉及中西部地区、农村地区和重度残疾人家庭,而其他残疾人文化体育需求难以受到政策关注。

(2) 开展文化体育活动缺乏要素支撑。由于基层文化体育事业还比较薄弱,涉及场地、资金与组织安排等因素,开展残疾人文化体育工作相对难度较大,同时适合残疾人参与的文化体育项目较少,特别是社区内符合残疾人特点的文化体育公共服务还非常欠缺,导致残疾人缺乏便利途径开展文化体育活动。据陕西商洛残联座谈调研介绍,经常参与社区开展的文化体育活动的残疾人比例大约为10%,在没有参加社区文化体育活动的残疾人中,大约有20%是因为没有合适的场地,20%是因为没有合适的活动项目,还有10%左右是因为没有人组织协调,更多的是因为残疾人走不出家门或不愿意走出家门。可见当前开展残疾人文化体育活动难一方面与缺乏场地、人员、活动项目有关,另一方面与缺乏无障碍环境和残疾人走出家门参与社会的推动力有关。

(3) 残疾人文体服务需求反馈。从调查情况看,建设民间残疾人文化艺术培养机构与建设公共图书馆或网上数字图书馆,是发达地区残疾人文化体育较为突出的创新方面,而设置残疾人文体人才培养基地是经济相对落后地区的创新方面,也可以看出西部地区更强调残疾人文体竞技领域,而东部地区更强调残疾人文体参与,如表4-8所示。

表4-8　　不同省份受访者对残疾人文化体育工作需要创新的比较　　单位:%

	江苏省	陕西省	甘肃省
建设民间残疾人文化艺术培养机构	37.8	36.7	28.3
建设公共图书馆或网上数字图书馆	33.3	28.7	16.3
设置残疾人文艺、体育人才培养基地	28.9	45.7	29.3
公共文化体育场所向残疾人开放	21.1	19.6	23.9
媒体宣传报道	21.1	13.1	27.2
参加、举办残运会、特奥会等赛事	14.4	11.4	16.3

续表

	江苏省	陕西省	甘肃省
实施"残疾人文化体育进社区"活动	7.8	19.2	16.3
举办残疾人文化展演、体育健身活动	6.7	20.7	15.2
其他	3.3	3.8	12.0

3. 残疾人无障碍建设社会意识和环境问题突出

调查发现，残疾人无障碍环境建设主要突出的问题，一方面是社会缺乏无障碍环境意识；另一方面是无障碍环境改造工程建设等问题，特别是当前无障碍环境工程建设和监管等存在明显问题，如表4-9所示。

表4-9　不同省份受访者对残疾人无障碍建设工作需要创新的比较　　单位：%

	江苏省	陕西省	甘肃省
督查无障碍设施工程建设和监管	45.8	38.9	38.3
推动残疾人信息技术无障碍工程建设	38.5	36.9	41.5
公共交通、场所和配套设施无障碍改造	24.0	41.3	47.9
其他	20.8	8.2	20.2
补贴贫困残疾人家庭无障碍改造	18.8	23.6	25.5
加强残疾人无障碍标准体系建设	8.3	33.6	17.0

4. 残疾人维护自身合法权益的主动性较弱

调研发现，残疾人法律维权领域主要突出的问题，表现为残疾人维护自身合法权益的主动性较弱，从陕西省商洛市调研发现，2016年商洛市直接为残疾人提供法律援助的15个案件中，包括打工欠薪、企业运营、交通事故赔偿等问题，都是残联服务过程中主动介入的，而且社会为残疾人提供的法律援助偏少，专业服务残疾人的法律工作者数量较少。另外从法律执法检查情况看，各级地方政府在对残疾人权益法律执法检查总体不足，残疾人法律落地执行效果中总体偏软，如表4-10所示。

表 4-10　不同省份受访者对残疾人法制维权工作需要创新的比较　　单位:%

	江苏省	陕西省	甘肃省
人大、政协执法检查残疾人权益法律保障	30.7	30.0	27.2
宣传倡导	28.4	29.4	33.7
推动残疾人组织和代表参政议政	27.3	32.7	22.8
排查化解残疾人信访和矛盾纠纷	27.3	30.9	45.7
送法进社区/乡村	26.1	26.5	19.6
法律救助援助残疾人权益保护	18.2	32.2	34.8
其他	9.1	6.4	7.6

二　残疾治理困境的九大核心问题

问卷调查显示，我国残疾人事业发展面临的问题排序中，管理服务人员专业化不足排序第一，所占受访比例为53.0%，其次为政府经费投入不足，所占受访比例为42.3%，排序第三的问题是纳入全局工作程度不够，所占受访比例为41.9%，如表4-11所示。调研结果表明，残疾人事业发展的专业化、资金投入机制与纳入中心工作机制是残疾人面临的主要突出问题，此外还包括市场推动、民办力量参与、自组织发育等不足等问题。在此基础上，根据治理理论分析框架，我国残疾人事业治理体系存在的九大核心问题，主要表现为如下方面。

表 4-11　受访者对我国残疾人事业发展存在问题的排序　　单位:%

	回应百分比	排序
管理服务人员专业化不足	53.0	1
政府经费投入不足	42.3	2
纳入全局工作程度不够	41.9	3
政策衔接配套程度较差	36.4	4
残疾人及家庭潜力未能发挥	36.0	5
多种力量难以形成合力	35.8	6
市场推动发展力量不足	32.7	7
民办机构发展处境艰难	31.8	8

续表

	回应百分比	排序
残疾人自组织协会发育缓慢	28.4	9
分类保障和干预不足	27.3	10
残疾人社区化服务不够	24.5	11
政策落实不到位	21.4	12
宣传倡导不足	11.4	13

(一) "他者化"理念的错误引导

理念是行动的先导，是行动的指南。如何看待残疾现象和对待残疾人，是残疾人事业发展的起点与落脚点，残疾人事业发展要遵循正确的价值理念，而正确的价值理念首先来自对残疾现象和残疾人的正确认知。梳理国内外残疾人事业发展的历史进程发现，最开始都是基于朴素扶弱救济思想文化传统，如中国大同、民本、仁政和兼爱思想传统，西方的"博爱""慈悲"思想传统。长期以来，包括我国大多数残疾人工作者在内，对残疾人工作都秉承着"为残疾人办好事办实事，怎么办都不为过，办再多都不为多"的观念，普遍抱有对残疾人的同情、怜悯与恩赐心理，残疾人群体成为了"我者"中的"他者"，成为了社会中的弱势"他者"，因此慈善救济式的残疾人工作模式成为主流。残疾人"他者化"思维主要问题重点表现如下。

(1) 残疾群体的标签化。"他者化"思维导致全社会对残疾人认知存在偏差，更多注重残疾人的生理性差异，强化残疾人的身体损伤，忽视了残疾人的社会性与文化性差异，刻画成为"无力"的社会标签，污名为"无能"的社会群体，从而贬低残疾人的社会价值存在。

(2) 残健关系的割裂化。残疾群体的负向标签化导致残疾人与健全人形成鲜明的社会鸿沟，从而造成残健关系的割裂，比如不愿意接纳残疾学生入校上学，不愿意接纳残疾人就业，大众俗语与媒介用语的排斥贬损等，结果直接导致残疾人受社会关注不够，残疾人问题难以形成公共话题和政策，社会各界不愿意从事开展残疾人相关工作。

（3）残疾问题的福利化。"他者化"的认知思维，导致社会大众更容易聚焦残疾人与健全人的弱点不足，更容易聚焦到残疾人群体中贫困问题，导致残疾问题从问题的提出、形成社会议题到公共政策选择上，容易导向残疾人问题的福利化解决方案。从我国残疾人事业发展历程看，残疾问题与扶贫攻坚紧密联系在一起，强调改善残疾人的基本生存条件，并且随着我国经济社会发展，残疾人福利体系不断健全与完善。

（4）残疾人思维的"他者化"，导致现有残健融合理论缺乏逻辑联系。韩正副总理在中国残疾人联合会第七次全国代表大会上提出，残疾人是社会大家庭的平等成员，是人类文明发展的一支重要力量，是坚持和发展中国特色社会主义的一支重要力量，从国家或人类共同体的人道主义角度看，任何人都是国家或地球人的一部分，体现了残健融合理论中"和"的内容，彰显了人类自身的终极价值追求，而现有残健融合理论中，一方面没有明晰"异"的内容；另一方面讨论残健融合理论时没有明确讨论前提，是建立的"和"的基础上的"异"，而不能是"他者化"基础上的"和"，需要更多残疾理论研究的专家学者进一步深入探讨。

（二）残疾人治理的体制机制不够通畅

按照当前我国残疾人事业党政分工决策机制，残疾人主席团是我国残疾人事业的决策机构，代表党和政府为残疾人服务的政治意志。残疾人联合会执行理事会是落实残疾人主席团的执行机构。因此残疾人联合会执行机构是否能够高效运转成为推动残疾人工作高质量发展的重要因素。目前残疾人工作机制主要存在的问题表现如下。

（1）党委政府推动残疾人工作仍有不足。党委政府对残疾人工作的重视程度直接影响着残疾人事业发展质量，其治理体系和治理能力现代化水平反映着基层党委政府治理水平。虽然当前党委政府对残疾人工作越来越重视，但是其具体执行落实政策项目程度与质量，与党委政府分管残疾人工作具体领导干部有明显差异，例如落实按比例安排残疾人就业政策看，江苏省相对于甘肃省和陕西省的政策执行效果要好，要求党政企事业单位必须建立残疾人岗位预留制度，不履行按比例安排残疾人就业义务的单位和其主要负责同志不能参评"先进"①，但是在甘肃省和陕西省调研了解到，党政机关事业单位按比例安排残疾人就业面临较大障碍。而从各地残疾人经验创新角度看，经验能够产生并得到推广，与当地党委政府关注与支持关系密切，如"两项补贴"政策试点推广，得到了陕西商南县党委政府主要领导干部的大力支持。此外，《残疾人保障法》是专门保障残疾人权益的法律制度，江苏省人大法律执法检查效果相对于其他两省更为明显。

（2）党委政府推动残疾人工作职责分工不明。党委政府对残疾人工作仍然存在责任分工不明、职责不清的现象。从我国残疾人联合会章程规定看，没有对党委政府具体职责分工进行明确，这在残疾人工作实践过程中带来非常大的困扰。从实地调研中发现，残联理事长要同时向党委分管领导与政府分管领导汇报工作，经常出现党委分管领导与政府分管领导意见冲突的现象，导致对残联理事长协调沟通能力提出非常大的挑战，有时还会出现相互推诿的现象，"残联又是政府管的，又是党委管的，上下都不协调了"。此外，很多基层残联反映，很多涉及残疾人的问题需要党委政府其他部门进行解决，但上级在文件批复时只要涉及残疾人问题都会归于残联解决，给基层残联带来很多困扰与残疾人群体的不理解。

（3）残疾人工作委员会的作用发挥还不够。残疾人工作委员会是设立在政府部门的执行机构，有利于残疾人政策之间的部门衔接沟通。但从实地调研中发现，残疾人工作委员会的作用远远没有得到体现，大多数残疾人工作委员会工作仍由残联具体承担，上级残疾人工作委员会对下级残疾人工作委员会也缺乏考核监督机制性安排，更多体现为临时召集部门会议。实践中更为明显的是，上级下发的残疾人政策落地到基层的过程中，残联很多的精力更多集中在与相关政府职能部门的沟通衔接上，而且普遍存在动员其他成员单位难度较大的问题。

（4）残疾人事业投入与残疾人需求的不适应。近年来，依托国家脱贫攻坚重大发展战略有利时机，我国残疾人事业发展经费投入有所增长，

---

① 《江苏：不安排残疾人就业 事业单位别想评先进》，http://www.chinagwy.org/html/gdzk/jiangsu/201405/65_67242.html。

但是从地市残联调查发现，由残保金、转移支付、社保基金构成的经费投入总量，总体增长较为缓慢，"有多少钱办多少事"的供给决定需求的思维较为突出。随着新时代残疾人对美好生活的不断追求，多元化、精细化残疾人服务需求不断增长，工伤致残、交通事故致残以及精神病、自闭症、抑郁症等康复服务不断扩大，个性化、多样性、高质量辅具适配需求不断提升，残疾人口老龄化服务需求不断迫切，都亟待对供给决定需求的方式进行调整。

（5）残联"小马拉大车"与多部门协同治理矛盾。围绕着残疾人基本民生保障与公共服务需求，残联在有限经费投入下积极策划实施了许多项目，但大多数惠残项目资金规模总量偏小、覆盖人群比例偏低、牵涉工作人员精力较多，许多政策项目之间还缺乏有机联系，导致一些政策项目达不到预期效果，一些残疾人需求量大、满意度高的项目无法实施。此外，相对于其他政府职能部门，每年的工作状况都会反映在政府统计公报中，反映在政府统计部门系统的管理平台里，但是残疾人数据统计工作很少与统计部门相配合，导致残疾人统计数据在社会上缺乏权威性，国际之间的统计数据交流也面临许多障碍。

（三）残联组织的角色功能偏移

新时代残疾人向往更加美好的生活，残联也需要适应新时代残疾人需求。从残联成立以来，代表服务管理职能成为残联的职责，但长期以来，残联机构在具体运行过程中呈现浓厚的行政化管理倾向，"我们在新时期残疾人的代表性体现得够吗？不够。中国残联官僚化、行政化的趋向有没有？有。"[1] 这与我国行政机构自我扩张与自身弊病有关，也与残联系统自我存在压力与扩张动力相关。当前主要存在的突出问题如下。

（1）残联组织社会化程度不强。残联作为群众团体组织，由于残疾人群体较大的差异性，从制度上设立了残疾人专门协会，从而能够更大程度上团结引领残疾人群体，但是从实践中看，多数市县残疾人专门协

---

[1] 中国盲人协会第一次会员代表大会暨中国残联专门协会工作经验交流会上邓朴方主席的讲话，《中国残联工作通报》2006年第15期，2006年7月21日，http://www.cdpf.org.cn/special/zmxh/content/2007-06/22/content_30008923.htm。

会无固定工作场所、无固定工作人员，日常工作缺乏资金保障，一些专门协会处于瘫痪状态，很少开展残疾人相关活动。除一些沿海城市外，大多数中西部地区还没有放开残疾人专门协会注册，导致残联紧密联系残疾人的协会渠道基本没有发挥作用。此外，作为残联组织社会化的重要组成部门，助残志愿组织能够更好促进残健融合，但是助残志愿者组织各地发育都很不完善，助残志愿活动还仅限于重大节日活动，常规性志愿助残服务还没有形成完善机制。另外，专门协会和助残组织的领军人和专职干部都难以选拔，特别是市县级盲人和聋哑人优秀专职干部的选拔范围过窄，培养力度也不够，导致残联与残疾人直接联系的机构缺乏活力。

（2）残联工作方式趋向行政化。残联代表残疾人利益、服务残疾人需要、管理残疾人工作，应该是合二为一、有机统一的，而从基层残联工作的精力分配情况看，残疾人工作管理成为基层残联主要工作内容，而在主动代表残疾人利益、主动为残疾人提供服务方面，方式方法与动力机制还相对较薄弱。从实地走访的残联办公地点分布看，有一些残联办公地点设在政府大院内，导致社会对残联的认识更多认为是"政府行政机构"。从工作推动方式来看，也主要依靠政府行政化的组织管理模式，缺乏群众团体工作特色与组织方式，而且较多的基层残联领导原来是党政机关事业单位领导，工作流程方式不可避免带有行政色彩，为"开门办残联"工作方式改革带来阻碍力量。

（3）残联"强人推动"的动力减弱。从我国残联伟大发展历程来看，初期主要由于邓朴方主席的"强人推动"，使残疾人政策能够较好融入党委政府工作当中，能够获得较好的政治资源与政策支持，但是随着时间推移和残联发展，原有"强人推动"的动力有所减弱，残疾人发展的政策与资源支持力度减缓，新增长的发展动力还需要培育创新。

（四）残疾人政策落地缺乏监督机制

残疾人事业是社会事业发展的组成部分，相互政策之间应该形成政策合力。问卷调查显示，我国残疾人政策与其他公共政策的配套衔接程度，9.7%的受访者认为"完全配套"，54.2%的受访者认为"部分配套"，两者相加有63.9%的受访者认为残疾人政策与其他公共政策总体上是相互配套衔接的。但仍有 7.7% 的受访者认为相互政策之间配套程度差甚至完全脱节，总体表明残疾人政策与其他公共政策配套衔接总体不足。主要问题表现在如下方面。

（1）很多残疾人工作未能纳入国家整体体系。据甘肃残联康复部负责人介绍，开展的聋耳语训项目是残联长期开展的项目，但是直到 2017 年才纳入政府其他部门的政策体系中；听力教育这方面应该纳入儿童学前教育范围，但是只有残联独立开展而没有得到教育部门支持；国家下拨的残疾人康复费用人均为 42 元，但是公共卫生法律法规一直没落实，一些机构购置了卫生设施设备，但基层医疗人员不会使用，导致工作成效不太明显。

（2）残疾人政策制定主体与执行主体不相统一。有基层残联工作人员反映，政策制定与实施的主体不相统一，较多残疾人政策"是我们给别人制定的，而不是我们给自己制定"，导致难以形成政策闭环系统，而"政策制定后落实不了，对残联的外界形象影响很大"。例如残疾人的教育政策，残联根据残疾人教育现状制定政策措施，但是具体政策实施要求教育部门来完成，实践中存在执行难度较大或流于形式。此外，一些残疾人政策跟国家政策有一定矛盾，因此导致出台残疾人政策难度越来越大，比如残疾人低保政策，比较明显的是政策规定重度贫困残疾人可以个人参保，但是民政部门制定的低保政策是以户为单位，导致各地具体执行存在标准不一的现象。

（3）通过政策捆绑推动政策执行力度不够。分析我国残疾人政策历史变迁，发现我国残疾人政策实践过程中，主要依靠《残疾人保障法》，以出台政策为抓手，推动残联或与其他部门联合制定残疾人政策，促使残疾人事业发展不断前进。但是还应该看到，比如中国残联一次次下发文件，强调要依法推进残疾人按比例就业等政策，但实际效果不甚满意，根据第二次全国经济普查数据来看，我国各类用人单位就业人数为 2.73 亿人，按照 1.5% 的比例应当安置残疾人为 410 万人，而根据中国残联事业统计年鉴的数据显示，目前按比例就业安置残疾人仅为 120 万人[1]，表

---

[1] 刘稚亚、李晗：《被就业捆绑的"套中人"——残疾人》，《经济》2015 年第 5 期。

明残疾人政策制定与执行效果存在较大差距,政策需要制定并出台,但真正能够有效落实的不多,政策强制性与督查力明显偏软。

(4) 现有政策体系还存在关注盲点。对当前我国残疾与残疾人的特征问卷调查发现,调查比例排序分别为后天致残人数增多、残疾老龄化、城乡致残差异、残疾风险扩大、东中西部差异、残疾人寿命延长、残疾人内部分化等。对比现有残疾人政策,主要是对残疾后的政策干预,缺乏对影响后天致残的政策提前干预;主要关注60周岁以上的残疾人群体,缺乏对60岁以下残疾人的政策措施,特别是现代社会残疾风险不断扩大,而现有政策对残疾风险的系统化治理还远远不够,如表4-12所示。

表4-12　　　　当前我国残疾与残疾人的特征主要表现　　　　单位:%

	回应百分比
后天致残人数增多	66.0
残疾人老龄化	51.5
城乡致残差异	45.0
残疾风险扩大	43.8
东中西部差异	19.5
残疾人寿命延长	14.0
残疾人内部分化	11.6
其他	4.1

(五) 残疾人家庭能力增长政策无力

家庭作为社会最基本细胞,是社会发展的重要推动力量,不仅能够促进家庭成员身心发展和自我实现,也对经济社会长期均衡可持续发展起着基础性作用,《"十三五"加快残疾人小康进程规划纲要》提出,要加强残疾人家庭支持服务。依据国内学者研究发现[①],残疾人的个人收入来源调查数据,37.91%为务农收入,26.47%为政府补助,19.95%为家

---

① 宋宝安、王一:《残疾人家庭扶助与社会保障的功能比较》,《吉林大学社会科学学报》2012年9月。

庭供给，6.81%为社会救助，4.24%为亲戚捐赠，还有5.62%为其他方式；此外在需要照护护理的残疾人中，不足40%的残疾人接受过社会提供的护理服务，表明残疾人家庭在残疾人支持网络中，扮演着非常重要的角色。当前残疾人家庭支持领域主要存在的问题如下。

（1）残疾人家庭政策缺乏明确路径。"残疾人的改变要从家庭开始。"梳理我国的残疾人"十三五"发展规划，重点关键词包括残疾人家庭人均收入、贫困残疾人家庭危房改造、残疾人家庭低保救助、困难残疾人家庭无障碍、低收入残疾人家庭支出补贴、残疾人家庭托养照料、残疾人家庭收入增长、残疾人家庭零就业、残疾预防进家庭、残疾人文化进家庭10个关键词，残疾人家庭只是社会福利政策的统计单元，而对残疾人家庭能力增长缺乏直接政策干预，零星的政策支持难以形成系统性的政策以增强残疾人家庭能力与支持系统建设。

（2）残疾人家庭政策缺乏实操措施。从现有残疾人政策来看，更多是宣传提倡"加强残疾人家庭支持服务"，但是残疾人家庭政策普遍缺乏实操措施，缺乏具体落地的行动方案，究其原因主要是残疾人家庭的多样性，需要提供精准化的服务内容，而现有政策措施缺乏精准化服务路径，而且在现有基层残疾人工作队伍中，也普遍缺乏社会工作者专业人员参与，导致残疾人家庭政策缺乏实际操作落实的先决条件。

（3）受限福利导向政策的路径依赖。长期以来，我国残疾人政策主要以解决残疾人基本生存发展需要的福利型政策路径，助推我国残疾人社会保障体系不断完善，在路径依赖机制和国家全面小康总体布局下，在没有外力压迫和内部动力强烈刺激下，残疾人社会福利保障政策更加"内卷化"。因此残疾人家庭政策调整需要从福利保障政策的道路上，转变到残疾人服务供给政策的道路上来。

（六）残疾人社区融入缺乏路径安排

社区不仅是地理概念，也是拥有文化认同的公共意识空间。人与社会链接最直接的环境是社区，因此促进残疾人融入社会环境中，更需要促进残疾人深度融入社区环境中。当前，残疾人社区共融主要存在的问题体现在如下方面。

（1）单向度融入理念下的政策局限。残疾人融入健全人与健全人融入残疾人,是残疾人社会融入的"一体两面",只有双向度的社会融入才是促进残疾人真正实现积极的社会融入。当前,我国残疾人社区融入政策,更多体现为促进残疾人融入健全人群体中,而忽视了健全人对残疾人的社会融入方面,缺乏促进健全人正确认识、理解与融入残疾人的知识与渠道,导致残疾人社区融入政策制定存在较大的理念偏差与实践偏离轨道。

(2) 部分残疾人难以或不愿走出家门。据江苏省消保委、江苏省残联联合发布调查数据,江苏省经常外出的残疾人比例为58%,还有42%的残疾人很少外出[①],很大原因是因为残疾人出行不便,社区环境与公共交通无障碍设施较差,难以为残疾人提供适合场地和无障碍环境,导致部分残疾人特别是重度残疾人只能待在家里,走出家门非常困难,融进社区与外界交往缺乏先决条件。此外,从心里防御机制上,还有较多残疾人担心社会歧视偏见,不愿意与外界来往,实行主动与社会环境的自我隔离。

(3) 残疾人参与文体活动缺乏常态机制。开展社区残疾人文化体育活动,是促进残疾人全面参与社区生活的重要方式。实地调查发现,少数社区通过开展观光游览、纳凉文艺晚会、体育运动会等文体活动,组织读书、网络、书画等兴趣小组以及摄影展览、棋类比赛等小型活动,为残疾人提供了展示才华、融入社区的机会渠道。但是大多数是点缀式、应景式的残疾人社区文体活动,缺乏常态化的活动安排与参与机制。

(4) 残疾人社区参与缺乏专业社工力量。专业社工力量是助推残疾人参与社区生活的重要支持力量,活动设计与开展需要专业社工人员专业化介入,但是除广东、深圳等社会工作发展较好的城市外,大多数城市社区与农村都缺乏专业社工力量介入,导致残疾人融入方式与手法缺乏精细化,难以吸引和激励残疾人社区参与。

(5) 残疾人议题难题上升到社区治理层面。社区治理水平与残疾人社区融入水平相关,社区发展质量体现了残疾人社区融入质量。当前,我国社区建设整体水平不高,特别是农村传统社区和城市商住楼社区,

---

① 江苏省消保委、江苏省残联联合调查组:《如何让残疾人愿意"走出家门"》,《扬子晚报》2017年11月28日。

社区治理缺乏维系社区意识认同的条件机制，导致残疾人议题难以提到社区公共讨论层面，而且由于残疾人议题的小众化，导致残疾人议题在众多议题之间竞争中普遍处于劣势。

（七）基层残联治理能力水平不高

（1）大多数残联基层组织机构运转不畅。调查发现，支持残联工作的基层组织基础普遍不牢。一方面，各省市残联基本都配备了残联领导干部，但是还有少数地方区县没有配备残联领导干部，据甘肃省残联调查了解到，只有92%的县区落实了残疾人领导的配备，大多数区县残联的工作人员还较少，有少数区县仅有1—2个人，残联领导干部储备和孵化培养机制方面仍不足，残联领导干部选拔难度很大，需要逐步结构合理，拥有一定的干部梯队。另一方面，残疾人专职委员队伍基础不牢，文化程度较低，工作经历较单一，与基层其他部门存在交流困难等问题，专职率较低，待遇落实难度大，农村基层工作是薄弱环节。从陕西省柞水县残联调研了解到，残疾人专职委员补贴每个月只有100块钱，工资待遇太低导致管理措施难以跟上。对于山大沟深、交通条件不发达的地区，平时工作条件非常艰苦，导致一些残疾人专职委员岗位没人愿意担任。此外，乡镇残联、村社残协组织规范化建设有待加强，大多数面临着场地、经费、人员的制约，存在服务不到位、管理不规范、工作标准不高等问题，而且东西部地区呈现明显区域差异，多数西部地区基层残协工作基本处于空转状态，绝大多数残疾人主要联系基层专委或乡镇残联专干。

（2）群团基层组织行政化与专业化服务路径冲突。当前，我国残联基层组织更多的是延续政府行政治理的路径，基本沿用传统行政化模式为残疾人提供服务，主要依托基层专委专干为残疾人提供服务，以下达任务指标化的管理模式较为常见，基层工作任务管理的精力远远大于服务。由于残疾人群体的特殊性，导致残疾人服务专业性较强，而基层专业化残疾人工作人员普遍稀缺，行政化治理人员与专业化服务人员合二为一的基层治理路径，导致残联基层组织建设难以适应新时代基层残疾人群体的需求。

（3）基层政策项目实施过程精细化水平不高。基层残疾人工作的事权与财权还不匹配，对上级下拨资金缺乏有限度的整合权限，导致基层残联在政策项目执行过程中首尾不相顾。有些政策项目如残疾人托养，实施前期缺乏科学试点与充分论证，政策项目环境与基层实际情况差别较大，导致基层执行困难或落实效果较差。有些政策项目如残疾人托养、家庭无障碍改造、辅具适配等执行过程中，多以任务指标确定惠及对象，但如何惠及具体残疾人缺乏制度化透明遴选机制，容易激发基层干群矛盾与社会稳定风险。基层残联政策项目的创新动力不足，缺乏政策创新试点项目资金单独安排机制，市区县没有自由支配的政策项目创新资金。部分基层惠残项目如残疾人扶贫就业基地、托养照料、社区康复、实用技术培训、辅具适配等，项目周期管理过程较为粗糙，设计论证、试点经验、过程监测、评估督查等不够精细，缺乏项目检查验收和第三方监测评估机制，容易出现惠及对象不精准、实施不规范、资金绩效低、群众还不满意等问题。

（4）乡镇村社残协没有充分发挥作用。梳理相关政策文件内容，《关于进一步加强基层残疾人组织建设的意见》（残工委〔2005〕4号）和《村（社区）残疾人协会工作规范（试行）》（残联发〔2014〕45号）文件规定，乡（镇、街道）残联和村（社区）要成立残协，成为我国残联组织体系落地到基层的重要支撑，但实际上，基层残联协会体系与保障不足问题突出，乡镇村社残协是基层自治组织，日常工作也没有经费保障，也缺乏资源调配能力，"名存实亡"的现象比较普遍。

（5）专职委员功能定位发生政策偏移。《关于进一步加强基层残疾人组织建设的意见》（残工委〔2005〕4号）文件规定，乡（镇、街道）残联要从主席团委员中选聘残疾人委员作为专职委员协助理事长开展工作，村（社区）残协要从残协委员中选聘残疾人委员作为专职委员协助村（社区）残协主席开展工作，专职委员队伍功能定位为基层残联的工作助手，而《关于进一步加强和规范基层残疾人组织建设的意见》（残联发〔2009〕13号）文件规定，残疾人专职委员要由各类残疾人担任，将残疾人专职委员的选聘工作纳入再就业工程，可见政策变迁过程中对专职委员岗位的功能定位发生偏移，导致政策价值目标发生偏移。

（6）专委遴选机制难以适应新时代要求。专委薪酬过低矛盾突出。

《陕西省残疾人专职委员管理办法（暂行）》（陕残联〔2013〕140号）规定，基层专委需要承担3项工作职责和12项内容，基本涵盖了一个全职工作人员需要承担的工作内容，但是当前基层专委经费补贴水平普遍较低，除有些经济条件较好的区县外，多数区县村社专委每月只有200元的工作补贴，有些乡镇专委也只有200元的工作补贴，薪酬非常低难以匹配专委工作职责内容，不仅造成专委普遍缺乏工作热情与动力，也导致只能遴选出一些文化素质不高、年龄偏大的专委队伍，"老办法不管用、新办法不会用"，"按照专委职责文件要求，80%—90%的残疾人专委需要更换"。随着新时代残疾人工作精准化、精细化发展趋势，要求基层残疾人专委对残疾人家庭情况非常熟悉，对残疾人相关基础数据底数非常清楚，能够配合完成残联项目的摸底、申报、核对与配合入户工作，能够掌握残疾人需求筛查、信息化操作与数据核查校正等高质量工作要求，还需要有主动制订满足本地残疾人需求计划的工作能力，但是政策文件规定残疾人担任专委的比例，导致只能在留住当地的残疾人群体中进行遴选，残疾人群体本身能力素质不高，加上没有合适的薪酬体系，导致遴选后的专委队伍难以适应新时代残疾人工作发展的新要求。

（7）专委兼职性工作机制难以高效管理。当前，随着国家对残疾人事业投入加大，残疾人项目与福利补贴日趋增多，除每年常规性的动态更新工作外，还有定期的"两项补贴"、康复辅具等数据摸排、核对、上报，不定期的各类培训、体育进家庭、运动员选拔、残疾儿童摸排等数据核对上报，以及精准筛查、特殊残疾人办证等入户陪同工作，缺乏稳定的、专人的工作机制，导致县区残联工作安排难以及时准确落地基层，特别是乡镇专委一级在薪酬200元的情况下，兼职工作性质导致上下工作联通容易出现"肠梗阻"，"最后一公里失效"。而且专委队伍建设的不平衡问题突出，表现为经济条件好的、残疾人工作突出的区县以及城镇社区残疾人专职委员队伍建设相对较好，而经济条件较差、残疾人工作一般的区县以及农村地区残疾人专职委员队伍建设相对较差，如榆林市能够采用智能化工具对专委队伍进行管理，而其他的地市则缺乏有效的专委队伍管理手段，加上专委队伍兼职性质以及薪酬低，没有能力进行有效规范化、专业化提升，全国其他地市加强专委队伍建设的经验也难以借鉴。

（八）缺乏社会化主体参与机制与环境

（1）助残服务主体培育总量不足。我国残疾人社会服务机构的发展历程，是随着改革开放服务社会化进程不断发展的。20世纪80年代起，由于政府性残疾人服务机构不足与需求旺盛，产生了许多助残服务组织和民间助残机构，特别是随着民间机构登记注册管理门槛降低，助残服务机构发展势头不断增长。据统计，2016年底全国登记注册的服务机构有2393个，工作人员34461人，年服务对象363万人[①]，但是与全国8500万名残疾人数量相比，助残服务机构服务残疾人的人数仅为4.3%，还有相当多的残疾人无法获得服务。从陕西省助残服务机构发展调研情况看，大多数助残服务机构的服务内容主要侧重于康复、托养与特教等领域，主要侧重于脑瘫、自闭症以及需要照护的残疾人群体，多数位于大中省会城市特别是北上广深等特大城市。

（2）助残服务主体服务专业化不足。专业化服务来源于专业化服务人才，当前助残服务机构工作人员的专业知识背景，大多数是特殊教育、康复医疗或者是社会工作，还有很多是非相关专业知识背景的工作人员，导致助残服务机构的服务质量与专业化水准难以保证。究其原因，一方面是由于助残服务机构的职业晋升前景和福利待遇相对不好，据深圳市民政局出台的《关于促进社会工作发展的若干措施（征求意见稿）》，社工平均工资标准指导价位将提高至税前10647元/月（含个人五险一金）[②]，略高于当年社保缴费8348元/月基数，而其他中西部欠发达地区社工平均工资要低很多，导致助残服务机构的人员流失速度较快。另一方面，因为助残服务机构主要面对残疾人或残疾儿童，导致实际服务过程中人员工作强度较大，很难吸引专业服务人员加入。

（3）助残服务机构发展路径较为狭窄。与全国平均水平相比，大多数残疾人家庭经济状况较差，根据《2013年度中国残疾人状况及小康进

[①]《中国残疾人》编辑部：《改革开放以来残疾人事业组织体系建设成果一览》，《中国残疾人》2018年第8期。

[②]《深圳民政局征求〈社工发展若干措施〉修改公告》，http：//news.swchina.org/hot/2018/0222/30825.shtml。

程监测报告》公布数据，2013年度全国残疾人家庭人均可支配收入为10541元，是全国居民家庭人均可支配收入的56.7%，其中城镇残疾人家庭人均可支配收入为全国城镇居民家庭人均可支配收入的58.8%，农村残疾人家庭人均纯收入为全国农村居民家庭人均纯收入的88.0%，导致购买助残服务的市场需求较为不足，因此助残服务机构的发育更多依赖于第三方公共服务部门的购买力度。据北京市残联部门统计，2014—2018年，平均每年政府投入6000多万元，累计投入资金近2.5亿元，购买了700多个服务项目，残疾人及家属累计254万人次直接受益[①]，但是对于中西部地区政府购买服务的资金规模非常有限，导致中西部地区残疾人服务机构很难有充分发育的土壤。

（4）助残服务社会氛围缺乏路径引导。党政机关事业单位带头示范扶残助残作用不明显，大多数省市推进按比例安置残疾人就业政策进展较慢，少部分党政机关事业单位的领导干部还对残疾人群体缺乏了解。企业抵触缴纳残疾人保障金的心态较为常见，按比例安置残疾人就业缺乏正向激励，缺乏无障碍环境建设、资金奖励补贴等政策配套。社会歧视损害残疾人权益时有发生，残联和社会机构主动帮助残疾人群体维护权益不够。

（九）新时代残疾人工作方式缺乏与时俱进

（1）福利视角向服务视角的转变不够。新时代背景下，残疾人事业发展的主要矛盾已经发生变化，不断满足残疾人多样化需要成为新时代残疾人工作的主要任务。随着我国经济社会发展与残疾人事业发展水平的提高，原有以保障残疾人福利的发展路径面临较多挑战。在陕西省西安市残联座谈会了解到，现有残疾人政策主要针对贫困、重度、农村、一户多残等残疾人群体，重点是完善这类残疾人群体的社会保障体系，但是还有很多残疾人群体服务需求现有政策体系无法关注，如残疾人文化艺术、家庭成员心理康复、家庭自主康复能力、残疾人走出家门等，而且从我国现有残疾人政策发展路径看，由于我国残疾人工作主要由政

---

① 《北京购买残疾人服务探索700多个服务项目落地》，http://news.sina.com.cn/o/2018-05-18/doc-ihaturfs0961350.shtml。

府行政推动，导致长期以来残疾人政策更多以社会福利保障为主，因此在残疾人公共服务和小众化需求的满足上，难以纳入残疾人政策关注的视野，而且从现有残疾人公共服务政策效果看，较多的项目缺乏精细化管理，缺乏科学化的绩效考核评估，导致许多残疾人项目实际执行效果较差。

（2）工作视角向需求视角的转变不够。当前大多数残疾人工作的实践具体方式，更多以政策推动与资金供给为主，以行政部门计划安排工作为主，随着残疾人事业发展与经济实力供给不断增强，残疾人多样化与立体化需求将被获得关注，逐渐向一些发达国家残疾人事业发展道路迈进，从实施者的角度向需求者的立场转变。当前对残疾人需求的识别还非常不完善，主要依据残疾人基本状况与需求调查数据，但是残疾人专项调查数据的主观需求较为明显，缺乏残疾人需求精准识别工具，也缺乏残疾人精准需求识别机制，导致现有残疾人项目普遍存在需求不准不清现象，而且残疾人精准需求与制度供给的匹配机制还不完善，政策项目制定与实施普遍缺乏科学性论证，"先有多少钱，再考虑办多少事"还比较明显，以残疾人工作实施主体的立场比较突出。

（3）注重公平向关注效率的转变不够。公平与效率是残疾人工作普遍面临的制度选择。当前，我国残疾人事业主要沿用"民生保障"的政策话语，关注弱势、关注底层和最困难的群体，体现了我国社会主义国家的本质特征。另外，残疾人工作中体现的市场属性较为不足，缺乏高效率的市场配置资源机制，特别是在残疾人公共服务领域，普遍存在服务对象不精准、服务方式形式化、服务内容浅表化的现象。在陕西省丹凤县残联调研发现，残疾人康复政策为部分精神残疾人提供免费服药服务，每人每月发放现金600元，有需要的残疾人自行去医院购买，但是在政策执行过程中存在较多问题，比如一些精神残疾人享受政策但没有去买药，一些残疾人不需要服药但享受政策补贴，还有一些需要服药的精神残疾人没有能够享受政策，经过政策创新引进市场配置资源机制后，要求有需要服药的残疾人自行去医院领取药品，需要服药的精神残疾人获得了医疗药品，也排除了不需要服药的残疾人享受补贴的现象，大大减少了政策引发的基层工作矛盾和群众矛盾。

（4）国内视角向国际视角的转变不够。残联成立之初，我国残疾人事业一直跟随国际残疾人事业发展步伐，借助2008年北京残疾人奥运会和联合国《残疾人权利公约》签署的契机，我国残疾人事业发展不断朝国际化迈进，成为助推国际残疾人事业发展的重要力量。但是在与发达国家、中国港澳台地区及国际组织残疾人服务交流合作过程中，理论方法、前沿技术、实践经验、高端人才等方面还有较大差距，残疾人产品和服务走向国际还面临较多困难，特别是在构建国际残疾人话语体系中，本土性不强、主动性不足、创新性不够，一些经过实践检验的创新经验与发展路径缺乏积极推广，领跑意识和能力与我国国家形象还有差距。

三 残疾治理面临的深层次挑战

当前，我国残疾人事业治理体系和治理能力现代化困境，既与新时代社会发展大趋势有关，也与残疾人事业发展的价值取向与路径选择有关，更与残联自身改革创新与自我时代定位有关，需要全社会协同治理共同推动残疾人事业发展。

（一）国家治理体系和治理能力现代化的新要求与当前残疾人事业治理能力不足之间的不适应

十九届四中全会着眼于全球视野，秉承构建人类命运共同体的伟大使命，提出了坚持和完善中国特色社会主义制度、推进国家治理体系和能力现代化的重大战略部署，形成了新时代中国特色社会主义发展理论的国家治理顶层设计框架，把国家治理理念与发展思维提升到新的高度。残疾人事业发展是国家治理体系的组成部分，这要求残疾人事业治理创新要紧跟国家治理体系和治理能力现代化的脚步，着眼于全球视野发展有中国特色社会主义残疾人事业。然而，党委领导、政府负责、社会参与、残疾人组织发挥作用的残疾人事业领导体制虽然已经建立，但实际运行机制仍有不畅，残疾人工作委员会的作用还未充分发挥，市县残联纳入中心、服务大局视野与能力仍有不足。政策项目的制定依然延续"政策捆绑"式发展道路，依托依赖、搭便车其他政府职能部门政策的现象还非常明显，导致残联工作的主动性与自觉性受到较大限制。政策项目实施依然延续着项目审批制、资金划拨制等传统政府治理方式，以残疾人需求为导向的资源与资金调配机制仍未形成。究其原因，一方面与我国残疾人事业发展视野不广、理论自觉不够有关；另一方面我国残疾人事业仍处于发展上升期，现有体制机制弊端还没有充分暴露，导致残疾人工作者对现有发展模式缺乏警醒。

（二）残疾人事业行政管理取向与多部门协同治理发展趋势的不协调

当前，基本沿用传统行政化模式为残疾人提供服务，主要依托基层专委专干为残疾人提供服务，以下达任务指标化的管理模式较为常见，工作任务管理比重超过实际服务比重，这种行政化管理取向一方面导致残疾人需求的发现、筛选与政策项目回应缺乏统筹安排，而且由于残疾人服务的专业性较强，专业残疾人社会工作人才稀缺，专业化服务机构较为紧缺，导致残疾人服务的水平与标准化程度较低。另一方面残疾人政策项目实施过程中，与其他部门衔接不够、协调不动、主动性不足，部分基层区县成年无业重度残疾人单独施保政策还没有完全落地，针对极少数精神残疾人社会管控还有盲点，对部分残疾人家庭面临着长期服药、护理用品、康复训练、辅助器具等刚性支出，残疾人托养"送不去、出不来"问题依然突出，与其他部门领域协同治理形成合力效果还不太协调。

（三）未来专业化、智能化社会发展大趋势与残联行政化、科层化的组织形态之间的不协调

当前，发挥大数据、人工智能、区块链等信息技术的重要作用，推动政府决策科学化、社会治理精准化和公共服务智能化，已经上升为国家层面的发展战略。随着我国残疾人事业发展水平不断提升，各项残疾人工作信息化水平不断提升，以残疾人动态更新为基础的网络平台管理已经成为新常态。然而，不同残联职能部门数据信息不畅通现象明显，数据统计指标口径不一致，缺乏顶层设计与大数据技术支持，缺乏统一的"动态更新+业务数据"的大数据平台，数据信息壁垒不但没有因网络管理而减少，且有不断扩大的趋势，不仅没有减轻基层残疾人工作者的负担，反而造成了基层工作实践中诸多不便。究其原因，一方面跟残联系统趋行政化的管理体制有关，残联职能中的管理职能发挥，要远远强于服务职能的发挥，其中省市县残联的科层制导致依然延续着项目审批制、资金划拨制等传统政府治理格局，政策项目设计、论证过程缺乏以残疾人需求为导向的科学评估机制。另一方面残联系统职能部门的设置，主要以残疾人具体工作领域进行划分，缺乏横向联系社会参与的职能部门，缺乏依照国务院"大部制"机构改革的内生动力与宏观规划。

（四）残疾人追求美好生活的多元性、丰富性需求与同一性、有限性服务供给之间的不充分

新时代残疾人对美好生活的向往，已经逐步从吃饱穿暖、有安全住房等基本生存需求满足，发展成为教育培训、社会保障、文化体育、康复辅具、无障碍环境、就业创业等多样化、个性化需求，需求类型更加丰富、需求层级更加立体。然而，从我们现阶段全国残疾人服务供给情况看，大多只能关注贫困、重度等特殊残疾人的基本生存保障需求，对普通残疾人中的多样化、个性化需求缺乏有效关注；大多只能满足残疾人低等级的需求，对未来养老、心理康复、婚姻生育、交友旅游等发展型需求缺乏有效支撑。究其原因，一方面从我国残疾人事业发展的历程看，政府公共财政投入是第一推动力，公共财政的普惠性决定了只能满足大多数残疾人基本型需求。另一方面助残社会组织、残疾人服务企业、志愿助残群体等多元社会主体长期以来发育迟缓，政策支持力度不够、配套措施衔接不足，这些情况在我国西部地区还非常突出，需要社会提供多样化残疾人服务需求难以找到合适的承接主体。

（五）残疾人政策福利救济发展理念与促进残疾人能力增长、增权赋能理念的不匹配

当前很多残疾人政策项目工作，更多是关注残疾人的就业、教育、康复以及社会保障等现实利益诉求，缺乏对残疾人群体的长远性发展的有效规划，促进残疾人能力增长的政策项目比重不够。实际操作过程中容易忽视残疾人主体参与，导致部分贫困残疾人内生动力不足、主动发展意愿不强。残疾人政策项目的设计，更多以残疾人个体物质需求为支撑点，忽视了残疾人内在的精神文化需要；更多以残疾人个体为政策项目切入点，忽视了残疾人家庭能力建设与支持系统重建；更多以保障残疾人基本生存需要为政策着眼点，忽视了残疾人自身人力资源开发。同时，残疾人福利救济的理念发展思维，容易导致残疾人依赖政府的保障救济，陷入西方发达国家的"福利陷阱"。究其原因，不仅与政策设计者忽视家庭、社区、精神需求有关，更与长期以来残疾人政策项目的福利导向有关，忽视残疾人个体独立、追求自我价值实现的发展原则。

（六）注重残疾人民生保障思维与促进残健融合发展理念的不协调

残健融合发展已经成为国际残疾人事业发展的主导价值取向，然而现有基层残疾人工作价值取向更多关注的是保障残疾人基本民生，秉承福利保障的发展思维。然而在基层实践过程中，塑造残健融合社会环境往往被忽视遗忘，社会舆论对残疾人的关注度仍比较低，对残疾人群体的心理偏见歧视还根深蒂固；残疾人文化宣传难以引发全社会的反思共鸣，在残联系统内部说残疾人故事还比较突出；文化体育是更好地促进残健融合切入点，但是具体残疾人文化体育工作发展缓慢，缺乏长久性、制度性的政策介入措施，只能简单停留在广而告之的宣传而非社会倡导上。

（七）残联系统创新能力与新时代残疾人工作创新要求的不契合

残联人员结构不合理、缺乏活力朝气较为明显，调研中有些区县残联仅有1—2人，多数乡镇残联专干人手非常紧张、办公条件差，基层专委文化水平普遍较低，向外学习经验的机会、渠道较少。残疾人专门协会经费来源非常有限，活动开展数量总体较少，村镇社区残疾人协会缺乏存在感，主动联系残疾人、为残疾人发声争取权益作用微弱。残联自身主动纳入党委政府中心工作、主动协调政府职能部门、主动对接相关政策不够，敞开大门吸纳社会力量参与残疾人事业的意识与能力不足，与残联成立之初相比活力朝气明显欠缺，鼓励创新、激励竞争氛围不浓，主动联系服务残疾人的责任感、使命感不强。紧密联系残疾人的方式手段还需要创新，在新理念、新思路、新方法、新探索上体现残疾人工作的特色亮点还不突出。

（八）中国实践中国故事的多样性、多元性与残疾人事业发展中国方案的自觉性之间的不平衡

解决中国的问题只能在中国大地上探寻自己的道路和办法，在我们前所未有地走近世界舞台中央、中华民族伟大复兴的今天，十八大以来，以习近平总书记为核心的党中央提出了一系列中国智慧、中国经验、中国方案，体现了中国实践方案的文化多元性、多样性。我国残疾人事业发展的历史进程，从跟跑、并跑阶段，已经发展到并跑与领跑齐头并进的阶段。然而，残疾人事业发展中国方案还没有向世人呈现完整的蓝图愿景，理论界与实践者缺乏中国方案的理论自觉与文化自觉，缺乏残疾人事业发展中国道路的理论自信、制度自信与文化自信，缺乏与国家一起走近世界舞台中央的历史使命与责任感。

第五章 中国残疾人事业治理创新的基本架构与对策

残疾人事业治理创新作为一种理念，是社会治理主体依据社会治理的一定行为准则和价值依据而进行的创新活动，这种创新要符合时代的要求，体现了国家在不同时期的价值取向和政策偏好，更有效地应对残疾风险，提升残疾人和社会福祉。

残疾人事业治理创新，面临着中国社会急速的城镇化、老龄化、市场化、信息化、国际化的发展形势，这对于残疾人事业发展来说既是机遇也是挑战。在残障风险不断增多及其发展的不确定性、社会性及制度性原因的背景下，中国残疾人事业治理创新，要不回避当前残疾人事业发展存在的结构性问题，认识到残疾人事业发展不平衡不充分这一突出问题的复杂性、长期性和发展性，要有明确的基本原则，清晰的理念，明晰的目标。以治理的思维，坚持基本的反思性、系统性、整体性的原则，推进残疾人事业创新发展，才能真正实现我国残疾人福祉的提升与残健融合发展。采用以促进残疾人事业科学、健康、持续的发展方式。新时代残疾人事业治理创新的总目标是建构完善的残疾人治理体系，从而提升政府和社会应对残疾风险的能力，促进残疾人安全感、获得感、幸福感的充实与保障，并实现社会和谐与发展。

一 新时代残疾人事业治理创新形势的要求

新时代中国经济从高速转向中高速增长，经济结构深度调整，财政对于残疾人事业发展的资金支持也会相对调整，但同时残疾人在辅具、服务等方面的需求也可以作为新的经济增长点，并为推进供给侧结构性改革提供强大内生动力。在人口结构中，随着人口老龄化的加速，老年人残疾率的不断上升，残疾人为风险的增加使得残疾治理要更加重视残疾预防，全生命历程的健康促进残疾治理"健康中国"的融入，为残疾人事业发展提供新的更大的空间；在城乡一体化、残疾老龄化以及残疾人内部差异显著的发展趋势中，因为差异但求均衡发展的公共服务供给结构、资源布局、覆盖人群等的调整，为老服务和助残服务的整合，残疾人事业发展的城乡一体化等，为残疾治理提供新的动力；特别是在社会结构深刻变动、利益格局深刻调整，残健之间、残疾人之间等社会公平意识、权利意识不断增强，同时广大残疾人提高生活质量水平与残疾人基本生活服务保障等之间的平衡发展，残疾人现实服务需求与有限供给之间的矛盾等问题使得合理引导社会预期、加快基本公共服务均等化任务更加艰巨。但也看到，新一轮科技革命和产业变革包括移动互联网、物联网、大数据、云计算等技术快速发展为残疾人服务、供给方式、服务模式的变革提供了更大的可能性；残疾人服务的巨大空间也吸引了、凝聚了更多社会组织和市场力量进入，为推动残疾人事业发展提供了机遇，也为残疾人事业治理结构优化、治理体系和能力提出了更高的要求。

新时代要满足残疾人对美好生活向往，提高残疾人事业治理的能力与水平，要坚持以人民为中心的理念，促进残疾人事业与经济社会的协调发展、融合发展、共享发展。

（一）以人民为中心

"以人民为中心"是新时代我国对于"以人为本"的民生发展和社会事业发展的基本概括，是人民性的集中体现。"以人民为中心"，就是"把增进人民福祉、促进人的全面发展作为发展的出发点和落脚点，发展人民民主，维护社会公平正义，保障人民平等参与、平等发展权利，充分调动人民积极性、主动性、创造性"，"发展为人民，发展过程中要依靠人民，发展成果为人民共享"，这是我国全面深化改革的价值属性和根本遵循。要以"人的全面发展"和"所有人的发展"这两个基本概念为核心，以更大限度地满足人的自身需要和创造力的发挥为主要目标。新时代我国残疾人事业治理创新在治理什么、谁来治理，以及残疾治理的内容、对象、目标等需要体现人民性。

残疾人事业治理创新必须要体现人民性，这要求残疾人治理创新过程中，要从残疾人的需求出发，以解决残疾人的困境问题作为出发点和落脚点，不仅要提升残疾人福祉水平，更要重视残疾人需求的差异性和问题的差异性，回应残疾人的特殊性诉求，缩小残疾人与城乡居民的收入福利和社会供给的差距，也要关注残疾人社会保障过程中因政策发展不平衡而造成的内部差异，包括不同类型残疾、不同年龄特别是残疾儿童和残疾老人问题、残疾人事业发展不同领域之间的不平衡不充分问题；特别是残疾预防问题，更要依靠更广大的人民群众作为治理主体，通过赋权提升其参与能力和主动自觉能力，使得全社会的人不仅是残疾人事业发展成果的受惠者，更是建设者和奉献者，以残疾人以及全体社会成员的残疾风险意识和行为的改变，从而减轻、减弱、减少残疾的发生。通过残疾的有效治理，提升政府治理、社会治理的水平，提升更广大的人民群众的获得感、安全感和幸福感，使得全社会共享残疾人事业发展的成果。

（二）融合发展

融合发展是新时代我国社会的发展，特别是残疾人事业发展的基本要求。我国残疾人事业发展经过30多年的改革发展，取得了巨大的成就，但低水平、不平衡的问题成为残疾风险治理最大的挑战。长期以来，提高残疾人福利水平是残疾人事业发展的重点，通过就业促进、社会保障以及"普惠+特惠"的残疾人社会政策，残疾人的经济融合水平不断提高，但残疾人的社会参与、政治参与、无障碍建设以及残疾人歧视等政策的缺乏与不足，残疾人社会参与能力不足，全社会对残疾人的认知和态度的改善程度不高，导致残疾人的社会融合、心理融合等水平存在较大差距。在残疾治理过程中，治理主体结构的协同性较差、治理手法的不足、治理工具的失衡造成的治理效能不足等。融合程度不高成为提高残疾人事业高质量发展的最大障碍，提高残疾治理与政府、社会的融合水平成为新时代残疾治理新要求。

强调融合发展，在于融合发展是残疾人实现平等权利和共享发展的唯一路径，实践中残疾人的社会融合需求和残疾治理实践的要求。在残疾治理的理论上，从医学视角到社会视角，从他者视角到问题视角，从残疾人福利视角到残障风险视角，融合的理论视角开始产生，它打破了以往对残疾治理的二元对立，在一个更为广阔的时空中，融合的理论视角将医学、社会学、心理学、人口学乃至管理学等学科纳入残疾研究中，更重视考察残疾风险治理的过程，从而在应对不断的挑战中，寻找机遇，强调多方面资源的整合与协同、合作与发展。在残疾治理的实践和行动中，经历了残疾人作为治理客体到治理主体、将残疾人作为个体与病体的干预，发展到残疾人权利乃至整个社会的权利和公平正义的实现。只有融合的文化和制度，才能应对现代残疾风险更为复杂的现实困境。当然，我们也不能忽视是现代科学技术特别是信息智能技术的发展为残疾治理的融合行动与实践提供了更大的可能性和更为广阔的空间。

残疾治理的融合性，也就要求在政策实践中打破残疾治理过程中诸多的分界与分野，更加关注人类角度的多样性，以残疾治理的共享理念和整合的策略方法，关注差异，促进国家—社会—市场—家庭—个体的良性互动，消除社会障碍，共建共融的目标，将多种治理工具、治理手法、更多治理主体置于残疾治理体系中，打通将残疾人隔离于主流社会、政治体系之外的诸种障碍，政策由最初提供福利和现金为主向在日常生活、经济和社会等各个方面为残疾人创造与健全人享有同等机会条件为主的转变，通过医疗、技术和制度补偿，降低或消除残疾个体的社会适应性障碍，使其获得与其他健全个体同等的生活样态。促进非歧视的文化形成，在日常生活中，使得残疾人和社会主流人群相向而行，互相了解、理解，促进机会均等，为残疾人创造真正无障碍的、稳定包容的社会环境。

（三）风险共担

残疾风险伴随人类的产生而产生，并在现代社会，其风险的"先天性"与"人为性"共存，个体性与社会性及其互动而推动的特征显著，已经日益成为人们日常生活的一部分。残疾发生的风险、残疾人的权益保护和发展已经超越个体的范围，社会结构对其抵御风险的能力和造成的后果已经越来越超越个体及先天的影响，必须以国家—社会—家庭—

个体的良性互动，建立起社会风险共担的机制，才能真正实现残疾的治理、实现残疾治理的目标。所谓残疾治理风险共担机制，是指在残疾发生、发展过程中以及残疾人的生存发展社会中，建立起的由不同主体、权责明确、结构合理的共同承担风险的机制，使得政府、社会、残疾人及其家庭共同参与残疾治理过程，从而全面形成残疾预防—康复—残疾人保护与发展的残疾治理全过程，以及社会政策试点—倡导—制定—执行—评估监管—反馈—完善政策的制度化循环过程，促进残疾治理过程创新，不断提高风险共担机制的协同性，并在创新中促进残疾治理的政策创制。

残疾治理风险共担机制的建立，需要作为主导的各级政府对于残疾预防的自觉性，从残疾发生的源头进行治理。培育残疾风险意识，使社会个体具有普遍的残疾预防能力，充分挖掘残疾主体能力的潜力，更加重视残疾人及其家庭的主体能动性，激发社会和市场参与残疾治理的积极性，将残疾的政府治理、社会治理、市场治理及家庭治理有机融合，结成真正的利益共同体，促进残疾治理结构的最优化、治理效能的最大化。

（四）共享发展

"平等、参与、共享"是残疾人事业发展的基本原则，平等是理念，参与是过程，共享是结果。所谓共享发展的理念，就是"坚持发展为人民，发展过程中要依靠人民，发展成果为人民共享"，体现了我国社会主义本质和共产党宗旨、科学谋划人民福祉和国家长治久安的价值取向，也是我国经济社会发展进入新阶段的客观需求，也为我国全面建成小康社会提出更明确的目标和方向，只有践行共享发展理念，才能使全体人民在共建共享发展中有更多获得感，增强发展动力，增进人民团结，朝着共同富裕方向稳步前进。共享发展体现了最广大人民的社会权益，不仅是强调共同富裕发展目标的实现，而且赋予了发展动力、发展过程、发展方式和发展性质的新内涵。共享发展，不能仅仅理解为发展后对发展成果的共享，而是把共享赋予发展的全过程，形成共享式发展。

共享发展对残疾人事业治理创新发展提出了更高的要求，残疾治理的社会性发展，新时代的残疾治理，是基于残疾的发生、发展的人为性风险凸显的复杂性，以及在残疾人民生福祉提升中，民生相关制度还未能真正回应社会存在的分化问题，已经不仅是人民生活水平与不断提升需求没有满足的问题，同时更要把解决社会发展中不平衡、不公平的问题特别是解决体制化、政策性的利益失衡置于更加突出重要的位置，只有共治才能共享。残疾风险的结构性使得残疾治理需要的是政府、社会、个体的共同治理，只有如此，才能真正降低残疾发生、发展。在具体的实践中，要从源头治理必须重视残疾预防，提升全社会的残疾风险意识和能力，减少减弱残疾的发生；促进社会无障碍和无歧视，将残疾人事业提升到社会共治的层面来促进残疾人事业发展的社会性；同时要提升残疾人社会政策均衡性和发展性，残疾人服务的可及性和便捷性，保障残疾人精神生活、生活环境质量、民主权利的保障等全面进步，使每个残疾人平等、公正共享社会发展成果，才能真正提升他们的幸福感、安全感和获得感。治理的核心是协调多元利益群体的关系，通过全面深化社会体制改革，建设更加公平的体制机制，建立起服务型政府治理体系和协同共治性的社会治理体系，作为残疾治理的主体，残疾人及其相关利益者的平等参与治理的水平和能力提升需要赋权，通过残疾治理促进残疾人成为社会中负责任的公民，在残疾人生活质量提高的同时提高社会发展的质量；共享发展在残疾人事业治理创新中也要重视公共利益与个人利益相兼顾、普遍受益与合理差别相统一、发展型共享与补偿型共享相结合等。

二 残疾人事业治理创新的基本原则

基本原则是我国残疾人事业治理创新过程中的准则和基本遵循，本研究提出了促进残疾人事业健康持续发展，必须坚持反思性、系统性、整体性、实践性基本原则。

（一）反思性原则：基于风险治理的思维

反思性是人类活动的特征，现代社会的反思性与传统社会有着显著的区别。现代社会的反思性主要是指知识对社会生活形式的塑造。风险理论告诉我们，现代社会唯一确定的就在于其不确定性，风险无处不在，对风险的警觉与意识是治理风险的基础，对现代化的持续的反思与优化治理是应对风险的根本方法。所谓反思性，是一种自觉与积极的态度，是一种主动并且持续地审视理论、信念和实践的过程。它以对理论与实践的理解为基础，这既包括在实践中的反思，也包括对实践过程的反思。特别是在实践中的反思，是提升政策前瞻性和自我觉察的主要方法，通过对实践进行反思，再将反思带到新的实践中去，形成反思的意识，提升反思的能力，会使我们对待实践中的成就与问题有更自觉、更清醒、更理性的观察与思考，从而增加行动的主动性、积极性。

我国残疾人事业发展也是残障治理现代化的过程，也伴随着我国社会的转型以及全球化、信息化、老龄化的过程。在这一过程中，要求我们在发展中必须保持发展中自觉的反思，不断调适政策实践与社会需求变化的适应，才能积极应对因为现代化而产生的诸多困境与问题，否则会陷入更大的困境泥沼中。只有不断地检视残疾人事业发展过程中产生的问题和可能产生的问题，才能不断校正我们的道路与治理的方式方法。

这需要我们首先具备对残疾人事业发展过程的反思意识，以帮助我们在实践中更好地理解残疾人事业发展、治理中的成就与问题、面临的机遇与挑战，准确把握残疾人事业发展的规律特点、现况趋势，从而选择适当的策略、方法、路径促进残疾人事业的治理创新。同时必须着力培养我们的反思能力，反思能力是反思者进行反思活动时所必须具备的心理特征和条件。在残障治理体系创新中，要培养相关人员问题意识，积极的批判精神和探究精神，以包容的态度鼓励政策制定和执行者对残障治理中的制度、政策进行反思。对我国残疾人事业发展过程中，建立起了治理残障问题的制度体系，但在这一过程中，由于政策执行过程中空缺、偏差和扭曲，在对残疾人事业发展的理念、体系以及领域、供给等方面进行全面、主动的探究与批判，识别出问题与困境，并在新的实践中批判地对待问题，从而不断促进我国残疾人事业治理创新的能力和现代化。

（二）系统性原则：协调残疾人事业治理体系内部关系

系统性原则基于残疾人事业治理作为一个体系，其中各要素之间的关系是指残疾人事业是由一些相互联系、相互制约的若干主体、领域及组织结构等组成部分结合而成，是具有促进残疾人事业发展功能的、相对独立的一个有机整体。系统性原则要求把残疾人事业治理视为一个系统，以系统整体目标的优化为准绳，协调系统中各分系统的相互关系，使系统完整、平衡、效能。

经过30多年发展，我国残疾人事业得到长足发展，作为中国特色社会事业发展的一部分，残疾人事业发展自成系统，形成了残障治理的目标、治理主体结构、治理领域、方式方法等。这种系统的有效发展，促进残疾人事业经过30多年发展，形成了覆盖残疾人基本生存和发展的制度体系和运作机制，有效提升了残疾人的福祉水平，但同时，由于系统的缺陷和问题，不平衡与不充分的矛盾凸显，在新时代回应残疾人对美好生活的需求和应对残障风险过程中面临巨大问题和挑战。

新时代的残疾人事业发展，更要以残障治理思维，在控制残障风险及其治理的社会风险和激发制度活力之间保持平衡，适应新时代残疾人需求的变化和残障风险的复杂性，借助数字化时代信息技术的发展，立足于系统性的思维方式，通过残疾人治理结构的培育和平等、协商的整合机制的建立，构建残障风险的共担机制，发挥多元化、异质化的残障治理主体的专有资源和比较优势所形成的强大合力，形成治理目标清晰、方法有效、主体结构完善的治理体系，以促进残疾人事业更加全面、整体的发展，从而促进残疾人的获得感、幸福感和安全感，更促进社会的公平正义。因此，需要我们弥补短板，比如减轻、减少残疾发生发展的残疾预防，针对残疾人老龄化而引发的残疾人养老服务，以及残疾儿童的福利保障、残疾人家庭能力建设、残疾人的赋权增能、残障治理政策的整合、残疾治理主体的结构优化、机制体制的效能提升、残疾人服务供给的改革等成为更加需要关注的问题。同时，提升残疾人事业治理的创新能力也成为其重要的目标，这要求不仅提升政府主导能力，政府在判断形势、顶层设计、处理中央与地方、社会与市场等关系，跨部门、跨功能边界的治理，以及体制机制的联动性等的善治能力，也要提升社会组织的协同能力以及赋权残疾人和广大的人民群众参与残障治理的能力，以提升整个系统的治理效能。

（三）整体性：协同残疾人事业治理创新与国家治理的外部关系

整体性原则，就是把研究对象看作由各个构成要素形成的有机整体，从整体与部分相互依赖、相互制约的关系中揭示对象的特征和运动规律，研究对象整体性质。整体性原则基于残疾人事业是中国特色社会事业的重要组成部分，残疾人事业治理创新必须与国家治理、政府治理和社会治理相适应相协调，其效能才能真正呈现。残疾人事业发展不是孤立和独立的，它是国家的治理战略、政府的治理体制以及社会治理的创新要素，与我国的国家治理、政府治理和社会治理互嵌互构，与我国社会主义事业发展相互依存，形成完整的、有机的统一体。国家治理、政府治理和社会治理以及残疾人治理在治理的领导力量、出发点、基本方略和目标指向上具有一致性，在治理内容上各有侧重。所谓国家治理是中国共产党领导人民科学、民主、依法和有效地治国理政；政府治理则是以政府行政系统作为治理主体，对社会公共事务的治理；社会治理涉及的通常是公民的社会生活和社会活动。三者之间具有包容性关系、交集性关系和区别性联系。我国残疾人事业治理创新需要从国家治理、政府治理、社会治理的结构与关系中把握。

从此出发，我国残疾人事业治理创新的整体性要求，体现在纳入大局、服务大局的意识。现在我国进入改革创新的攻坚期和深水区，利益主体日益多元、利益关系日益复杂。在新时代，残疾人事业治理创新更加要强调与党和国家的发展战略保持一致，与我国现阶段的经济社会发展状况相适应，科学评估我国残疾人事业发展的成就对我国经济社会发展和改革开放的作用与功能，理性面对我国残疾人事业发展的阶段性问题，从改革大局出发看待残疾人事业发展中的利益关系调整，建立多方参与的沟通协调机制，推动残障治理自上而下和自下而上创新的有机结合，增进残疾人事业发展的活力。创新残障治理话语，走出一条适合中国实际的中国残障治理道路。

（四）实践性原则：将残疾治理理论与我国残疾人事业发展实际相结合

实践性原则是社会科学研究的基本原则，因此研究更加重视残疾治理实践中反馈的问题与挑战，对策力求更具操作性和实效性，挖掘残疾治理的潜在资源，整合资源以促进残疾治理效能提升。本研究基于社会发展的风险社会理论、治理理论、融合理论建构其基于风险—治理—融合的理论框架，同时更是注重我国残疾人事业发展的实践基础分析，通过对治理实践中调查研究，发现其中存在的问题，并基于我国残疾人事业发展的历史和现实需求，提出更有针对性和可操作性的我国残疾人事业治理创新的对策。

为此，研究梳理了我国残疾人事业发展的现实基础，我国残疾人事业是随着我国社会事业的快速发展，在不断创新制度和体制机制过程中，政府主导，在资金、政策以及规划等方面投入巨大资源，解决残疾人现实问题，形成了基本的残疾人保护发展政策体系和管理体制，为推进残疾人事业治理现代化奠定了坚实的基础，体现我国残疾治理的制度优势；但在国家治理体系和能力现代化的背景下，我国残疾人事业发展面临诸多问题，诸如残疾治理过程中缺失的内容、有些领域未能得到足够重视、残疾养老和残疾儿童福利政策不够完善、治理工具不够多元、作用发挥有限未能形成主体推动合力等，都在面对残疾风险及其不确定性，残疾人对美好生活的需求中面临巨大挑战，需要建立残疾治理的体制，建构权责明确的多元主体治理结构，形成政府主导、社会组织服务有效、残疾人及其家庭能力不断增强、市场发挥资源配置的基础性作用的协同治理格局；着力于残疾人政策中的短板，建立健全贫困残疾人、老年残疾人、残疾儿童等困境残疾人政策，促进问题的解决，并完善残疾人普惠政策，满足残疾人更高品质生活需求；更要加强残疾人预防，促进残疾源头治理；夯实残疾治理的经济、文化、社区和家庭基础，不断提升全社会应对残疾风险的能力和水平，提升残疾人社会政策回应残疾人问题的针对性和操作性。

三 残疾人事业治理体系创新的框架与运作机制

残疾人事业治理体系创新，必须全面深化残疾人事业改革，所谓"全面"，习近平总书记认为，"全面深化改革，全面者，就是要统筹推进各领域改革，就需要有管总的目标，也要回答推进各领域改革最终是为了什么、要取得什么样的整体结果这个问题"。[①] 按照这个逻辑，研究建构我国残疾人事业治理创新的框架。

---

① 《完善和发展中国特色社会主义制度，推进国家治理体系和治理能力现代化》，《人民日报》，2014年2月18日。

（一）残疾人事业治理体系创新的框架

残疾人事业治理体系创新的框架，首先需要明确创新的理论逻辑，在此基础之上，创新残疾人事业治理体系。

1. 理论逻辑

研究认为，"残疾"是被建构的社会现象，残疾是社会互动的结果，残疾是可以治理的；残疾的风险一直伴随人类存在，但在现代社会，"人为风险"成为残疾发生发展以及残疾人社会融合的主要风险；为此，对残疾的治理和干预成为国家政府—社会—个体共同的责任；残疾是一个过程，因此，治理的起点应该从预防出发，从源头上减少、减弱残疾的风险；而对于残疾人社会融合的促进，则要更重视调整残疾人以及残疾人事业发展的内部和外部关系，改变以问题导向的被动治理，以促进残疾治理中的社会自觉性。

基于残疾风险—治理过程—治理效能的理论框架，在明确了观察我国残疾人事业发展的理论基础为风险社会理论、治理理论以及融合理论的基础上，明确研究的核心概念，以前人研究启发我们的思想，对残疾及其残疾过程、残疾人及其多样性、残疾风险的内涵、残疾人社会融合等概念进行重新界定；研究取向的创新在于调整残疾人以及残疾人事业发展的内部和外部关系，以促进社会和谐与发展，共建共治共享。这种关系主要包括残健关系、残障治理与社会互动关系、残障治理的主体间关系以及残疾治理中的家庭与社会关系等，展开的系统创新，形成残疾人事业治理创新的基本理论架构。

2. 实践逻辑

我国残疾人事业治理体系是在残疾风险治理和残疾人社会融合促进中持续发展完善的过程。因此研究也分析我国残疾人事业发展的制度优势与面临的困难挑战，认为，党和政府历来高度关心发展残疾人事业，践行社会主义人道主义思想，将残疾人社会政策作为我国基本公共政策和社会政策的重要组成部分，特别是改革开放以来，不断加大资金投入和政策投入，加强体制机制保障，我国残疾人事业从自发到自觉，从对残疾人生存困境的回应到残疾人保障体系的积极建构，残疾人事业得到快速发展，凸显我国残疾人事业发展的制度优势。但在这一过程中，也存在诸多局限和挑战，在不断的现实选择中渐进式地推进的残疾人社会福利制度建设，存在临时性、滞后性等特征，缺乏科学的顶层设计，未能形成有效的残疾人事业发展体系；残疾人事业发展制度的不平衡不充分的问题与残疾人不断增长的对美好生活的需求的矛盾难以得到有效回应，我国残疾人事业治理创新需要从国家治理、政府治理、社会治理的结构与关系中把握。而我国国家治理体系和能力现代化建设的现实要求，为残疾人事业治理体系创新提供了发展空间。

在实践中，为应对我国残疾人事业发展困境和挑战，以消除"残疾"的风险，促进残疾人社会融合为目标的残疾人事业治理创新，重视残疾治理的顶层设计与政策体系建构；在具体层面，不仅要着力于残疾发生后的残疾人的教育、康复、就业等提升其能力，发展残疾人社会支持网络，更关注社会环境治理，重视残疾预防，减少、减弱残疾发生，特别重视无障碍环境建设；既要关注残疾人社会保障和服务，更要关注残疾预防，促进源头治理；也要关注残疾及其残疾人社会制度、社会文化等社会环境建设，从根本上进行"残疾"治理；也需要关注差异性需求，不同区域、人群、致因的需求不同，回应策略需要关注残疾人政策的可及性和获得感；在残疾治理涉及的多个层面中，着重于盲点和误区的质量，重点关注残疾人权益保护的制度建设，多领域、多手段地整合资源，促进社区健康，运用信息技术，以及参与社会组织和增长人的能力；残疾治理需要以绩效评估为支撑，需要建立完整的监测评估指标体系；通过理念创新、制度创新和手法创新，构建"残疾治理生态链"，形成基于本土经验的残疾治理新模式。

3. 行动框架

残疾人事业发展以残疾风险—治理过程—治理效能的理论逻辑和发挥我国残疾人事业发展的制度优势，积极应对发展中的问题与挑战展开，通过更加明确的目标，确定的原则，从治理理念、治理对象、治理目标和治理结构等方面进行系统创新，着力推进残疾人事业发展改革。这主要包括：第一，残疾治理的理念以平等共享为理念，坚持反思性、系统性、整体性和风险共担的原则。第二，残疾治理的目标一是以减少残疾发生，减弱残疾的程度；二是追求残疾人福祉不断提升，美好生活的不断实现；三是最终建立一个美好的社会，实现社会公共利益最大化目标。第三，残疾治理的对象是残疾发生前、中、后期整个过程，主要包括残疾发生风险治理的残疾预防行动，满足残疾人生存与发展的美好生活需求的制度和机制建设。第四，在治理结构上，形成整合、多元主体的组织架构，明确各主体的责任与权利，以法律法规对治理主体及其间关系进行规范和约束，形成能够发挥最大效能的协同机制。

（二）强化残疾人事业治理创新机制建设

体制机制问题是制约残疾治理协同善治最为根本性的议题。残疾治理要顺应社会发展和公共政策发展的规律，与时俱进，寻求体制上的突破，创新残疾治理的协调、保障、动员、控制和反馈机制。要从政府主导、残联主管的一元化管理或多部门的碎片化管理转向多元主体的协同共治，理顺政府、社会、市场关系，促进残疾人事业治理结构转型从而提升治理效果。

1. 残疾治理的协同善治

协同善治，来源于协同和善治两个关于治理的概念。所谓善治即为良好的治理，就是使公共利益最大化的社会管理过程，其本质特征是政府与公民对公共事务的合作管理，是政府与市场、社会的一种新型关系。[①] 协同治理是指在社会事务的管理过程中，政府、民间组织以及公民个人等子系统以法律、货币、知识、伦理等各种控制为变量，借助系统中社会诸要素或子系统间非线性的相互协调、资源整合、持续互动，产生局部或子系统所没有的新能量，实现治理效能最大化，最终达到最大限度地维护和增进公共利益之目的。[②] 残疾治理的协同善治认为，协同是善治的基础和保障条件，善治是协同的目标和结果。协同主要指主体协同，在残疾治理过程中，通过政府、社会组织、市场、社区以及残疾人家庭等治理主体协同，以共同的理念、一致的目标、行动上的良性互动形成合力，激活政府资源、社会资源和市场资源，平等参与残疾治理，

[①] 陈广胜：《走向善治》，浙江大学出版社2007年版，第102页。
[②] 杨清华：《协同治理与公民参与的逻辑同构与实现理路》，《北京工业大学学报》（社会科学版）2011年第4期。

以达到残疾治理效能最大化，进而促进社会更加融合、和谐的善治目标。

2. 创新残疾人事业发展的协调机制

破除体制机制障碍，强化政府及其职能部门在残疾人事业发展中的规划、政策、投入、监管等职责，建立健全残疾治理中的地方与中央、职能部门之间沟通机制；建立残疾人及其残疾事业发展的信息共享机制；重构政府与残联的关系，以变革促进残联重要职能回归，改变残联"小马拉大车"的现实困境；从残疾风险治理的实际需求出发，发挥残疾人和社会、市场的主动参与性，畅通需求表达通道，完善利益诉求机制，促进各个治理主体间的平等、对话和沟通协调。

3. 健全残疾人事业发展的保障机制

加大残疾人事业的政府立法和法律履行，完善《中华人民共和国残疾人保障法》在残疾人事业发展各个领域的法律法规及实施细则，并加大残疾人相关法律法规的执行和监督力度，将残疾人事业发展纳入法制化、规范化规定。优化残疾人事业的财政投入机制，以均等化取向，构建中央、省、县三级为主的财政投入机制，明确不同层级的财政分担比例，着力改变残疾人事业的不平衡状态；健全残疾人事业治理的组织保障，建立由残联、人社、卫健、文教、民政、安监、环保、公安、宣传教育等职能部门组成的残疾治理工作领导机构，构建"残疾治理复合体"；加强残疾人事业治理的服务保障，完善残疾人自组织、助残服务组织、社工组织等功能完善的社会服务组织体系，加强队伍建设，着力培育残疾治理的管理人才、服务人才、专业技能人才队伍。

4. 建构残疾治理的社会动员机制

所谓残疾治理的社会动员是根据残疾治理的目标，有效调动、集中与配置社会资源的过程，是与社会动员程序、主体、方式和工具等相关的制度安排。全过程治理的残疾人事业治理创新，将整个社会、每一个人都纳入这一体系中。因此残疾治理的社会动员机制一是建立凝聚共识机制，要通过宣传教育和政策引导，促进政府、社会、残疾人特别是社会公众等残疾治理共同认知，促进残疾治理成为每个人责任共识的形成。二是要发挥残工委及其成员单位、残联、助残组织等的创新活力。三是健全社会动员政策，通过对社会组织、志愿服务等的法律法规，建立健全社会动员的组织机制、激励机制等。四是健全动员手段，通过服务购买、项目和社区活动，优化资源投入结构，关注区域性差异，加强对农村等基层能力建设。促进社会组织和社会公众参与残疾治理，并充分利用新媒体和新技术，健全社会动员网络。从而调动全社会的残疾治理参与的积极性，整合政府、社会和个人资源，全面提升残疾治理效能。

完善预防介入体系，系统有序、条块畅达、执行有力。健全残疾研究、残疾服务有效协同机制，及时总结各地实践经验，形成制度化成果。鼓励运用大数据、人工智能、云计算等数字技术，在残疾监测分析、防控救治、资源调配等方面更好地发挥支撑作用。要健全以社区—家庭为单元的公共卫生服务体系，加强公共卫生队伍建设，健全培养、准入、使用、待遇保障、考核评价和激励机制。推动残疾服务与医疗服务、公共资源与社会资源、行政力量与市场力量等的高效协同、无缝衔接。强化风险意识，完善研判、评估、决策协同机制。

加强无障碍基础设施等对残疾治理的重要支撑，要以残健融合、技术赋权、整体优化、差异协同为导向，统筹传统和新型基础设施的完善与发展，打造高效人性、经济适用、智能绿色、安全可靠的残疾人现代基础设施服务保障体系。

（三）提升残疾治理体系的运行能力

残疾治理是政府、社会以及残疾人及其家庭互动的结果，是我国社会事业重要组成部分，过于注重政府或者其他单方面的作用，必定会影响残疾治理效能的发挥。

1. 提升各级政府残疾治理能力

所谓政府残疾治理是以相关残疾的公共政策作为主要治理工具，并以此为基础形成残疾治理的相关法律和制度，从而实现制度治理和政府法治。作为政府推动的残疾人事业，残疾人事业治理创新，应加强政府的主导责任，以残疾人融合理念，完善残疾人事业发展的法律政策体系和运行机制，促进政府与社会、市场力量等多元主体的良性互动，促进残疾人事业的持续发展。在我国的社会治理结构中，政府在社会治理格局中居于主导地位，这是我国残疾治理的历史发展与现实需求。在残疾人事业发展过程中，由于社会力量的缺乏，家庭和残疾人个体力量单薄，长期以来，政府不仅是残疾治理的设计者，也是执行者，因此残疾治理的政策难以反映残疾群体实际的和动态的需求与意愿，同时这种单打独斗态势，也使政府成为唯一的残疾风险承担者和责任者，导致社会和个体的责任缺失，在应对复杂的残疾风险中，政府也顾此失彼，残疾治理的财政投入和政策投入与需求的错位，严重影响了残疾治理的效能。因此，新时代的残疾人事业治理创新中，政府在残疾治理的协同善治中同样居于主导位置。政府要作为残疾人事业治理创新的设计者、资源组织和配置的主体，政府残疾治理能力决定残疾人事业发展的水平，整体残疾事业发展机制至关重要。提高协同善治能力因此要首先提高政府残疾治理能力。

2. 深化残疾人事业发展的政府机构改革

依法行政，通过公开透明的政府预算、政府决策和绩效考核，增强政府公信力和执行力。强化政府在残疾人事业发展中的规划、政策、投入、监管等职责，促进残疾人及其残疾事业发展的信息共享。将残疾人服务等具体事务委托社会和市场力量承担，促进残疾人事业治理创新中由"全能政府"向"有限政府"的转变。优化残疾人工作委员会的机构设置和职能配置，反思政府"残疾人工作委员会"在残疾治理体系中的角色、功能和作用，有必要从其名称体现残疾预防治理的理念，"残疾治理工作委员会"可以成为备选的方案；充分发挥残疾人工作委员会的作用，坚持把残疾人事业纳入各级地方政府治理格局，自上而下地建立由残联、人社、卫健、文教、民政、安监、环保、公安、宣传教育等职能部门组成的残疾治理工作领导机构，构建"残疾治理复合体"；将解决最重要的残疾治理问题作为残工委的主要工作内容，明确各自职责，残疾预防与残疾人医疗康复的卫健委责任、福利提升的民政责任、统计部门的信息责任以及相关部门责任成为部门绩效考核的重点，将残疾人事务纳入政府经济社会的大局；在行政协调、服务流程、信息资源、技术支持和网络渠道等方面加以整合，形成有效的"残疾治理闭合系统"，促使残疾治理从原有条块分割的"碎片化治理"到"整合体系治理"。聚焦残疾人全面小康面临的重点难点问题，特别是残疾预防、残疾人康复、托养、社会保障救助、扶贫等重点领域，强化残工委成员单位特别是卫健、民政、扶贫等部门主体责任，促进惠残政策的有机衔接。

3. 加强残疾治理的制度安排和政策设计

这包括目标设定、工作步骤、实施与评估等系统性、制度性保障等的能力。从残疾治理的国家—社会要求和人民获得感、安全感、幸福感的高度，系统规划残疾风险防控和治理体系建设，认真评估我国残疾人事业发展的法律法规，加快构建国家相关法律法规体系，提升残疾治理的制度化水平。需要改变我国残疾治理的政策和组织话语体系，将以"残疾人"为聚焦点的残疾服务改变为以"残疾"风险治理与残疾人服务并重。补齐残疾人基本民生保障薄弱环节，在健全人与残疾人、户籍残疾人与非户籍残疾人、年轻人与老年人之间建立平等、均衡、和谐的权益关系，改革完善预防控制体系，贯彻预防为主的残疾工作方针，将预防关口前移，形成残疾发生前、中、后期完整的残疾社会政策体系。

4. 健全残疾事业人治理创新的社会组织体系

要从残疾风险治理的实际需求出发并发挥残疾人和社会的主动参与性，畅通需求表达通道，完善利益诉求机制，促进各个治理主体间的平等、对话和沟通协调。激发残疾治理的社会活力，积极培育社会力量，形成适配残疾人多样化、专业化需求的多种类型的包括残疾人自组织、助残服务组织、社工组织等功能完善的社会组织体系，促进残疾治理结构优化，并与政府治理、公众参与协同，促进残疾人公共服务持续性、专业化水平提升，残疾治理主体结构更为完善，残疾治理能力不断增强。

5. 营造残疾治理的社会支持性环境

实施全方位宣传教育，倡导公民参与，提升公众残疾治理认知和意识，加强对残疾风险脆弱群体的宣传干预。加强残疾治理的学术研究，充分发挥公共卫生、康复医学、社会工作及法学等学科的优势，整合资源积极开展跨学科研究，并在研究实践基地建设和推动循证决策；在残疾问题研究与康复管理方向重点深入服务标准（技术规范）、行业管理标准（管理规范）等，推动重点学科领域内科学技术的创新，从而促进全社会各种力量都能够发挥各自的比较优势，平等参与残疾治理。

6. 重视残疾的智慧治理

大数据和智能技术对于残疾治理效能提升带来了巨大机遇，通过资源整合，提升服务效能。积极应对大数据、区块链等信息技术对残疾治理的挑战，不断完善残疾治理的顶层设计，建构适合目标的路径，配套经济、社会、文化等基础条件，充分调动全社会和全领域的资源，对目标和过程的监测监管等通过制度设计有机地整合，积极应对残疾治理中可能出现的目标偏离、执行扭曲以及功能的人为风险，提升残疾治理体系和能力的现代化水平。

四 中国残疾事业治理创新的对策建议

结合残疾人事业发展中眼前问题的解决，以及长远目标的实现，在残疾人事业治理创新中，应该更加注重在组织体系、社会参与、政策效能、基础坚固以及科技支撑等方面的改革创新。

（一）残联治理：以变革促进残联重点功能的回归

残联治理是残疾人事业治理创新的关键。因为残联介于国家与社会之间，在两者的联系中居于核心地位，残联准确定位、功能发挥在中国特色的残疾人事业中发挥着关键作用。《中国残疾人联合会章程》明确了残联具有代表、服务、管理三种职能，但同时又被定义"免于登记的社会团体"，有相应的行政级别和党政编制，就像苏绣中的"双面绣"，具有明显的"官民两重性"。在残疾人事业发展初期，残联兼顾了行政职能和服务职能，积极推动残疾人事业发展，发挥了其他一般社会组织难以替代的作用。但随着我国社会转型和社会保障与服务发展，残疾人需求的复杂性和残疾人公共服务内涵更加丰富，残联所具备的职能和能力显然难以满足残疾治理的实际需求；同时，残联作为社会团体而非职能部门也显示出其在政策和财政资源等的动员上，也难以满足残疾人事业发展的需要。更为重要的是，残联过多地包揽行政任务，使其行政职能的发挥远甚于服务功能，出现严重的"管理大于服务"现象，同时其在残疾人管理服务领域的垄断地位和行政地位，已不适应社会治理体系和能力现代化的要求。[①] 残联改革成为残疾人事业治理的关键。

---

① 秦琴、曾德进：《政府、残联和残疾人民间组织的关系研究》，《社会科学》2014年第4期。

1. 回归残联的职能定位

我国群团组织改革要求"适应完成党的中心任务和基层工作、群众工作需要，改革和改进机关机构设置、管理模式、运行机制，充分体现群团组织的政治性、群众性特点，防止机关化、娱乐化倾向发生"。作为我国重要群团组织的残联改革，首先要推进其职能的归位，强调其代表残疾人的作用发挥。

适应新时代社团改革形势与要求，出台残联的相关制度规则，形成残联的议事决策机制，促进残联的制度化、规范化和程序化建设。以残疾人需求和项目创投、政策倡导等为重点，推动惠残法规政策措施制定，主动开展执行过程监督和效果评估，促进政府残疾治理的体制机制变革。大力弘扬人道主义精神和融合的残疾人观，营造扶残助残社会环境。

2. 加强残联组织的代表能力建设

创新紧密联系残疾人的机制，依靠"12385"残疾人热线、残疾人办证、残疾人信访服务等服务窗口，对残疾人合理合法诉求分级分类管理，策划邀请人大代表、政协委员、政府部门、市场企业、社会服务组织、残疾人家属等相关机构和人员面对面座谈走访，增强社会各界对残疾人事业发展的准确认知。要进行残疾风险的研判和残疾人需求调查研究，掌握鲜活的、翔实的、具有说服力的残疾人第一手资料，这要加强残疾人个体与家庭的调查，残疾人信息平台的建设等，以及综合分析残疾人社会需求分析的专业研究机构的介入等，准确对残疾人的实际需要与需求进行辨识，从而为残疾人权益提供科学、全面、翔实的资料，为残疾人政策制定提供科学参考。

3. 促进残联工作的社会化

以包容性的思路，吸纳更多的优秀残疾人代表以及各界代表参与到残疾治理中，通过将一些经济、社会、文化、科学、教育等领域的优秀代表作为残联的智库，从不同层面和侧面汇集残疾治理的人才和智慧，为残疾治理的社会性、广泛性提供知识和文化智慧；也调动、整合各方面的资源，为残疾人事业发展提供支撑；更可以使广大的社会群体了解、理解残疾人和残联的工作，促进残联的社会性、群众性。

4. 发挥残联枢纽型社会组织的作用

残联天然地具有"政府管理"和"社会自治"的双重属性以及政

府—社会的枢纽功能，残联作为政府和社会组织之间将双方需求与资源对接的中间人、代理人，通过承接政府社会组织管理与服务、社会组织评估与培训等，将各类自助、助残社会组织联合起来，发挥了党组织在社会组织发展中的领导核心和政治引领作用，从公益理念、公信力、执行力、项目、资源、网络等方面进行引领，并在残联与残疾人民间组织形成"共赢性互惠关系"、在残疾人民间组织内部"竞争与联盟"以及强弱组织之间的互动的"转包与代理"关系，最终出现以残联为主导的多种关系模式并存的组织关系格局。[①] 孵化更多的适配残疾人需求的助残社会组织，将国家对社会组织的管理和培育有机统一起来，提升社会自组织能力，激发社会组织的活力，促进社会组织健康有序发展，也推动残疾治理共建共治共享格局的形成。

5. 加强残联的基层治理

强化残疾人基层人员组织管理，建立基层残疾人专职委员遴选、考核机制，提升残疾人专职队伍年轻化和受教育水平，适度放宽残疾人担任专职委员的比例，重点加强乡镇街道残疾人专干队伍建设，改善乡镇残联专干福利待遇与工作条件，促进残联专干和专职委员人员队伍稳定。提升基层残联主动纳入党委政府中心工作、协调政府部门、对接政策的意识与能力，完善动员社会力量参与残疾人事业的体制机制，建立残联干部队伍跨界轮岗交流机制，增强残联系统发展活力。在加强对残疾人专门协会领导的同时，为残疾人专门协会提供活动经费支持，推动五大残疾人专门协会单独注册，促进残疾人专门协会围绕残联中心任务独立自主开展工作，保持残疾人专门协会发展活力。

6. 提升残联参与政策的能力

建立残联系统干部能力提升计划，通过培训、参观、走访，深刻领会党和国家的经济社会发展的宏观思路和总体部署，了解和理解经济社会发展的总体规划及其与残疾人密切相关的如发改、民政、社会保障、卫生健康、统计等重要职能部门的发展规划，了解国内外有关残疾人的法规政策及最新动向，从而准确把握残疾治理的方向和政策取向。

[①] 秦琴、曾德进：《政府、残联和残疾人民间组织的关系研究》，《社会科学》2014年第4期。

（二）激发社会治理活力：社会组织结构优化及其能力提升

社会组织作为政府和公众沟通、互动的媒介，在政府与社会的双向调适、基层公民良性自治过程中，在共建共治共享的治理体系中发挥着承上启下的关键作用。协同善治的残疾治理过程，社会组织可以将个体化的人以明确的目标类型化、组织化，他们具有广泛的利益相关方、不同主体资源具有匹配性与协作有效性且不同主体通过动态调整实现管理有序性，在社会治理中发挥其参与功能、监督功能和中介功能。社会组织也可以作为社会矛盾治理的缓冲地带，提高社会应对日益复杂的利益分化与冲突的承受能力。同时也可以通过参与，辅助政府进行顶层设计、制约公共权力，促进政府变革。致残因素复杂化、残疾人需求的分化及其需求异质化，政府自上而下的单一援助显然难以达成理想效果，社会组织的灵活性和专业性在残疾人事业治理创新中有着得天独厚的优势，可以为残疾人事业治理创新提供知识和服务支持。应该以政策引导、制度规范和环境优化等方面为社会组织的培育和发展提供支持。从而为残疾人事业治理创新过程中的社会参与提供足够的力量。从此出发，残疾人事业治理的社会协同实现，通过培育多类型、多样化的残疾人社会服务组织，以社会组织动员与参与，整合社会力量，激发社会潜能，激发社会、残疾人及其家庭残疾治理的主动性，形成残疾人事业发展的共建共享治理格局。

1. 优化助残社会组织结构

助残社会组织是残疾治理的主体，是残疾服务供给者、政策倡导者，也是残疾治理的社会宣传教育者，多元的助残服务类型从点滴处关怀残疾人群体的日常生活，解决其困难。助残社会组织的发展，不仅从组织类型上需要基金会、社会服务机构、社团的均衡发展，为残疾治理提供社会资金、服务、智力等方面的支持，也需要从社会服务的类型上，既要有服务于不同残疾类型的（包括言语、听力、肢体、精神、智力等）专业服务组织、提升能力的培训咨询服务组织、整合资源服务的社工组织以及为残疾人服务提供供需对接平台的信息服务机构等支持型社会组织，形成满足残疾人多元化、细化服务需求的助残服务的社会组织体系。

2. 大力培育发展助残社会服务组织

出台促进助残社会组织发展的系列政策措施。明确孵化培育助残服务组织的重点领域（如残疾人基本生活、医疗康复、教育就业、托养服务、法律服务、文化体育、无障碍建设、社工服务）、孵化基地建设、服务购买流程和标准以及督导机制等；加强助残服务组织管理，鼓励助残服务组织积极进行社会组织评估，并与购买服务评审衔接机制；建立健全由购买主体、残疾人服务对象以及第三方组成的项目综合评价机制；通过资金、人力、能力等多种形式的支持，促进基层助残社会组织进行重建、重构、新建，促进助残服务组织健康有序发展。并通过"四社联动"，有序扩大助残社会组织、辖区单位、志愿者等广泛参与助残服务的途径，社区、社会组织、社工以及志愿服务等社会力量在助残服务中的整合与协同，对残疾人实行全覆盖的服务，打通残疾人服务的"最后一公里"。

3. 创新残疾人服务社会组织发展支持模式

所谓创新，就是能够使"生产手段进行新的组合"的观念，它包括引入新的产品，达到新的质量，使用新的生产手段，打开新的市场，建立新的供应渠道以及建立新的生产组织等。残疾人事业作为公益事业，公益创投可以成为创新助残社会组织能力、促进其发展壮大的重要手段。一般公益创投是指利用政府、企业和社会资金为资源匮乏的社区公益组织提供创业及发展资助，这种资助不仅有资金，更重要的是综合性能力建设在内的全方位协助，是一种陪伴式的全过程的支持，因而会形成一种新型的公益伙伴关系。对于相关创投项目评审考察和研究认为，为了获取公益创投支持，助残社会组织首先勇于创新，他们最直接面对残疾人，能够及时敏感地发现残疾人日常生活的需求，并与自己的优势结合，在公益伙伴的支持下，发挥自己的潜能，前瞻性、创造性地设计出新的服务项目，并积累经验，不断完善，为残疾人服务政策倡导积累知识与经验，为完善残疾人服务政策、政府购买助残服务内容、机制以及评估提供参考借鉴。

4. 建构助残社会组织与政府的协同机制

治理机制的制度化与法治化是实现社会协同的根本保障。以残疾治理的理念共识，建立政府、残联以及残疾人自组织以及助残社会服务组织的协同制度，明确政府与社会组织之间的角色关系，以平等意识和契约精神，建立良好的利益分配和责任共担机制、信息沟通机制、问题反馈机制、监督评估机制、服务机构的竞争机制、政策保障机制等协同机制，以制度规范双方的职责与行为；搭建社会组织与政府部门间互助共赢的合作平台，在残疾治理的具体事务包括目标、利益及行动方案上形成高效一致的协同方案，促进二者之间的功能互补，保障社会组织与政府协同机制的动态平衡发展；丰富协同模式，对残疾人基本公共服务采取兜底模式、建立不同服务类型、支持方式等，不同类型公共服务的具体特征采取差异化、针对性的协同供给方式。大力推进政府购买服务，扩大购买总量规模，优化购买服务结构，提升残疾人专业化服务水平与服务质量。完善政府购买助残服务指导性目录，开发设计救助型、支持型和发展型等满足残疾人需求和残疾人事业发展需求的服务项目，通过购买服务集聚和培育更多助残服务社会组织，并促进其转化为治理型的组织，从而肩负承接政府服务职能的角色，建构社会组织及政府部门间和谐有序的新型协同共进关系。

（三）建构残疾治理社会资本：完善积极适宜的残疾人社会政策体系

社会政策是社会治理的最主要手段与工具。所谓积极适宜的残疾治理政策体系，既要体现残疾人社会政策的兜底保障以及与我国经济社会发展相适应的残疾人福利保障水平，也强调残疾人社会政策的积极性，更加重视残疾人政策的主体性及其参与政策能力的提升，促进残疾治理中的国家、社会乃至个体的责任共当；更加重视残疾治理社会政策与可激发、可调动的资源适切性，主要与政策适应的经济、社会、文化基础和资源的培育，以避免、减少在政策设计、政策制定、运行以及监测评估、反馈的各个环节可能出现的因为政策偏好而造成的政策缺失，政策利益相关群体因对政策的理解和评价不同而产生对政策不信任，以及在政策执行过程中因为能力和资源不足而形成的消极、被动以及扭曲执行等造成的政策失真和效能不足等风险。同时要完善关注残疾人全生命历程中的特殊需求，在我国残疾人事业发展中，主要关注了18—59岁年龄段，以教育、就业、体育、康复等为核心，重点关注残疾人的教育公平、社会参与、康复训练等内容，建立残疾人的社会保障和服务体系，缺乏对残疾儿童、老年残疾人群的关注，残疾儿童和残疾老年人在民生问题中的短板效应日益显现。

因此，积极适宜的残疾人社会政策体系，要以改革创新为导向，以残疾风险过程管理的理念，更加重视残疾预防，拓展全生命历程的残疾人政策体系，着眼残疾人需求，以残健融合的思路，坚持"重点保障"与"特殊扶助"相结合，"一般性制度安排"与"专项性制度安排"相结合的原则，建立健全残疾人"普惠+特惠"的社会政策体系，回应残疾人与普通人不一样的刚性需求；确保经济保障在残疾人保障体系中的基础地位，重视康复护理服务在残疾人养老保障体系中的重要地位，残疾预防与康复在保障体系建设中的根本作用；积极构建残疾人社会保障政策与服务体系，为残疾人提供更加专业化、差异化、精细化服务。更关注残疾人社会日常生活，建构残疾治理的社会网络建构，促进政策体系的均衡发展，从而减少残疾治理的内部与外部平衡而充分地发展。

1. 建构残疾预防的政策运行机制

在国家出台《残疾预防行动计划》背景下，及时总结残疾预防试点地区的经验，分析存在的问题与困境，建构完善的残疾预防的政策运行机制。一是建立工作合力和长效机制，自上而下地建立由残联、人社、卫计、文教、民政、安监、环保、公安等职能部门组成的残疾预防工作领导机构，发挥残联、政府部门、主导医院、市场和社会的优势力量。重点、合理地界定重要职能部门在残疾预防中的功能作用，建立相应的专项评价指标体系，形成结构合理、运行顺畅的"残疾预防复合体"共同参与残疾预防。依托现代信息技术，建立以医院为主导的残疾管理随报系统，以部门为辅助的残疾疑似信息体系，以社区为依托的残疾监测网络。二是建立重要相关部门残疾人预防服务监测评价指标体系，促进残疾预防服务的不断完善。着力消除卫生医疗、公共卫生服务、人口计生、残联等相关部门的信息壁垒，集约信息采集，提高残疾预防的工作效能。三是实施全方位宣传教育，提升公众残疾预防认知和意识，特别是提升残疾预防的相关职能部门对残疾预防的重要性认识，加强对残疾相关脆弱群体的宣传干预，将残疾预防落实到社区健康促进行动。同时，应将卫生、教育、社会工作等各种类型的社会组织纳入残疾预防工作体系，提升残疾预防的社会治理水平，使不同社会力量在残疾预防中发挥医疗干预、服务管理、社会评估，以及预防宣传等不同作用，形成抵御残疾风险个人、家庭、社区、社会的支持性网络。

2. 完善残疾儿童福利的政策体系

残疾儿童群体的弱势特征决定了残疾儿童福利较其他福利更具优先发展的迫切性。在社会保障制度全面发展、社会福利制度逐步提升的时代背景下，我国残疾儿童福利发展经历了从补缺型向制度化的发展过程，也经历着从基本生存保障到多项福利服务并重的演进。然而，制度的发展具有相继性，也不可避免地存在着路径依赖，我国残疾儿童社会福利的发展需要从制度定位、理念更新、资源调配等方面着手，赋予其优先发展的地位。以"儿童优先"的理念，赋予残疾儿童政策全部社会政策发展的最重要位置。将残疾儿童的特殊保障纳入整体的儿童教育、健康、权利保障体系中，使残疾儿童能够享受到普通儿童的福利政策。针对残疾儿童的实际需要，针对不同残疾类型、不同残疾等级和年龄阶段的残疾儿童，提供适合其发展要求的生活、教育、康复、医疗及辅助器具配置服务。如院内养育的孤残儿童，不但要提供基本的生活养育，而且应在医疗、康复、教育等各方面承担全面的政府责任，提供多样化的福利选择；对于家庭寄养的孤残儿童，除了经费的支持和对儿童的监护，还应该加强对寄养家庭的甄选、管理和支持；对于一般家庭内养育的残疾儿童，除了针对残疾儿童的福利之外，还应对其家庭提供必要的扶助，建立并完善残疾儿童家庭政策；将更多的福利资源向农村倾斜、向欠发达地区倾斜，满足农村及欠发达地区残疾儿童福利需求，缩小城乡和区域差距，将残疾儿童福利有效传递至需求最迫切的群体之中。加强残疾儿童的服务供给，普惠性的残疾儿童福利与个性化的服务相结合和其他所有儿童一样，残疾儿童需要享受一般的社会福利服务，但残疾儿童的多样性决定了单纯的一般性福利服务难以满足残疾儿童的需要。因此，对于0—6岁的听力残疾、视力障碍、智力残疾以及孤独症等精神残疾儿童，应尊重教育、康复一体化的特征，实现教育康复并重；对于6岁以上的学龄残疾儿童，应具体区分其不同的残疾类型、不同的残疾程度，以确定哪些残疾儿童适合在特殊教育学校和特教班接受教育、哪些残疾儿童适合以随班就读的方式享受教育福利等。

3. 健全残疾老年人社会支持服务

残疾人养老社会保障和服务体系的完善，不仅可以解决老年残疾人生活的实际困难和面临的问题，更为残疾人生存和发展提供稳定的制度性保障，给残疾人带来长久的福祉和实实在在的利益。明确残疾人养老工作重点，优先解决残疾群体中不具备自我或家庭应对能力的特别困难群体的养老问题，提高一户多残、老残一体、老养残等；重点关注重度肢体、精神、智力和多重残疾人的养老问题。在残疾人养老中基于起点不同，通过政策和保障的特惠政策支持，保障老年残疾人与普通老年人平等享受社会福祉的权益，促进残疾老年人生活质量的提升，构建残疾人新生活。完善"全面覆盖、特殊关照"的养老服务体系，为老年残疾人提供更专业的服务。将相关的养老服务进行延伸与整合，丰富养老服务内涵，解决残疾人的养老问题。分类型对残疾人养老问题精准化服务。对智力和精神老年残疾人在机构托养上应有优先选择和入住权，对老年视力残疾人优先免费进行复明手术，重度残疾人应获得较高经济补贴，康复补贴，加大医药费报销力度，对无人照料或家庭照料资源缺乏的重度残疾人可考虑集中托养；一户多残和老残一体户，应获得倾斜性经济支持和服务提供；独居老年残疾人在日常生活照料和紧急援助问题上应予格外关注，并建立相应的保障机制。统筹解决智力残疾人员及其父母养老问题。以政府为投入主导，社会力量为辅，建立一批集康复、医疗、心理、职业培训、文化休闲、养老服务等一体化的家庭式养老托老基地或机构，让智力残疾的成年人与父母一起入住养老机构。

建立统一的老年照护需求评估体系，以老年残疾人身体状况和疾病状况为基础，为规划、配置养老服务资源提供科学依据。打破对象差异，将所有老人而非现有享受各种制度优惠的老人如重度残疾人、低保残疾人、失能、高龄老人、经济困难老人等，统一以老人的身体状况作为依据，对其照护需求进行分类。完善评估标准，以老年人的自理能力、疾病轻重等维度进行拟合，建立照护等级标准；建设评估信息管理系统，形成统一的老年照护需求数据库，并对统一需求评估各环节进行实时管理；优化老年照护统一需求评估流程，明晰评估受理、等级确定、老年人经济状况核对、服务分派、监督等环节的权利与责任，保证评估过程的透明公开；培育第三方评估机构和评估员队伍，以政府购买服务等方式，委托其开展评估，确保评估的客观性、公正性、科学性。

4. 健全残疾人特殊群体基本社会保障体系

对于残疾人中的更加特殊困难群体，以社会兜底的理念，保障其基本的需求。一是帮助残疾人社会保险的全覆盖。为特殊困难残疾人全额补贴基本养老和医疗保险缴费部分，实现社会保险从制度全覆盖到人人全覆盖，筑牢社会保障安全网，真正发挥社会保障的兜底功能。二是扩展"两项补贴"覆盖面，推动困难残疾人生活补贴范围逐步扩大到低收入残疾人及其他困难残疾人，重度残疾人护理补贴范围逐步扩大到非重度中度智力、精神残疾人和多重残疾人。三是发挥社会救助功能。将无业重度的肢体、智力、精神以及多重残疾人单独立户纳入最低生活保障体系。四是建立健全精神、智力残疾人医疗救助补贴机制。

5. 建构残疾人社会工作服务体系

社会工作以"助人自助"理念，促进社会服务、传递社会政策、维护社会稳定。它以专业的个案、小组以及社区的工作手法，既可以从个体出发培育残疾人自助、自强、自决的意识，提升残疾人社会参与能力，帮助残疾人个体及其群体具体入微的问题，从根本上促进残疾人自我发展；也可以通过发动和组织社区居民参与集体行动，动员残疾治理的社区资源，链接社会资源，进行残疾人预防宣传、教育及动员，培育社会个体的残疾风险意识，并促进社区居民与残疾人之间的互相理解、互相支持与互相帮助，建构残疾人社会支持网络，促进社区凝聚与团结，增强每个残疾人的归属感和获得感。社会工作是残疾治理创新的重要制度安排，在我国的《关于加强残疾人社会救助工作的意见》《关于进一步健全特困人员救助供养制度的意见》《残疾人托养服务基本规范（试行）的通知》等重要文件，都大力支持社会工作介入残疾人社会服务领域。

要强化残疾人社会工作的政策设计，明确残疾人社会工作人才建设、机构建设、购买服务、重点服务领域等对社会工作进行系统政策设计和运作机制建设。在残疾服务领域提出专业社会工作实施的方法和标准，规范残疾社会工作实务的价值理念、行动策略、目标结果,明确对相关领域的社会工作支持与保障,社会工作介入残疾服务领域的路径与机制;进一步制定残疾社会工作服务的标准,这主要包括资源配置标准、服务提供标准、支持保障标准、考核评估标准等;促进政府对残疾人社会工作的认知和态度改变,对残疾人行政工作人员进行社工专业的普适教育;加强残疾人社会工作者队伍建设,将社会工作者作为残疾人服务人才建设的重要组成部分,明确残疾社会工作者的就业、薪酬、奖励激励、社工考核等保障;提升现有残疾人服务工作者的社工专业知识和能力,鼓励助残服务和残疾人工作者学习社工专业知识,取得社工资格;将残疾人服务有机融入社区公共服务中,通过"四社联动",有序扩大各类社会组织、辖区单位、志愿者等广泛参与残疾治理和残疾人服务的途径,社区、社区社会组织、社工以及志愿服务等社会力量在残疾治理中的整合与协同,促进社区残疾风险的认知水平和行动能力,对残健融合认同,促进社区信任与团结,打造社区共建共享的残疾治理格局;设计实施残疾人服务的社区创投项目,总结残疾人服务的创新经验,为政府的政策创新与试点积累知识与项目并进行政策倡导,促进残疾治理政策治理过程的变革。

(四)以科技支撑残疾治理:促进智能助残和残疾治理智慧化

大数据和人工智能的发展为新时代残疾人事业发展治理创新提供了技术基础,它不仅给残疾人事业发展带来了巨大的可能性,可以促进残疾人身体感觉状况的根本改善,也能促进残疾人就业、教育等问题的解决,更能通过信息技术与残疾治理互动与互构,带来残疾治理的治理理念、治理结构、治理方式、治理模式与治理过程等的巨大变革。这首先表现为人工智能赋能助残产品,人工智能技术对残疾群体有较强的赋能作用,智能技术的发展可以帮助残疾人弥补残缺的肢体、触觉、听觉、视觉等方面的功能,满足残疾人的基本需求,要大力促进智能技术与残疾人身体的融合研究与开发;再者智能技术发展也为残疾人事业的主要领域如就业、教育和康复提供了更多的可能性;还有智慧平台的建设可以提高治理效能。通过大数据以及各种资源的链接与对接,残疾治理的资源,通过互动,促进政府主导、社会协同、残疾人家庭及其个人的积极参与，从而使残疾治理优化结构，降低社会成本，提高残疾治理效能。

1. 建立中国残疾人智能产品产学研发展体系

支持、激励研发、生产、优化智能助残产品，这首先要求完善智能助残产品开发的政策，鼓励助残产品的开发，建立健全人工智能助残产品相关法律法规、伦理道德等制度安排，建立人工智能助残产品的技术标准，促进人工智能助残产品产业发展；其次要夯实数据基础，对我国残疾人大数据有了更高的要求，拓展现有残疾人数据，建立我国助残产品开发的大数据库，这不仅是残疾人需求与服务的基本数据库，同时要将残疾人身体状况、日常康复、辅具使用、健康变化及其反馈等翔实数据，与我国残疾人日常生活的基础设施等数据链接，形成真正促进我国残疾人智能产品开发的大数据。为残疾人辅助产品的研发、优化升级提供基础数据支撑。并建立残疾人产品开发的群体智能服务平台，以我国残疾人大数据库和助残产品研发基于互联网大规模协作的知识资源管理与开放式共享工具，形成我国助残产品的产、学、研、用创新环节的群智众创平台和服务环境，为助残产品开发提供基础。再者促进多种类型服务机器人开发研制，服务机器人可以替代部分护理服务，有效改善残疾服务者的劳动强度，更要通过政策激励，促进现有助残产品企业进行技术创新和智能升级改造，将传统义肢、辅具赋予其"智能"，提高助残产品智能水平，降低生产成本和市场价格，让更多的残疾人能买得起、用得上智能化产品，促进助残智能化产品的可及性，推动人工智能在残疾人日常生活、工作、学习中的深度运用。

2. 打造助残服务的系统平台

利用互联网技术促进残疾人服务的供需对接，并通过线上技术与线下服务资源的链接，实现残疾人供给更加精细化、个性化的服务。打造残疾助残服务系统平台，清晰残疾人日常生活、康复、医疗、教育等更加具体的需求，为助残服务进行更加丰富内涵的基础数据的收集，并进行数据整理、分析形成大数据，为施行"一人一策"的残疾人服务提供需求侧数据支撑；将信息与残疾人服务资源进行对接，探索与社区、慈善公益机构、志愿者队伍等合作互动模式，提供实时、快捷、高效、低成本残疾人托养服务和日常生活照料、健康护理、紧急救援等个性化精准服务。特别是在残疾人康复服务中，要将残疾人的身体各项数据进行实时监测、分析和管理，并与健康管理硬件系统进行对接，逐步实现远程健康监测服务、健康管理服务、安全管理服务和生活帮助等项服务，使优质的医疗资源和服务资源向社区、家庭和残疾人延伸，将残疾人信息系统与医疗系统链接整合，实现及时就诊、会诊和结算等服务。

3. 激励开展智慧助残服务项目

鼓励社会和市场力量开展智慧助残项目，打造分类别的助残服务资源品牌，为残疾人智能产品的信息获取、使用等提供支持性服务。如建立残疾人智能辅具的信息服务，为听障者提供视频手语翻译服务的"云翻译"助聋服务项目，为残疾人智能辅具提供维修、调整、优化等支持性服务项目，为视障者提供旅游体验导游服务等，促进残疾人有更好的生活体验，满足残疾人对美好生活的向往。以智能技术赋能残疾人就业，智能技术的发展过程中产生很多适合残疾人的就业岗位，如智能数据采集标注处理就可以为很多肢残者提供工作岗位，残疾工作者敏锐发现和开发这些岗位，并对残疾人进行人工智能培训，帮助残疾人中具有专业技能者通过互联网能够获得更为平等的创业就业机会。

4. 以智能化赋能残疾预防

残疾预防体系建设的信息化既有统和协调功能、网络组织功能、有效控制功能，也突破了部门管理空间的边界局限，使残疾预防的相关信息能得到迅速汇集、深度研判、统一治理等。但同时，它也因硬件规格、软件质量和技术掌握水平的局限，尤其对一些特殊案例，加之一些工作人员受到工作态度、技术掌握等能力制约，难以判断类型、捕捉有效信息和把握准确的时机。因此建立国家层面的残疾预防监测网络数据库，确立疑似残疾标准。依托现代信息技术，建立以医院为主导的残疾管理随报系统，以社区为依托的监测网络。同时建立残疾人预防服务监测评价指标体系，促进残疾预防服务的不断完善。

5. 促进残疾治理智慧化

残疾治理智慧化是指通过现代的信息技术、移动互联网技术应用于残疾治理系统，在政府主导下，促进社会广泛参与，提升残疾治理效率、改善残疾人公共服务体验的状态和过程。为此，一是要通过再造流程全面重塑残疾治理与服务内涵,将残疾政策调研与决策、资源动员与配置、政策实施与评估、监测与反馈及政策优化等在信息化、智能化平台上体现。并借助大数据分析技术,对残疾人的需求进行全面准确感知,对政策执行过程、效果和既定目标、社会预期、意见反馈等相关数据进行全面的动态分析,提升残疾人社会政策的科学性。二是建立残疾治理的服务数据平台,收集、整理残疾人基础信息及其残疾人在康复、教育、就业、社会救助等需求信息等多个维度数据,将政府相关职能部门如卫生健康、民政社会福利、劳动就业等部门相关政策信息联通,整合残疾治理的政策资源。三是搭建便于社会服务机构和市场助残服务力量进入残疾治理的公共平台,建立多元主体高效参与的运行机制,建立政府、残联及社会、市场平等的合作关系。促进各类信息资源的整合、共享,完善目录服务体系和信息交换体系,推动面向社会和广大残疾人的政务信息公开与信息资源的开发利用,运用现代技术促进残疾治理过程公开透明和多元高效协同。

(五) 创新残疾治理文化:建构残疾治理的社会文化价值体系

文化是建构社会价值和准则,促进社会共识和社会融合的重要路径,是社会治理的重要工具。相关残疾治理文化包括三个部分内容,一是社会对残疾及残疾人的观念、态度及其行为的综合,包括了无歧视文化与无障碍的建设;二是作为主体的残疾人的自我认同文化;三是人们对于残疾风险的认知和应对能力。残疾治理需要推动残疾社会观念、残疾人的自我认同文化以及社会大众残疾风险认知及反思等方面变化,从而建构残疾治理的新文化,打牢残疾治理的认知基础。以残疾过程为治理对象的残疾治理创新,应该更加促进残疾治理发展过程中人们的意识形态、价值文化等的塑造,形成新的文化共识,从根本上消除对残疾的歧视、残疾风险意识提升与行为改变,真正地促进社会制度和公众行为等方面更加朝着残疾的减少、减弱以及残疾人日常生活和社会处境的改善方向发展。为此,残疾治理的文化创新,要以改变残疾过程和残疾人生存发展的处境为目标,促进形成适应残疾治理现代化的平等、非歧视、无障碍的社会文化;促进残疾人自身自立自强的文化认同;同时要增强全社会的残疾风险认知能力,促进残疾预防,减少残疾发生发展的可能性。

1. 营造无歧视社会文化环境

社会文化氛围会深刻影响社会的基本价值观、理解、偏好和行为。实际上，在我们的社会中，歧视在社会生活中大量存在，包括身体歧视、年龄歧视、职业歧视、性别歧视、疾病歧视等，这些歧视在残疾人日常生活中表现在各个层面。歧视现象的形成，既有由于人与人之间的差异以及心理认知的差异导致的社会心理的偏见与傲慢，同时也有历史文化原因，以及法律政策的回应等因素，这些因素交互同构，使得歧视文化呈现更加复杂的状况。社会歧视的存在，导致社会对立，影响着社会的和谐进步与文明发展，也成为残疾人发展与社会融合的巨大障碍，阻碍着残疾预防社会推动的效应。因此，对于歧视文化的治理，如果仅仅将歧视定义在某个方面或领域，都会导致反歧视的不彻底，必须整合社会力量，建构非歧视的社会价值体系。这不仅需要针对残疾人的歧视，更要通过全社会的努力，消除一切针对差异的歧视，才能真正促进残疾的社会治理。

所谓无歧视的社会环境，更强调的是社会大众的平等、包容、共生的文化自觉与态度。这需要通过残疾社会治理各主体的共同努力，改变社会的认知与态度，从而消除残疾的歧视。营造无歧视社会文化环境，一是要探寻歧视的成因和根源，反思歧视的危害，形成对歧视的社会认知和共识。通过广泛、多元的社会宣传，推动人们认知到歧视的危害不仅是对于残疾者或者被歧视者的危害，而是对每个人来说都存在着歧视的风险与实际的影响，也阻碍社会公平、公正发生的实现，促进积极的反歧视意识的形成，从而自觉地消除偏见，反对歧视行为。二是要针对歧视产生的社会机理，建立反歧视的社会文化机制。在立法上，更强调平等公正的理念，反对一切对公民的歧视行为，建设起以人为本、人人平等、生命至上的社会主义的政治文明。三是要在社会政策制定和实施过程中，建立反歧视的监察机制。警惕在就业、教育、社会保障等方面可能存在偏见和歧视行为，建立政策法规反歧视评估专家委员会，针对实际情况，重视和分析经济社会政策对残疾人的影响，明确残疾歧视的主要方式，判断标准，以评估残疾歧视状况从而真正推动反残疾歧视的进展，以消除制度中的残疾歧视，促进残疾人平等分享经济资源和发展成果。四是建构无歧视的社会道德氛围。社会发展有赖于共同价值观的形成和道德约束的强大制约，要广泛开展反歧视、倡平等和包容的学校教育和社会教育，在人们的日常生活用语、社会行为准则、社会舆论中，反对残疾的标签、分别化的表达以及歧视的行为，形成绝大多数人的反歧视的认知共识和行动，促进社会公众自觉践行包容、平等的反歧视社会价值观，从而约束少数人的歧视观念和行为。

2. 推进社会无障碍文化建设

文化意义上的障碍包括理念、制度、价值等方面的障碍，这些障碍从根本上限制障碍者进入、参与或分享物质环境和社会环境。基于此，无障碍文化也要从理念、制度、社会价值等方面建构。近年来，我国无障碍环境建设不断进步，制度方面无障碍相关的法律法规及标准体系初步构建，但出现了边建设边毁坏，无障碍设施大量闲置，可能出现更大障碍的现象，之所以如此，是无障碍的理念和社会价值在公众中未能得到普遍的认知和认同，社会的无障碍理念、社会价值以及公众心理认同的普遍缺乏，人们无障碍行为未能得到较大改进，使得严重不足且并不完善的无障碍建设未能充分发挥效用。因此，在完善无障碍的物质建设的同时，要更加重视无障碍文化的构建，推进残疾人无障碍的日常生活，真正与社会相向而行。

推进无障碍文化的建设，通过广泛的社会宣传，使无障碍的知识、法律法规、基本规则等得到广泛的认知和认同，推动其成为全社会集体行动和普遍遵守的文明规则。一是要消除障碍的观念。《通用无障碍发展北京宣言》中认为，"每个人的生命周期中都会面临行动和感知的障碍，无障碍与每个生命的权利和自由密切相关"观念，"无障碍环境的建设，为行为障碍者以及所有需要使用无障碍设施的人们提供了必要的基本保障，同时也为全社会创造了一个方便的良好环境，是尊重人权的行为，是社会道德的体现，同时也是一个国家、一个城市的精神文明和物质文明的标志"，[①] 这是我国相关法规的要求。无障碍精神文化是促进社会成员平等参与社会、实现融合发展的重要条件。无障碍的理念、制度和环

---

① 中华人民共和国国务院令第 622 号《无障碍环境建设条例》。

境建设是基于人的关怀,不仅是对特定的人群如残疾人、老年人和儿童的特殊关照,更是会惠及所有人的现代文明制度,无障碍的环境建设关系到每个人的生活和生命质量。二是要在制度层面,不仅要完善无障碍的硬件建设制度,推进建筑、交通、信息进行设计、规划、建设、改造等的通用设计理念,把无障碍作为建设元素的重要组成部分而非附加成分,全面推动无障碍建设;更加完善无障碍建设的治理制度,推动无障碍城市法治化水平,促进政府各个部门的无障碍理念的嵌入,推进无障碍建设的硬件建设和治理制度的协同发展。三是要普及无障碍的知识,改变人们的无障碍行为。要促进公众对无障碍环境设计、无障碍实施的规则等全面系统地了解和理解,促进人们自觉执行无障碍的法律法规,帮助残障者跨越障碍,形成友善、包容、安全的无障碍社会环境。

3. 倡导自强、自立的新型残疾人文化

残疾治理的效能和水平提高,社会共融治理目标的实现,取决于政府、社会、公众及残疾人等主体之间价值与能力的平衡发展。残疾治理主体结构中,残疾人作为残疾治理的基本参与主体,与社会治理的价值和能力的协同发展至关重要。为此,要通过塑造自强、自立的残疾人精神和文化,提升残疾人自我价值肯定和社会参与能力,实现残疾人的主体性治理。

残疾人自强是指残疾人自觉地意识到自身条件与自我目标实践的差距,但依然克服自身弱势,增强自我发展能力,以发挥自我能动性、自主性、自为性,从而促进自我独立,并实现其社会价值的过程;也体现着人类本身的内生创造力。自强文化是残疾人其他文化个性生成和塑造的根基,残疾人文化生命活动的内在动力。残疾人自强自立文化也承载着以人为本,平等、公正、包容互助的社会价值取向。残疾人自强与自立相辅相成,自强是自立的基础和条件,自立是自强的结果,在自强到自立之间是社会的支持与激励机制。为此,要完善残疾人文化自觉的社会支持体系,从教育、文化参与、文化形象等方面促进新型残疾文化的形成,不断推进残疾人的自我反思和行为改变。一是要保障残疾人教育权益,提升残疾人文化知识和技能水平,从而为残疾人平等享受文化权利,自觉自强自立精神打下坚实基础。以补贴补助等形式,使有教育需求的残疾人能够终身获得教育。以残疾人需求为导向，普通教育和特殊教育相结合，对不同类别残疾人教育分类管理，建构残疾人教育体系，并为残疾人学校教育提供便利。特别是对于残疾儿童，通过学校教育、特殊教育以及送教上门等多种方式，促进残疾儿童的基础教育全覆盖；强化残疾人的职业教育和技能培训，重视残疾人高等教育。二是强化残疾人公共文化服务，满足残疾人基本公共文化需求。要坚持服务为本，构建专业化、社会化的服务供给模式，开展适合多元多层次的残疾人文化活动，丰富他们的文化生活，激发残疾人对文化参与的热情、勇气和信心，提升其自立自强精神和文化的自觉。三是要树立残疾人自强、自立的楷模。讲好残疾人自立自强的残疾人故事，通过展示残疾人自强不息的精神风貌，促进社会大众对残疾人精神和文化的认知与理解，以及包容、共享的残疾文化氛围对残疾人的可能性，从而从根本上改变人们的残疾观和对待残疾人的态度与行为。通过倡导和塑造残疾自强、自立的精神文化形象和残疾人文化自觉，建构新型残疾文化。

4. 增强全民的残疾风险意识

残疾治理作为过程性治理，要从根本上消除残疾风险，消解残疾带来的脆弱性，减少、减弱残疾发生与发展，残疾的问题就不仅仅是事关残疾人群体的问题，而是与每一个人相关联，其社会性、普遍性、公众性特征凸显。因此，全民的残疾风险意识和应对能力对于残疾治理来说具有基础性作用。

一是要强化人们对残疾风险的教育。目前我国公众普遍残疾风险意识淡薄，认为残疾是残疾人的事情，与自己无关，对社会残疾因素缺乏认知。这需要通过教育提升公众残疾风险意识，打破残疾认知的盲点和误区。形成残疾风险的残疾产生和发展的不确定性增强；同时，残障的风险及其分配呈现不均衡状态等特征都具有客观性。残疾风险是人类客观和主观因素系统共同作用，人类能力的不断增强使得残疾发生发展变得愈加复杂和不确定，残疾风险的复杂性和残疾致残的多元性使得残疾发生的脆弱性、不确定性和裂变性明显增多、增大、增强。因此，每个人都不能心存侥幸，要以科学理性的态度对待日常生活，防止残疾发生。特别是对于残疾的脆弱群体进行残疾风险的宣传教育。二是要克服残疾恐惧思想。同时，在思想上，公众也要认识到残疾现象的确是不确定的，这种不确定既意味着残疾风险的强化与多发，也意味着残疾风险的可控、可干预和可预防。要强化"残疾预防"作为重要的残疾干预理念，对减少残疾现象的发生、弱化"残疾恐惧"、增强抵抗残疾的能力具有重要的作用。三是要强化残疾风险的研究，提升残疾风险认知。以医学、社会学、康复学、自然科学等多元学科视角，描述和分析残疾风险的类型、特征以及残疾风险发生发展的机理，以及残疾风险应对的体制机制，残疾的发生是由不同的致因、不同的致因与干预方式的互动，以及互动的时间节点、彼此强度、策略选择等因素相关联，增强残疾风险治理的前瞻性。

（六）夯实治理基础：强化残疾人家庭建设、社区治理及监测评估

现代风险社会中社会风险的共生与频发，要求风险治理主体的多元化与风险治理方式的多样性。家庭作为社会的一个基元细胞，在风险治理中扮演着重要的角色。要以残疾人家庭能力建设为重心，加强社区治理，夯实残疾治理基础。

1. 以残疾人家庭能力建设为治理重心

促进残疾人家庭能力建设应该成为残疾人事业治理创新的重要工作。在残疾人事业治理创新过程中，过分地强调社会保障和社会参与会有意无意地对家庭伦理和家庭功能造成破坏。

残疾人家庭建设，第一，在残疾人社会政策中应该贯彻"保护家庭"的原则，坚持残疾人事业治理创新的"先家庭后社会"，在尊重家庭与政府边界的基础上，承认家庭的自我传统和多样性，顺应家庭的变化趋势，针对家庭某些功能的弱化而形成对家庭的支持，协助家庭增强发展能力；通过专项政策协助困难家庭和残缺家庭，以不破坏残疾人家庭的完整性和独立性为前提，给予家庭选择更好、更多资源的替代性支持，致力于通过社会支持弥补、完善家庭功能的政策和行动。第二，在社会保障和社会服务过程中，避免过分地强调制度化保障，缺乏社会服务与家庭建设的有效衔接，导致残疾人群体事实上处于缺少保障的状态，对经济社会的长治久安构成潜在威胁。第三，体现残疾人家庭的作用与功能，为残疾儿童家庭成员提供的直接家庭政策支持有残疾人活动支持计划、残疾家庭养育支持、残疾人父母的心理咨询服务支持计划等。随着社会发展，残疾人家庭支持不应只满足家庭服务需求，还应通过满足家庭的其他需求以促进残疾人家庭问题的全面解决。第四，在税收政策中认可家庭在负担子女或赡养老人等责任方面付出的成本；实行残疾人家庭福利津贴制度，残疾人家庭防范风险专项计划，实行弹性工作制度和弹性退休制度，为劳动者履行照顾残疾家庭成员的责任提供支持。在残疾人的法律法规中，残疾人家庭支持改以残疾人为中心为以家庭为中心，缓解残疾人家庭成员的心理、经济负担。

2. 强化残疾社区基础治理

在现代社会，社区是构筑政府、社会、市场共同作用的社会治理格局的一支重要力量，是现代社会事业发展和治理的微观基础。社区治理将宏观问题微观化，十九大报告强调，"加强社区治理体系建设，推动社会治理重心向基层下移，发挥社会组织作用，实现政府治理和社会调节、居民自治良性互动"。在残疾人事业治理体系中，通过社区将残疾人福祉落地，将残疾人事业发展的各项指标具体化和操作化。从某种意义上讲，残疾人事业的社区治理既是我国实现残疾人事业治理体系创新的重要具体手段，也是实现残疾人事业治理的重要目标之一。我国改革开放以来的社区建设和社区服务，不断探索社区对弱势群体的照顾服务并得到一定发展，形成了具有中国特色的社区服务构架，为残疾人提供更为直接便利的服务支持基础；通过社区来服务残疾人，可以提高残疾人服务的可及性，残疾人社会需求的质量和效能，提高残疾人获得感和幸福感；也是保障残疾人权益，顺应残疾人工作"医疗模式"向"社会模式"转型的客观要求。社区服务成为提高残疾人福祉也是国际社会的共识，由促进残疾人的相关组织包括世界卫生组织、联合国教科文组织、国际劳工组织、国际残疾与发展联盟共同发布的《社区康复指南》，突破传统医学康复概念，提出了跨学科、多领域的架构，包括了健康、教育、生计、社会和赋能等全面的、综合的、立体的、系统的康复内涵，以残疾人发展的新理念，成为残障服务最主要的指导性文件。以消除歧视和不平等为重点，着眼于解决残疾人群体的社会、经济权益问题。但我国在残疾人社区服务中，依然存在着较大偏差，在理念上，重在残疾人福利供给，对残疾人赋权，提升能力的培训等缺乏有效性；重视残疾人康复服务而忽视残疾预防；在社区服务内容上，仅仅可以部分地回应残疾人的身体康复需求，对残疾人的就业、融合、预防等关注不足；服务供给中，机构服务较强，社区服务供给能力不足；在机制上，多头管理、缺乏统一性，资源供给不平衡等问题大量存在；同时，社区居民、残疾人家庭及残疾人等参与严重不足；残疾人的歧视现象依然普遍存在，无障碍设施的普及和运用不足。

为此，残疾人事业治理体系创新的社区治理，要求坚持"政府主导、社会广泛参与、资源共享"原则，促进残疾人事业社区治理的创新，以促治理服务，提高残疾人服务的可及性。这里，需要在建构残疾人社区服务发展中推进社区治理，通过社区治理促进残疾人服务的社区化。建构有指导、有组织、有系统的社区残疾人服务体系，因此要明确政府的责任，着力提升社区治理能力。将残疾人服务有机融入社区公共服务中，嵌入社区治理体系中。这需要以优势视角，发现社区的可用资源，并通过行政、社会、文化整合的手段，统筹协调、合理配置，形成社区资源与残疾人需求相结合的合理格局。促进残疾人服务供给，需求导向、服务精准是实现残疾人服务精准化、个性化的基本路径。对于残疾发生的风险和可能性进行宣传教育，使社区居民参与到残疾治理的过程中，促进居民与残障者共同知识的形成，互相了解、理解，促进社会互融目标的实现。

3. 建立综合监管体系和监测评估指标体系

监督评价是现代社会治理体系必要环节，是社会系统有序高效运转的保障性因素，是对社会治理中的无序现象和破坏行为的制约性力量。残疾人事业治理创新的监督评估体系涉及的关键问题是残疾人事业治理创新的效率和效益问题，其目的是为了有效避免治理过程中权力资源滥用而引致的目标偏离，并对其做出必要矫正。监督评价互相促进，评价将残疾人事业治理创新中问题反馈，进行科学的监督。通过有效的监督评价，以积累治理经验，克服治理不足、提升治理水平。同时残疾人事业治理创新的政策和投入属于社会公共事业，基于社会公平和效率关系，有必要向社会公开，接受跟踪监督和绩效评估；而残疾人事业治理创新的多元主体间的关系、能力结构及利益诉求不同，也潜在需要加强监督评估。

残疾人事业治理创新的监督，要将残疾人事业治理创新主体的自我监督、行政监督、社会监督有机结合，形成有效的监督机制。这需要一方面依靠政府和司法系统，运用法律法规、政策等手段；另一方面社会治理各主体之间需要相互监督、相互约束；特别是通过完善监督制度，实现残疾人及其家庭、社会公众对残疾人事业中的社会政策制定和实施有序参与监督。

残疾人事业治理创新需要以绩效评估为支撑，这要求确立残疾人事业治理创新评价相关制度，设立专业化的绩效评估组织，在广泛调研与科学研究的基础上构建残疾人事业治理创新评价指标体系，将残疾人事业治理创新目标实现程度、治理手段、依法程度、治理周期、治理专业化水平作为评价的重要内容。特别是要重点将对残疾人事业治理创新的重点问题、关乎残疾人利益的现实问题等作为重点，着力发现我国残疾人事业治理创新组织体系、制度体系、运行体系、评价体系和保障体系的优势、问题、面临的困难与挑战。在评估主体中，必要引入"第三方"对各个治理主体及其行为进行评价和约束。"第三方"作用发挥的关键在于保持其独立性和专业性，只有这样才能保证监督与评估的客观性和公正性，既能培育发展其社会公信力，又能达到规范各主体治理行为的目的。

第六章　残疾人事业治理创新的未来议题

面对当前急剧变化的社会形势，在现代治理理念下旧的残疾观，传统的残疾人事业治理结构已经不再适应当前经济社会发展需要，残疾人事业的特殊性、复杂性对构建新的残疾观提出新要求，在新的形势下，不断推进残疾人事业创新，是推动社会和谐、科学发展的重要任务。本研究从文化与意识、社会体系与社会的组织、多元挑战、技术突破、资源整合等视角对未来残疾人事业治理创新的主要议题进行探讨，展现残疾人事业治理研究的未来图景。

一　文化与意识

"一个国家选择什么样的治理体系，是由这个国家的历史传承、文化传统、经济社会发展水平决定的，是由这个国家的人民决定的。"[①] 残疾文化的塑造与认同在社会发展中不断发生变化，残疾是由文化建构的，造成残疾的原因往往不是残疾本身，更多的是外界障碍。从历史和文化的角度理解残疾和残疾人，通过更多的社会倡导促进社会正确认知、理解残疾和对待残疾人，而社会对待残疾人的态度，是人类文明与社会进步的标志，社会文化价值观念对待残疾的状态是社会的健康治理水平的重要体现。

---

① 赵天娥：《推进国家治理体系和治理能力现代化的四个维度》，《探索》2014年第6期。

(一) 新时代与人民性

新时代背景下，残疾人事业的人民观要将残疾人置身于现实的社会之中，从社会结构与文化，社会关系与文化的角度，促进全社会对残疾人和残疾现象建立正确的认知，提升残疾治理的健康水平。

1. 社会结构与文化

从有人类开始就有残疾人，残疾人是社会中一个特殊困难的群体，与其他成员一样都是人类重要的组成部分，是人的多样性、差异性的一种表现。人道主义的基本精神是"以人为本"，尊重人的价值和尊严，倡导平等，反对歧视，关怀弱者，尊重人权，关爱残疾人，是社会文明进步的重要标志。随着社会发展与文化进步，科学认识残疾现象、正确对待残疾人、创造残疾人回归主流社会的有利条件已日益成为全社会的共识。

残疾文化的塑造与认同是社会不断构建、历史不断变迁的结果。"如何看待残疾现象"和"如何对待残疾人"的残疾文化，是包括残疾人在内的社会所有成员共同塑造的价值观念。从身体的含义理解残疾，它被描述成一种意外或不幸，是人们可以预见的事物，但是当残疾被赋予了身体之外的含义时，因为人们对残疾的负面情绪体验，导致人们在残疾文化构建过程中也容易出现负面的、消极的构建倾向。在现有有关残疾的文化叙事中，残疾人的形象被描绘成因为身体残缺而应该受到他人特殊照顾的弱者，是没有发展前途而必须被别人帮扶的群体，这种从身体的残缺到文化的贬损是一个不断污名化的重复过程。残疾被标签化为"弱势需要同情"的贬义文化符号后，人们对残疾的认知与感受也被贬损化。

残疾问题不仅仅是家庭私人问题，其实质是社会公共问题，无论是先天的伤残，还是后天的致残，归根结底是社会服务和管理的缺失，是人类发展进程中难以避免付出的社会代价，故残疾人权利的实现和能力的发挥都需要社会的支持、补偿。社会应从历史和文化的角度理解残疾和残疾人，通过更多的社会倡导促进全社会对残疾人和残疾现象建立正确的认知，而社会文化价值观念对待残疾的状态将提升社会的健康治理水平。

2. 社会关系与文化

文化作为人们协调处理各种社会关系的实践产物，具有时代性和地域性的类型化特征。文化来源于生活，对特定文化类型的理解必须深入到其具体的社会生活实际，也就是从现实的社会关系中来考察。社会关系发生变革，文化也在发生大转型，价值观念呈现多元化。助残文化实践是同社会关系、社会环境密切相关。社会如何认识与理解残疾将直接影响残疾人社会政策的价值取向。

应对残疾需要改变社会文化环境，着力在全社会培育人道主义的残疾人文化。营造使更多人为残疾人提供帮助和关爱的人文环境，着力培养人们残疾人事业的社会化意识，把事业主体从政府工作人员延伸至社会活动家、社会工作者，从残联组织延伸至民间组织和个人，逐步使社会力量成为残疾人事业的主要力量；从思想和文化观念上把残疾人当作同健全人一样具有平等公民权利的人，得到应有的扶助与尊重。

以制度补充纠正非人道主义的残疾人观，实现对残疾人的人道情怀。其一，完善各种保障残疾人权利的法律制度。在现有制度的基础上，把反歧视和公民权利精神作为完善《中华人民共和国残疾人保障法》及修订相关法律制度的价值依据，实现对残疾人扶助的系统性制度保障。其二，拓宽残疾人工作的社会参与渠道。政府一方面加大残疾人事业的财政投入；另一方面以健全完善的慈善制度鼓励慈善资金的进入，引导第三方积极参与服务，向民众和社会传递先进的残疾人观。其三，设计针对残疾人特殊群体的先进价值理念和方法。发挥早中期教育效能，渗透残疾社会工作对待特殊群体的专业理念和方法，充分发掘、培育残疾人潜能，实现增能赋权。

（二）残疾融合的全息思维

共享发展是习近平新时代中国特色社会主义思想的重要理念，是全面建成小康社会中全民的共建、共享。实现全面共享发展的全息思维模式，要求我们在新时代信息革命、高质量发展背景下既要关注残健融合的理念、策略等显在信息，同时探寻残疾现象作为社会发展的组成部分，其背后潜在的与社会不可分割的关联。

1. 理念与策略

社会融合作为一个社会政策概念，是一个动态的过程，是社会群体拥有均等的机会、全面参与社会互动形成的结果。残健融合主要确保社会中的弱势群体能够获得促进发展的机会和资源，使他们能够全面参与经济、文化与社会生活，获得社会福利，同时，确保他们参与生活并获得对基本权利进行决策的机会，享受同正常人一样的生活。残疾人群体能够与其他群体在政治、经济以及社会三个方面相互作用、相互影响，发挥残疾人群体的影响力，使受排斥状况得到改善，进而更好地被社会群体所容纳。逐步构建任何一个社会人都能够共同参与建立并共享包容接纳的现代社会。

将残疾人事业纳入相关事业领域，"平等、参与、共享"的现代残疾人理念是社会主义核心价值观的重要体现；全社会的残疾人观念发生转变，残疾人受排斥状况得到改善，更好地被社会群体所容纳。扶残、助残、关爱残疾人发展成为社会良好风尚；残疾人的社会政策由传统"居养模式"向"平等模式"转变，残疾人融入社会的步伐加快。残疾人群体与其他群体在政治、经济以及社会三个方面相互作用、相互影响，不断发挥残疾人群体的影响力，逐步构建共同参与、共享发展、包容接纳的现代社会。

2. 共享与发展

残疾人社会参与主要是指残疾人参与社会生活和发展（包括参与经济生活和发展），同时获得自身的发展，是残疾人对环境和社会的积极意识和行为。残疾人社会参与是社会融合的前提，只有保障残疾人的社会参与权利，让残疾人充分参与到整个社会的政治、经济、文化等社会生活中，才能更好地推动残疾人的融合工作，促进整个社会的和谐发展。总结残疾人的社会参与状况，可以看到残疾人日常社会参与度较低，公共事务、文化活动、体育活动、法律知识和宣传活动参与方面都是有90%以上的人很少参加或从不参加，其中从来都不参加的人超过一半以上。

首先，残健融合与发展需要残疾人提升自身社会融合水平。第一，努力提升自身受教育水平。受教育水平意味着获取外部信息以及自我发展的能力，而信息不对称严重影响了残疾人对政策的了解和对社会活动的参与，针对性地提升获取信息的能力能显著改善这一局面。第二，积极就业，拓宽就业渠道。当前残疾人在和健全人竞争就业机会时，经常处于一种被隐形歧视的地位，但也正因为如此，残疾人要更积极主动地参与就业，才有可能改变这种普遍性的歧视。同时在择业渠道上，除了熟人介绍，积极利用现有各类助残机构、社区社会等组织的信息寻找就业机会；利用国家当前针对性的政策、资金等方面的扶持，结合自身能力自主创业、灵活就业。第三，调整心态，积极参与社会活动。残疾人由于自身生理条件的限制，在社会交往中往往处于比较被动的地位，参与社会活动的积极性也不高，这对自身发展不利。积极参与社会活动有助于消除残疾人与外部群体的隔阂，增强自我认同、社区认同、社会认同，最终实现社会群体和谐发展的局面。

其次，政府在残疾人社会融合中发挥着主导作用。保障残疾人基本生活需求。社会保障方面，进一步完善基本养老保险和医疗保险的覆盖范围，确保残疾人普遍享有。完善住房保障体系，优先保障残疾人的基本住房，重点关注农村残疾人的住房问题，提高其居住条件。完善残疾人生活补贴和重度残疾人护理补贴制度，针对性地提高补贴标准和范围。提升残疾人及家庭经济水平。重点关注农村残疾人家庭的经济状况，完善政策扶持，提升农村残疾人家庭收入水平；多渠道地推进残疾人自主创业，给予相应技术、资金、政策等方面的扶持。推动残疾人康复服务工作进展。建立起包括康复治疗、辅助器具配置、看护托养等一整套的康复服务体系，保障基本康复服务。保障残疾人合法权益。保障残疾人受教育的合法权益，同时发展特殊教育，为残疾人提供针对性的教育服务；在平等就业权利上，加强残疾人劳动权益保护，消除残疾人就业的制度障碍，严查损害残疾人劳动合法权益的行为等。政府应在残疾人社会融合中发挥主导作用、承担最终的责任，要支持帮助残疾人和残疾人组织广泛参与发展进程，形成政府主导、社会协同、残疾人参与的工作格局。

3. 国际思维

全球有超过 10 亿的残疾人，中国有 8500 多万名残疾人，是世界上残疾人口最多的国家。《残疾人权利公约》的施行和联合国千年发展目标的确立，保障残疾人平等权利、促进残疾人融合发展，越来越成为国际社会的普遍共识和自觉行动。

残疾人问题，是世界各国普遍面临的重要社会问题。促进残疾人融合发展，是国际社会共同谋求的重要发展目标。中国已经初步形成了政府主导、社会参与、残疾人组织充分发挥作用的工作机制，北京残奥会、广州亚残运会等残疾人文化体育盛事，推动残疾人事业走上了一条既体现国际残疾人事务先进理念又符合中国现实国情的可持续发展道路。十九大以来，精准扶贫，乡村振兴战略大力实施，广大残疾人的状况改善遇到最佳机遇。逐步建立残疾人社会保障体系和服务体系的基本框架，使残疾人基本生活、医疗、康复、教育、就业等基本需求得到制度性保障，社会参与更加广泛，生活幸福感、获得感不断增强。

未来残疾人事业发展的主要议题将涵盖加快改善残疾人的生存状况，优先改善残疾人基本医疗康复条件，加快普及残疾人初等教育，特别要加强对残疾儿童和残疾妇女的保护；要着力推动残疾人的融合发展，不断提高残疾人受教育水平，帮助残疾人享有充分的生产就业机会，鼓励残疾人平等参与社会；努力构建支持残疾人事业持续健康发展的工作格局。要更加关注残疾人的特殊需求和特殊困难，制定促进残疾人发展的法律和政策，并将残疾人事务纳入国家经济社会发展的总体规划。加强残疾人事务领域的国际交流与合作，为发展中国家提供更多的经济技术支持，促进全球残疾人事务均衡发展。

（三）生存的平等智慧

残疾人发展的诸多困境源自残疾人观念、观念的落后。社会进入高质量发展的今天，现代社会的残疾观与之前的时代呈现了明显差别。社会一系列的政策支持体系与残健共融的发展目标，赋予了残疾人能够获得与健全人平等的发展机会。

1. 残疾观念

社会对残疾的认识与物质环境、社会环境密切相关。残疾人观念的落后导致了残疾人诸多发展困境。关于残疾人的观念，是与一定时代的生产方式和生活方式相关联的。例如原始时代，人们主要通过渔猎等方式直接从自然界获取生活资料,这一时期与自然抗争的健壮体魄是生存的基础。肢体的不健全意味着无法维持个人生存,对部落群体无所贡献,这就是人们关于残疾人的最初观念。传统的农耕社会,人们衡量一个人是否"有用"的标准也是种植耕作,即是否具备充足的体力和耐力进行农业劳动,此时肢体的残缺意味着生存能力的缺失。生产力水平低下时期的残疾人观,主要围绕体力劳作,集中于吃、穿、住、用等物质生产维度,精神维度、脑力劳动能力很少被纳入考虑范围。

人们观念的变革一般落后于社会生产方式和人们生活方式的变迁,人们的残疾人观与他们的生产和生活方式不能完全对应,尽管社会生产水平不断提高,生活方式不断发生变化,但多数人仍然不自觉地持有残疾人无用观,残疾人面临被限制与其他人平等参与社会生活的歧视,对他们的精神和物质生活带来的伤害,可能导致有才能的残疾人没有施展其才华的机会。从社会观念的发展角度看,"一个社会的解放程度要通过妇女来观察,看一个社会的希望程度,要通过儿童来观察,看一个社会的公正程度要通过穷人来观察,看一个社会的文明程度,要通过身体障碍人来观察"。[1]

2. 残疾文化与社会文明

人们的残疾人观,与一定时代的生产方式和生活方式相关联。当今社会,生产和生活方式发生了翻天覆地的变化,个人的劳动能力需求与之前的时代完全不同。生产力水平极大提高,生产方式优化,人们进行物质生产的效率已经大为提高,身体某方面有缺陷的人,在纯劳动力以外的领域与其他人有着同样的机会和能力。

信息社会生产方式、生活方式的加大变化,决定了残疾观与之前的时代有明显差别。随着行业分化,社会分工越来越精细,人们的生活样式越来越丰富、多样,个人发挥和展示劳动能力的平台越来越广阔;肢体的残缺依然能够找到对他人和社会进步做出贡献的平台和机会,能够创造价值。"残疾人"作为一个沿袭下来的称呼,它的含义已经与旧时完全不同,是价值中性的。消除称谓上直接的歧视感。现代文明观应该既

---

[1] 徐显明:《以新理念引领身体障碍人事业的发展》,《残疾人研究》2012年第1期。

把残疾人当作平常人一样看待,又要为他们提供全面周到的服务。残疾人是弱势群体中的弱者,他们的生存状态是一个国家文明程度最实际的反映。一个社会的强大、进步、文明并不是看这个社会对强者的态度,而要看社会对待弱者的态度,只有尊重弱者才是更加文明的社会。

3. 社会决策与残健共融

由于残疾人身体存在缺陷,他们在社会经济生活中往往存在一种自卑的心理,在融入社会的过程中出现障碍。社会工作的优势视角观念认为,任何环境都是希望、压力、挑战和机会的混合体,对服务对象发展优势、抗逆力以及能力非常重要。要帮助残疾人发现并认识自身所隐藏的优势,引导残疾人关注自身所具有的自尊、自立、坚韧、顽强等优秀人格特质,发现残疾人的特长、技能,消除残疾人病态的自我标签,摆脱悲观和消极的就业心理。因此,在对残疾人进行基础教育和职业教育的同时,应结合心理教育,纠正残疾人历来形成的不能正确认识自己的观念,增强其在就业过程中的心理和社会认同度。

残疾人事业本质上是社会反贫困事业的重要组成部分,据我国第二次抽样调查结果显示,残疾人在教育、再婚率、人均收入、就业水平、社会保障水平等方面都显著低于健全人,这说明残疾人与健全人之间存在着明显的社会性贫困。在残疾与贫困的关系中,残疾是引发贫困的重要因素,而残疾人事业是通过反贫困措施包括康复、就业、教育等,使残疾人能够获得与健全人同样的发展机会,残疾人事业表象上是不断改善残疾人生存发展状况,但根本上是通过反贫困政策与措施消除残疾带给人们的显著性发展障碍。

二 社会体系与社会组织

新时期、新常态下做好残疾人权益保障,建立健全完善的社会体系与社会组织,为残疾人事业发展提供个性化、系统化的公共服务,在共享发展理念下完善共建、共治社会治理制度,构建残疾人权益保障机制。

(一) 政策制度

改善人的生存条件,促进人们健康发展是政府义不容辞的责任。残疾治理也是社会治理现代化的重要组成部分,政府和社会组织有责任、有义务共同为残疾人构筑多层次支持系统，帮助残疾人融入社会。

1. 国家责任

残疾的社会责任论认为，无论是先天性残疾还是后天残疾都主要是由社会因素造成的。残疾的社会责任使人们对造成致残的多种原因有了较多了解，是对个人权利和社会的责任有较深刻认识的产物。但是作为国家的公民，国家负有改善人的生存条件，促进人们健康发展的责任。

残疾人是人类大家庭的平等成员，党和国家对残疾人事业高度重视。习近平总书记对残疾人脱贫攻坚工作做出重要指示，突出强调"全面建成小康社会，残疾人一个也不能少"[①]，十八大以来，残疾人事业成为四个全面战略布局的重要内容。中共中央重要文件都对健全残疾人权益保障制度、完善残疾人权益保障法律法规、发展残疾人事业提出了明确要求。党的十九大报告明确要求发展残疾人事业，加强残疾康复服务，办好特殊教育，筹办好北京冬奥会、冬残奥会，这些重要启示，为促进新时代残疾人事业发展提供了行动指南和重要遵循。国家将残疾人事业纳入相关事业领域，政府的角色正在回归各部门，将残疾人工作纳入职责范围，承担起发展残疾人事业的主要责任。残疾人事业成为中国特色社会主义事业的重要组成部分，"平等、参与、共享"现代残疾人理念成为社会主义核心价值观的重要体现。

2. 社会使命与义务

残疾人是社会大家庭的平等成员，保障残疾人的基本权益、为残疾人平等地参与社会生活创造条件，这是政府义不容辞的责任，是全社会应当履行的义务。当前，全社会的残疾人观念在发生转变，社会大众对残疾人的态度正在改变，社会对待残疾人理念有了一定的提升，残疾人得到社会尊重，社会也开始逐步接纳残疾人。在社会包容方面，社会已形成良好的助残氛围，残疾人融入社会的障碍正在逐步消除，残疾人参与社会的机会越来越多，社会参与更加广泛。

在社会发展迅速、经济水平不断提高的今天，人们更加注重精神世界的富足。获得感、幸福感、安全感的提出给我们当前社会发展提出了

[①] 《弘扬抗震精神，为中国梦注入强大力量》，《人民日报》2016年7月30日。

新的更高要求。目前我国已建立了较为完善的社会安全网,绝大多数残疾人的基本生存问题得到解决,残疾人对美好生活的向往越来越强烈,融入社会的愿望也越来越强烈,这就需要全社会努力消除阻碍残疾人社会参与的障碍,提升其独立生活的能力。现阶段要为残疾人提供无障碍公共设施及服务,推进信息交流无障碍,为残疾人走向社会、参与社会生活提供必要的条件。社会有责任推动残疾人获得回归主流的动力与环境,通过反贫困战略、主流教育融入、社会工作融入、无障碍公共服务等,改变或有效缓解因残疾带来的困境。

3. 治理体系现代化

治理是各种公共的或私人的和机构管理共同事务的诸多方式的综合,使相互冲突的或不同的利益得以调和并采取联合行动的持续过程。现代化是20世纪以来世界各国共同关注的重要话题,是一个国家在历史变迁过程中所经历和展现出来的经济、政治、文化、社会、生态等各领域的重大变革。融入国家治理体系和治理能力现代化,是以残疾为治理对象进行多方协调合作以弱化残疾特征的过程,涵盖了残疾的界定、残疾预防、残疾康复、残疾人工作与权益保障、残疾人社会融入等诸多领域。首先,残疾治理的目标是社会正确认知残疾、包容残疾、弱化残疾。著名的残障问题研究专家Shakespeare提出,人本质上是有残疾的,所有人的一生中都会经历不同程度的残疾,残疾本身就是一个动态的、变化的人生状态①。因此,残疾人与非残疾人不存在绝对意义上的割裂,都是一种存在方式,我们倡导建立的社会形态是一个"非残社会",这意味着残疾只是人的一种存在状态,而不应该是负面的生存状态。其次,残疾治理的关键环节是残疾识别、界定、干预、融入的有机链。在不同历史时期与不同国家,残疾的价值观都有变化,残疾的标准也随着历史发展与经济社会发展不断变动。残疾治理的关键是在社会主义核心价值观的指导下,对残疾的评价标准判断界定,并在此基础上进行残疾预防、残疾康复、帮助残疾人回归主流等。最后,残疾治理理念的核心内涵是"多元主体协调共治"。以弱化残疾特征为目标导向,残疾治理的认知

---

① 关于残障的新观念,《踏浪盲人电子杂志》,2013年3月。

价值体系，主要包括建立"平等、参与、共享"的新残疾观，"残疾常态化"理念宣传倡导，残疾的反隔离与主流融入等内容。在残疾的制度运行体系中建立"政府主导、部门支持、社会参与、残联尽责"的多元主体协商共治的治理格局，实行"政府、市场、社会"多种力量参与的运行制度。

(二) 法治社会

法治作为以善治为目标、以有效控制公权和保护私权为前提的基本的治理方式，其根本目标是实现良法、善治。用法治思维引领残疾人事业治理创新，建立中国特色残疾人事业法律规章，回应残疾人事业发展过程中面临的问题，在法律框架内研究解决方法，赋予残疾人平等权利意识，残疾人事业法治化水平，最终实现其保护权利的良治。

1. 中国特色残疾人事业法律法规

残疾人法律制度是从残疾人社会救济制度开始的，并逐步到残疾人社会救助、社会保险和社会福利制度。20世纪初开始特别是第二次世界大战后，随着全世界对人权问题的重视和残疾人运动的发展，大多数主权国家对残疾人权益问题逐渐重视起来，并在联合国的直接推动下为保护残疾人权益、禁止歧视残疾人制定了专门性的法律规范。

我国专门针对残疾人的法律制度是从20世纪80年代后才开始发展起来的，之前更多是从残疾人社会救济与保障的角度上进行法律制定。随着"联合国残疾人十年"的发展，我国残疾人法律制度制定开始起步，1987年、2006年国家组织了两次全国残疾人抽样调查，为全面掌握残疾人结构和情况提供了详细的实证数据，1990年12月全国人大常务委员会审议通过了《中华人民共和国残疾人保障法》，2008年4月全国人大常务委员会第二次会议高票通过了修订后的《残疾人保障法》，之后各地人大陆续出台了具体实施办法，初步形成了以《残疾人保障法》为核心，以行政法规、地方法规为内容的残疾人法律体系。

《残疾人保障法》强化了残疾人权利的保障措施，促进残疾人能够平等地参与社会生活的政治、康复、受教育、就业、文化、社会保障、无障碍环境等合法权利，不仅与《残疾人权利公约》实现有效衔接，而且制度设计合理可行，各项规定有较强的可操作性，做到原则性与灵活性相统一，实用性与前瞻性相统一。①

　　国家和社会逐步运用法治思维落实社会治理责任，在社会扶助、社会救济方面，通过多种渠道给予救济、救助，帮助生活确有困难的残疾人，保障并努力提升残疾人的物质生活水平；关注民生，更好回应残疾群体的需求，在残疾人事业治理中，党和政府切实发挥主导作用，完善社会协同、公众参与、法治保障的社会治理体制。各级人民政府和社会兴办福利院和其他安置收养机构，对无劳动能力、无法定扶养人、无生活来源的残疾人，予以安置、收养供养，在医疗康复、教育培训以及综合服务方面，实现政府治理与社会调节良性互动，协助残疾人完善自我、保护自我。

　　2. 残疾人平等权利意识

　　残疾人在社会生活中享有和其他健全公民同等的权利，维护和保障残疾人权益是社会文明进步的充分体现。从残疾人相关法律保障权益的角度来看，残疾人的立法已经走向了全球化，保护残疾人的权利已经在全球范围内达成了一致，已经有40个国家实施了残疾人歧视法，这些残疾人歧视法律有力地促进了残疾人人权、尊严和平等。通过法律的形式，各国都已经确认了残疾人的权利。随着各国、地区和国际性的法律包括残疾人特殊条例的实施，残疾人的权利实现从福利救济到权利保障的转变。

　　在中国以《残疾人保障法》为核心的系列法规制度，贯彻反歧视的理念，以切实保障残疾人平等权利和平等机遇为重点，逐步健全了残疾人权益保障，完善了针对残疾人的制度设计，一方面提高全社会依法维护残疾人平等权利的意识，提高残疾人事业法治化水平；另一方面有效地消除对残疾人的歧视，真正改变残疾人在社会上的不利处境，为残疾人提供全面平等的机会，使残疾人更平等、无障碍地融入社会。

　　3. 残疾人事业法治化水平

　　残疾人事业法制建设是社会主义法制建设的重要组成部分，加强残疾人法制建设，提升残疾人事业法治化水平，是促进残疾人事业依法发

---

① 傅志军：《残疾人权利保障法律制度研究》，华夏出版社2014年版，第103—106页。

展、保障残疾人合法权益的基础性工作。我国已经形成了以宪法为核心，残疾人保障法为基础，行政法规、地方法规为支撑的多层次的残疾人权益保障体系，为保障残疾人合法权益提供了法律基础。

多元社会治理理论认为，社会治理的主体是多元的，既包括在社会管理中承担重要角色的政府，也包括灵活高效率的市场，还包括这些年逐渐凸显出来的作为政府重要补充力量的社会组织。残疾人作为社会的一个特殊的群体，由于其自身的条件所限，需要在生活、就业、教育、康复等各个方面得到社会更多的理解和扶助。政府作为合法性的强制主体，营造一个基本制度环境，保障经济的合理运作与政策的有效执行，主要发挥在法律援助与权力保障方面的作用，通过立法来保障残疾人的社会保障更加全面、康复更富实效、就业更显成效、教育稳步推进稳步发展、残疾人无障碍环境建设逐步加强等，实现残疾人全面的社会融合。

（三）专业化

随着科学日益发展，残疾人康复和治疗工作高度分工化和专业化，满足残疾人多元化、多层次化需求，需要发挥社会力量和市场机制作用，大力扶持残疾人专业协会和助残社会组织，加大政府购买服务发展残疾人社会工作，弥补医疗救助之外的专业服务。

1. 残疾人专门协会与社会组织

残疾人专门协会是同级残联领导下按残疾人类别设立的群众组织，是残联的主体协会和重要组成部分。各级专门协会代表残疾人利益，维护残疾人的合法权益。残疾人专门协会是丰富残疾人的群众性文化体育生活，促进残疾人平等参与社会生活，客观反映残疾需求，发展残疾人事业的一支重要力量。残疾人社会组织，指的是所有为保障残疾人权益的社会组织，包括残疾人联合会及其下设的智残人协会、聋哑人协会、精神残疾人及亲友协会等，也包括针对某一类型残疾人提供服务的康复机构、志愿者组织等。其中，中国残疾人联合会是最大的社会组织，也是最权威的残疾人社会组织。残疾人社会组织是由残疾人自我管理，是政府联系广大残疾人的桥梁和纽带，是社会各界关心、支持残疾人发展的载体。不同于政府保障措施和个人助残行为，残疾人社会组织能提供专业的助残服务，它既能敏锐觉察残疾人的需求和困难，又能整合社会资源，创造性地解决问题。

全球化背景下，市场经济迅速发展，残疾人各种需求不断上升，权利意识不断提高，越来越多的民间助残组织应运而生，有效弥补在公共部门无法满足残疾人日益增长的多样化需求的不足。公益的民间助残组织更能满足大多数没有购买服务能力的残疾人服务需求。残疾人社会组织怎样提供专业助残服务？职业化、专业化、社会化的残疾人专业服务机构，已经成为我国今后现代化进程中需要着力解决的紧迫性课题。推进残疾人服务向职业化、专业化转变是现代残疾人事业可持续发展的必要条件之一。将社会工作嵌入社会组织，既是社会组织的专业化导向，也是社会工作本土化的要求。

2. 残疾人社会工作队伍

全面建成小康社会，发展中国特色残疾人事业，不仅需要各级党委政府和社会各界的共同努力，而且对广大残疾人社会工作者提出了新要求。面对新时代新担当、新作为，残疾人社会工作者担当的责任更加重大，建设一支高素质的残疾人社会工作队伍，是一项长期而艰巨的工作，意义重大，影响深远。

残疾人社会工作是对残疾人所做的社会工作，它不同于一般的残疾人服务，而是把残疾的社会模式作为一种有组织的职业活动，社会工作者运用社会工作方法帮助残疾人补偿自身伤残，克服环境障碍，使他们平等地参与社会生活，分享社会发展成果的专业活动。残疾人的特殊性和残疾人服务内容决定了残疾人的工作必须由专业的队伍来承担。残疾人社会工作坚持弱有所扶，公平、正义、创新、发展的原则为残疾人社会工作提供了根本遵循。针对残疾人特殊性、多样化、类别化的服务需求，开展各种专业性和职业性的活动。残疾人社会工作者面对数量众多，特性突出，特别需要帮助的残疾人群体，恪守人道，服务奉献的职业道德，运用社会工作的理论方法为残疾人提供各种服务活动。残疾人在认知情感和性格等方面不同程度地存在心理障碍，残疾社会工作建立心理疏导工作体系，可以更好地发挥心理疏导功能，解决残疾人心理障碍问题。社会工作的基本价值观念是助人自助，残疾人社会工作不但要帮助残疾人解决各种困难，而且要帮助他们增强自己的能力，对残疾人进行赋权增能，引导残疾人发掘自身和周围环境中的资源，通过残疾人社会工作的导向，促进残疾人与健全人、残疾人与家庭、残疾人与社区、残疾人与残疾社会工作者之间的良性互动，激发残疾人参与社会、融入社会，共享发展成果。随着现代化进程推进和社会工作本土化发展，社会工作的理论和实践在残疾人研究中发挥越来越重要的作用。

（四）社区、家庭与社会组织

以社区、家庭、邻里和社会组织为媒介，搭建全方位的残疾人服务平台，探索建立全领域的社会动员机制，构建促进残疾家庭发展的社会支持系统，让更多的人加入到群众性助残活动。

1. 社区基本公共服务

社区公共服务体系是以社区为基本单元，以各类社区服务设施为依托，以社区内居民为对象，以公共服务自愿，便民利民服务为主要内容，满足社区居民生活需求，提高社区居民生活质量。残疾人需求满足的社会工作介入研究大多数是从社区服务专业化角度进行研究的，服务过程中以社区为依托，在社区内发展专业社会工作，根据残疾人的需要进行相应的专业服务，满足需求。基于社区实践，把增权理论作为支撑，分别用个案、小组和社区三大工作进行赋权，协助他们解决生活中遇到的各种困难。

将社区、社会组织、社会工作进行整合的概念，也是实现社区内部功能性整合的核心问题，在社区内部服务输送的过程中起到不可替代的积极作用。在残疾人的康复活动中，应将精准化的社会发展条件，与社会性的建设内容相融合，在执行"枢纽型"社会组织的过程中，执行整体化的运营条件。引导相关医疗、教育等领域技术与人员介入，通过专业化服务输送，保证社区平台化的发展空间，并使各类资源条件与社区中的残疾人个体进行对接。

残疾人社区康复是依靠社区资源优势，建设社区团体、卫生机构、志愿者、残疾人及其家庭参加的基层康复系统。随着我国的残疾人康复辅助器具产业不断扩大，在全国8500万名残疾人与超过2亿名老龄人口的服务中，势必会展现出更多社会资本参与社区健康服务的建设。未来在残疾人的康复与服务中，政府的主导推动、企业的参与建设、社区的协同管理、家庭的助力补全作为联合运作模式，社区将成为执行这项工作内容的核心，建立健全完整社区康复平台。以半市场化的发展模式，将政府的服务购买作为基础，在社会组织的参与中，对社区下辖的所有残疾人展开服务，达到康复的效果。以此实现多元空间下，精准化残疾人康复服务的康复平台空间。

2. 残疾人家庭建设

残疾家庭在中国家庭中占到近1/5，是特殊家庭中值得关注与研究的家庭。2006年第二次全国残疾人抽样调查的结果显示，我国残疾人家庭占全国总户数的19.98%。[①] 家庭是残疾人日常生活的重要场所，是残疾人工作的重要组成部分，也是残疾人获得照顾和支持的基本场所。受经济条件的制约、社会正规照顾系统不健全与传统观念的影响，我国残疾人大多生活在家庭，这样，残疾人与照顾者之间、家庭成员各系统之间就形成了稳定的关系。

残疾发生的年龄阶段不同，对于家庭的影响也不同。儿童、成人和老人，他们在家庭中扮演的角色不同，所面临的需求也不同，残疾发生在儿童时期，康复和教育显得更为重要；当残疾发生在劳动年龄阶段，就业和康复的重要性凸显；残疾发生在老年阶段，更需要供养和照料。不同年龄阶段的残疾人对于家庭的影响有所不同，但总体而言，残疾都会给家庭系统带来压力，其压力多表现为经济收入的减少、照顾压力的增大、精神负担的加重等方面。

受我国社会长期形成的家庭伦理观念的影响和制约，在很多残疾人家庭中，很多残疾人都认为自己残疾，依靠父母或者其他家庭成员生活是一件非常正常的事情。残疾人作为一个家庭中的相对弱者，在家庭中接受其他成员的关心与照顾是理所应当的，同时也是每个家庭成员的义务。而这些因素也导致了残疾人在社会中的交往半径的缩小，使残疾人在社会生活中越来越边缘化，越来越被社会所排斥。

从残疾人家庭目前接受的服务内容看，除了经济支持外，在身体康复方面，他们最需要的是疾病治疗，康复训练、辅助器械康复，护理保

---

① 2006年第二次全国残疾人抽样调查主要数据公报，2006年12月1日。

健等服务，同时又要满足长期、就近、方便的特点，因此具有准政府性质的社会组织和民间公益机构，在残疾人家庭服务领域承担重要角色，为残疾人提供专业便捷、优质无偿的社会服务，为全体社会成员共享现代发展成果建立社会多元参与的服务网络与运行机制。

3. 社会支持系统

目前的残疾人事业是以个体为特征的政策体系，家庭在残疾人事业发展过程中的利益引导作用没有得到足够的重视，社区服务体系和信息化建设还需进一步健全、完善。探索促进残疾家庭发展的社会支持体系，加快健全基本社会保障制度，充分发挥社区平台、家庭辅助作用，从支持残疾人到支持家庭发展。通过制度创新和社会环境建设，构建"多方参与，政府主导，以家庭为主体，非政府组织积极响应，社会及社区力量广泛参与"的多层次社会支持网，探索残疾人事业体系中的政府、社会服务组织、社区、家庭等各类主体发挥作用的协同机制，明晰各利益主体在社会保障中的责任，提供多样化的支持，逐步提升家庭支持能力，形成政府—社区—家庭三级联动机制，真正满足残疾人群体的需要。

三 多元的挑战

我国残疾人事业发展仍然不平衡、不充分，滞后于全国经济社会发展总体水平。消除歧视，充分保障残疾人平等权益，实现残疾人对美好生活的期待面临多元挑战，全面促进残疾人融合发展任重道远。

（一）差异性与共通性

"残疾"概念在不同的文化中有不同的含义，最广泛的内容是身体患有重大缺陷的人。从残疾人到残疾观这种文化现象围绕着两个中心展开：第一是"人文化"，从自身到社会，从人和环境的互动，从器物、制度、社会心理等多角度、多层次、多学科地审视残疾，强调残疾仅仅是人类特征属性的一种，不断凸显人文精神；第二是"文明化"，在人类自我生存和发展中不断思考，逐步认识到残疾与人类发展共生和共变的关系，残疾观和残疾文化成为衡量人类社会进步和文明的重要标准，在尊重个性、差异和多样性基础上强调尊重与价值、融合发展和可持续发展（陈功，2019）。一直以来"残疾"作为标签在社会上都遭遇到了歧视、压迫，在现代社会，残疾人的地位和对社会的贡献与之前时代有了翻天覆地的变化，在新的时代背景下，关于人本身的观念发生了革命性变化，以"平等、参与、共享"为核心的新残疾人观，正是这种变化的重要体现。新的残疾人观，将以新的社会生产方式、新的生活方式、残疾人在社会生产中角色的改变和发挥作用的改变为视角和衡量标准，重塑人们对残疾人的观念和看法。

正如哈贝马斯所言，生活世界与系统既共生又割裂的状态，恰恰是现代性最基本的特征，共通与差异都是实践活动的状态，也是残疾人存在的形态，有共同点，也有不同点。从"人"的角度，而不从"残疾"的角度来看待和理解残疾人，残疾人群体因身体原因呈现与其他人不一样的样态，没有优劣、好坏之分；残疾人一词的指涉范围不包括人格、品性、志向、胸怀，因而他们天然地享有任何应得的权利；残疾人对社会和他人的贡献与任何其他社会成员没有任何区别，因而他们也根本不必受到什么特殊的"照顾"，社会需要消除"残疾人"一词的消极和负面含义，各美其美，美美与共。

（二）公平性与平等性

残疾人平等、充分参与社会生活，是保障残疾人合法权益、推进残疾人事业发展的重要目标。残疾人与其他社会成员一样，天生具有生存的权利、发展的权利、受教育的权利、劳动的权利、获得正常人际关系的权利等。全面建成小康社会，残疾人一个也不能少。残疾人奔小康，除了吃饱穿暖，还应当能够作为社会平等的一员，充分地参与政治、经济、文化和社会等各方面的生活，全方位融入社会。残疾人与其他社会成员一样，有参与社会生活的能力，同样能为社会做出贡献。但是，在参与社会权利的公平、平等性上纸面权利和现实之间存在较大差距，权利的实现还需要不懈地争取。

《残疾人权利公约》规定："残疾是一个演变的概念，残疾是伤残者和阻碍他们在与其他人平等的基础上，充分和切实地参与社会的各种态度和环境障碍相互作用所产生的结果。"在残疾的发生发展过程中，由于自身残疾和外界障碍，他们的社会参与受到较大限制，因此必须消除对残疾和残疾人的各种歧视性态度行为与外界障碍，则特别需要政府和社会的辅助和保障，也需要得到健全人的理解和尊重。同时各类残疾人存在的功能障碍程度不一样，各种服务需求有差异，参与社会生活行为的模式也不同，所以充分参与社会、享有平等的解决模式也有差异。

（三）保障性与发展性

近年来，我国残疾人事业发展迅速，残疾人权益得到相应保障。进入新时代，党的十九大报告中指出：中国社会主要矛盾已经转化为人民日益增长的美好生活需要和不平衡不充分的发展之间的矛盾。为此，在新时期残疾人权益保障也正面临着新旧交替的一系列挑战，也面临着权益保障不平衡不充分的矛盾。全社会残疾人权利保障理念普遍滞后，残疾人与正常人相比，在康复、教育、就业方面有很大落后，残疾人权益保障形势不容乐观。

身体障碍与贫穷是残疾人发展的最大阻碍，残疾人被认为是弱势群体中最困难的群体，他们权利的保障和实现情况，基本上可以代表一个国家的人权保障水平。

保障残疾人权益，让残疾人平等参与、共享改革开放成果，需要政府和社会积极倡导，创造平等参与的机会和条件。新时期，要想解决残疾人权益保障中存在的挑战和矛盾，就需要赋权、共享发展。以共享发展理念为支撑，从完善健全残疾人基本生活兜底保障机制、基本公共服务保障机制、法律保障机制、共享权益机制四个方面着手完善残疾人权益保障机制。完善了一般性制度安排和专项制度安排相衔接、重点保障和特别扶助相结合的残疾人社会保障制度，努力消除现存的障碍，推动残疾人在更高层次、更广范围参与、融入社会生活。

（四）公共性与个体性

"世界上一切生物群无不由健全者和残疾者共同构成，自从人类社会出现至今日，残疾人一直伴随着健全人同时存在。"[①] 残疾人是社会的组成部分，残疾作为一种社会现象，"残疾"本身属于功能障碍，与权利、能力、社会地位、贡献等无关。长时间以来，残疾被看作是个人的事情，把残疾标签为能力脆弱，被社会以歧视的态度对待，使他们不能和健全

---

① 邓朴方：《人道主义的呼唤》（第一辑），华夏出版社2006年版，第9页。

人一样享受同等的权利。十八大以来，习近平总书记从理论与实践相结合的高度，运用马克思主义的立场观点方法，科学总结我国残疾人事业发展的实践经验，提出了关于残疾人事业及残疾人工作的一系列的新思想、新观点、新论断，使之成为中国特色社会主义残疾人事业重要组成部分。残疾人是社会大家庭的平等成员，也是人类文明发展的一支重要力量。让残疾人享有平等权益，促进残疾人融合发展成为普遍共识和共同行动的观点。

伴随着中国特色的经济、政治文化和社会事业的发展，取得阶段性成就的基础上不断进步，我国残疾人事业在法律的规范下，通过政府、社会和残疾人的共同努力，构筑了多元化网络化的社会保障和社会服务体系。这一管理格局适应了经济、政治社会制度和文化传统，对保障残疾人平等享有基本公共服务，构筑了"公共性"认同的法律、政策基础，把残疾话语从原来的无主体到个体，最后转向为社会。但是现实是残疾人事业滞后于经济和社会的发展，残疾人的生活水平与健全人群相比差距明显。还需要政府保障残疾人在公共设施、就业、交通、通信等方面的平等权益，强调残疾人实现平等、参与、共享过程中的政策支持。只有从根本上协调处理好公共性与差异性、个体性的连续统合关系，才能减少盲点、冲突，缩小残疾人的生活状况与社会平均水平的差距，实现残疾人事业与经济社会协调发展，努力使残疾人同全国人民一道向着更高水平的小康社会迈进。

四 技术的突破

以移动互联网、大数据、智能物联网、人工智能等为代表的信息技术，被认为是第四次工业革命的重要驱动因素，为全球经济活动赋予巨大能量，也将对残疾人的生活方式、智慧助残、医学改善、参与社会的途径带来突破性改善。

（一）人工智能

1. "智慧残联"

以移动互联网、大数据、智能物联网、人工智能等为代表的信息技术，被公认为第四次工业革命的重要驱动因素，为全球经济活动赋予巨大能量，也将对残疾人的生活方式、就业模式、参与社会的途径带来突破性改善。中国残联、国家互联网信息办联合发布了《关于加强网站无障碍服务能力建设的指导意见》，提出"到 2020 年底国务院及各省市政府部门网络的无障碍服务能力建设达到基本水平，能够满足残疾人浏览网站和网上办理服务事项的基本要求，全面促进和改善网络信息无障碍服务环境"。信息无障碍能帮助残疾人平等、方便无障碍地获取信息、利用信息。从环境无障碍到信息无障碍，将数字鸿沟转化为数字机遇消弭残疾人与健全人交流的鸿沟，让平等和融合在虚拟世界得以实现。

智慧残联以提高残疾人自主生活为目标，在参与政治、经济、社会生活，尽可能地消除或减少其中的障碍。互联网使得残疾人自主选择和独立生活成为可能；多样化的就业模式使得残疾人的技能和天分成为社会的资源和财富，获得了充分展示的平台和机会。

2. 互联网与助残服务

加强残疾人事业的信息化建设是完善残疾人工作管理体系的必由之路，是实现残疾人事业现代化管理和可持续发展的重要举措。以"互联网+"为核心的信息技术成为残疾人事业发展的新动力，以及残疾人享受数字福利的新途径。信息技术的广泛应用，为残疾人的社会交往、信息获取和就业提供了前所未有的机遇。政府通过信息技术创新，解决社会发展中弱势群体本身的权利贫困和所面临的社会排斥。从互联网就业平台建设到信息技术产品服务研发，共享网络自主创业等方面更好地服务残疾人，促进残疾人高质量就业。"互联网+"带来的不仅仅是产业结构和就业方式上的变革，更重要的是残疾人自身意识认知的改变。互联网促进残疾人进入主流体系，获得信息服务，强化残疾人信息技术使用能力建设，赋予残疾人以公平的机会促进其主动就业。

根据《国务院"十三五"加快残疾人小康进程规划纲要》《关于加快推进互联网加政务工作的指导意见文件》和中国残联第七次代表大会要求，建设智慧残联，推广互联网加助残服务，将是省级残疾人事业信息化建设的主要内容。未来智慧残联、数字残联，主要发展方向有：根据中国残联信息化建设改革方案，构建以省残联统一建设为主的，服务全省残疾人群体的数字残联体系；建成全省残疾人数据中心，全面准确地掌握全省残疾人基础数据和各项残疾人业务数据；用残疾人数据库和云计算等技术，深化大数据在残疾人事业中的有效应用；建设以统一平台、统一入口、统一认证、统一管理为特征的数字残联管理平台；充分整合政务服务网、各级残联网站、公众号等平台，坚持需求导向，向残疾人家属和社会群体提供便捷多元个性化服务；新技术将在残疾人家庭中得到快速的应用和普及。针对残疾人家庭与个人设计专项信息服务政策，开发了智慧助残信息服务包，让残疾人可以享受宽带手机、无限流量上网以及语音控制电视等给家庭生活带来的便利，着力帮助残疾人融入信息社会。

（二）科学与医学

1. 康复与残疾预防

康复是帮助残疾人恢复或补偿功能，提高生存质量，增强社会参与能力的重要前提和途径，是残疾人的迫切需求，残疾人康复工作是残疾人事业的一个重要组成部分，主要是指采用医用的、心理的、教育的和社会的各种手段，使残疾人的功能恢复到尽可能好的水平，以便在身体、精神、教育、就业、社会活动等方面的能力得到最大限度发挥，从而最大限度地回归社会。[①]

康复服务是残疾人改善自身身体或精神状况，更好融入社会的关键步骤，当前各类托养机构、社会组织、医疗服务团体可以为残疾人提供针对性的多样化服务，这其中最为重要，涉及残疾人切身利益的主要是康复服务和训练，以及辅助器具的配置和使用。但不论是康复训练还是相关辅助器具的配置，尽管当前社会有多种手段、多种康复渠道可以选择，很多也能取得比较好的效果，但整体上残疾人的康复训练参与度和相关辅助器具的配置度并不是很高；较好使用效果的康复训练方式和辅助器具往往伴随的是较高的价格，这对本来收入水平就处于社会较低层次的残疾人是巨大的压力，是阻碍康复训练普及和辅助器具配置的最大障碍；占残疾人相当比重的人因为对康复服务手段的不了解而没有参与

[①] 中国残疾人联合会编：《残疾人工作基本知识读本》，华夏出版社2009年版，第58页。

康复训练或配置辅助器具，当前对康复服务手段的宣传推广普遍有待加强。

2. 残疾风险识别与预防干预技术体系创新

随着经济社会不断向前向好发展，一些导致残疾的因素比例不断下降，而一些导致残疾的因素随着工业化、城镇化、老龄化程度不断增长，总体上整体社会导致残疾因素不断上升的趋势不可避免。风险社会理论警示我们，引发残疾的风险无处不在甚至不断增强，我们正处于残疾风险程度不断加深的社会系统中，与老龄社会一样残疾社会正向我们迎面走来。

残疾预防是残疾风险的主动防御，通过提高人的残疾风险意识，降低导致残疾的外部因素，把残疾人工作的关口前移。残疾康复可以针对所有人群，消除和减轻人的功能障碍，弥补和重建人的功能缺失，设法改善和提高人的各方面功能，以此延缓残疾的发生与降低残疾的影响程度，提高残疾的康复意识与把握有效的康复时机是重要内容，也是帮助残疾人回归主流的有效手段。通过社会化与再社会化，残疾人在贫困、教育、社会融入等方面摆脱弱势群体的标签，成为社会有机整体的一部分，享受与社会其他成员的平等权利。推动残疾人获得回归主流的动力与环境，通过反贫困战略、主流教育融入、社会工作融入、无障碍公共服务等，改变或有效缓解因残疾带来的困境，是未来残疾治理过程中预防干预技术体系关键环节。

3. 残疾人健康干预与社区健康促进

社区残疾人工作是以社区残疾人为对象的社会工作方法，是一种直接服务的方法，以社区残疾人组织为纽带，社区服务机构为基础，通过健康干预、环境支持等，推进健康教育，在社区环境中推进照护服务。残疾人生活在社区，残疾人健康干预关口在社区，利用社区提供的服务设施对残疾人提供优质的健康预防与康复服务，政府主导之外，还要依靠自身、家庭和社会的力量。合理设置社区残疾人服务机构和网络，以社区为单位，让社区内的残疾人家属亲友、社区工作人员学习培训基本的健康、康复、照护知识。

将残疾人社区健康干预纳入城乡基层卫生服务范围，依托社区卫生服务中心站和乡镇卫生院村卫生室开展残疾人康复工作，同时发挥社区服务中心，企事业单位残疾人康复站等场所的作用，形成社区服务，构建有效的层级服务服网，重点为残疾人提供康复服务。残疾人健康干预与社区健康促进开展，有利于残疾人得到更多、更好的服务和照顾，也给他们创造了更多的参与社会生活和实现自我价值的机会。残疾人作为特殊且困难的弱势群体，他们需求的广泛和多样，残疾人健康干预与社区健康促进，无论对于残疾人本身还是对于社会人口的健康发展，都具有十分重要的意义，为残疾人就近提供灵活多样化服务是社区健康促进的重要发展方向。

五 资源整合

加强残疾人基本公共服务，整合教育、就业、社会保障与福利等资源，是保障残疾人平等权益、增进残疾人福祉、促进残疾人充分参与的基本途径，是保障和改善民生、促进发展成果更多更公平惠及困难群体的客观要求。

（一）教育

1. 封闭教育与融合教育

受教育权是国际人权宪章所规定的一项权利，但残疾人由于身体缺陷或家庭贫困往往难以实现这一基本权利。在残疾人教育模式上，国际人权法公认了一种教育模式即"全纳教育"。全纳教育之所以能成为国际人权法公认的模式，是由全纳教育坚持的"包容、接纳、自由、多样化以及平等"的价值理念。在我国全纳教育指的就是"随班就读"，旨在让残疾少年儿童和普通少年儿童进入同一个班，在一起学习和生活，使残疾儿童脱离相对封闭的环境，融入正常社会，防止其与社会脱节。

残疾人教育是国家教育事业的一个重要组成部分，残疾人教育是促进残疾人全面发展的前提。伴随着教育的继续向前发展，教育体系的全面和成熟，全纳教育成为国际教育界的共识。其目的包含三个方面：一是普通学校要接纳所有学生，残疾儿童要与健全儿童共同在普通学校学习；二是残疾儿童，同样是普通学校教育的主体和学习的主体；三是教育要有一定的灵活性，必须保证每一个学生都得到充分的发展。将残疾儿童纳入国民教育体系给予特殊关注。儿童的教育安置方式分为专门学校和融合式教育。不应特别强调残疾的分类，更应强调残疾儿童的特殊需要给予特殊辅导，尽可能地让残疾学生与健全儿童一起学习生活。即使重度残疾的学生，也能够有25%—30%的时间在普通班中接受融合式教育。我国几百万的残疾学龄儿童，他们适当的特殊教育普及是衡量国家充分普及特殊教育的重要指标。

2. 特殊教育与差别化教育

从残疾人应享有教育权益的角度来看，立法还不够健全，残疾人教育未来需要进一步加强以下工作：一是如何通过法律来强制保障残疾人的受教育权利；二是研究怎样合理设置学科，以满足不同残疾类别的残疾人的特殊需求，特别是在特殊教育学校残疾人体育课程的设置上；三是研究如何对不同类别、不同残疾程度的残疾人进行分类教学，哪些类别、哪些程度的残疾人可以同时进行授课；四是研究如何开展融合教学。

（二）就业

1. 残疾人基本就业与法律制度

在社会保障发展进程中，对残疾人的保障由最开始的将残疾人完全视为同情和被救助的弱势群体，发展到强调公民权利与义务的平衡，变被动消极的慈善模式为积极参与型福利体系。而促进残疾人就业不仅是帮助其自力更生、改善生活水平的重要方式，也是增强其社会参与、获取社会认同和实现自我价值的最有效途径。政府主要通过政策对残疾人就业进行宏观把握。先后出台了《残疾人就业条例》和《就业促进法》等相关法律，明确规定对残疾人给予特殊就业保护。政府不能强令雇主接受不能胜任岗位的残疾人，但是有权根据法律规定对就业歧视行为做出反应。

2. 残疾人就业与发展服务

保障残疾人的劳动权利，是保障残疾人生存权的前提。就业是残疾人在社会上获得的认同和自我价值实现的有效途径。我国残疾人就业主要以集中安置、按比例就业、自主创业为主。当今社会，互联网的快速发展为残疾人就业提供了更多选择，基于互联网出现了许多新工种以及新的就业岗位，给残疾人就业创造了新机遇，残疾人的就业领域由传统的集中在体力劳动领域转变为很多残疾人基于互联网实现了就业。"互联网+"背景下的灵活就业、弹性就业，许多岗位可回避身体缺陷，使残疾人公平参加社会竞争。尤其是以电商行业为代表，对于残疾人就业有着其他工作形式不可比拟的优势，技术要求相对不高，还打破了时间与空间的限制，甚至可以实现居家就业。帮助残疾人提高能力是政府的主要职责，新形势下需要用新思路、新办法解决问题。各地政府要根据社会发展状况，残疾人需求，实行残疾人职业康复培训机构，以提高残疾人职业能力，促进残疾人就业。残疾人服务对象除政府之外，还应整合用人单位、有关社会组织等资源全面提升残疾人就业质量。

（三）社会福利

残疾人社会福利指残疾人获取的法定的和社会所提供的服务的权利，其发展形态与水平，与社会经济发展水平、社会教育程度和社会权益意识水平密切相关。我国残疾人社会福利体系未来趋向从有到全、从全到优的发展过程。

1. 残疾人社会保障体系和服务体系

残疾人社会保障体系和服务体系建设处于起步阶段，面临着很多困难和问题，最突出的矛盾就是残疾人的特殊困难和需求往往被普遍化、平均化的要求所掩盖和忽视，现有的社会保障和公共服务基本缺乏针对残疾人特殊需求的内容和有效措施。残疾人公共服务体系的利益相关方如政府、管理机构、社会力量、社区与残疾人基层组织等，以残疾人需求为导向，以政府为主体、专业机构为骨干、社区为基础、家庭邻里为依托有效整合各方资源，统筹发展各种服务，全面提升残疾人服务的能力和水平。加强残疾人社会保障和服务体系建设，完善管理制度和评价机制，推进残疾人服务体系的规范化和专业化。

2. 保障和维护残疾人权益

残疾人法律保障、"两个体系"建设、司法救济等方面残疾人权益保障工作取得了一定成效，未来在共享发展理念下，有效落实维护残疾人权益有关法律，以需求为导向针对性满足残疾人康复、教育、就业需求，实现残疾人社会保障平衡、充分发展，使残疾人同健全人一样共享发展。

当前中国残疾人社会保障已进入一个新的历史性阶段，在共享发展理念下，残疾人社会保障的体系构成和权益维护需要进一步完善与发展。一是加快配套制度建设。残疾人社会保障发展是一项系统工程，只有加快残疾人社会保障制度所处的宏观制度体系调整，加快配套制度建设，才能更好地推动残疾人社会保障事业的发展。二是逐步由援助式的社会保障向能力补偿式社会保障过渡。目前我国制度体系，主要以外部援助为主，残疾人要想融入社会，共享发展，必须有一种能力发展式的社会保障，即加强残疾人能力和赋权。三是形成"政府主导，多方参与"的社会保障模式。引导和鼓励社会资本进入公共事业，引入市场资源，发挥企业的社会责任。

3. 探索更加成熟的福利—保障加赋权—发展模式

残疾人福利保障得益于中国的残疾人社会保障体系和服务体系，两个体系不断完善。国家制定了总的保障政策，各地政府也出台了针对低收入残疾人的救助措施。在社会保障、社会福利、专项补贴方面相互配合，保障了参加群体享有基本的生活和健康权益，提高了绝大部分人群的生活水平，减少了整个社会的贫困面和贫困程度。

在福利—保障完善的基础上，要普遍推行赋权—发展模式。赋权—发展模式在传统的保障补贴模式之外，其核心坚持以残疾人为本，把残疾人当作社会的组成成员，强调残疾人拥有平等的权利和参与社会生活的机会，满足其个性化需求，进行必要的辅助。赋权模式强调，消除残疾人参与社会生活的障碍，完善城市、乡村无障碍设施改造，方便残疾人出行。残疾人应当参与相关政策的制定，加强残疾人参与度，使各项惠及残疾人的政策措施，真正符合残疾人的需要，帮助残疾人真正实现能力提升，达到自主选择和独立生活的目标。

六　消灭"残疾"

残疾身份有一个"发生—凸显—弱化"的发展过程，打破现有的残疾观念，以文化的力量消除"他者"，以制度的力量保障平等，以技术的力量化解"差距"，最终目标建立残疾不再是显性身份的"非残社会"。

（一）以文化的力量消除"他者"

建立新残疾人观，从"人"的视角，从人的权利、机会和地位的角度来看待残疾人；从祛魅的角度，用一种新的文化意识替代旧的文化意识，改变传统人们所认知的"疾"的负面、消极、歧视残疾人的思想。改变残疾人的总体生活处境，引导社会及残疾人自身不把身体的特殊样态理解为能力的欠缺；强调公民权利与义务的平衡，对残疾人的保障由被动消极的慈善模式改为引导积极参与型。发展助残服务组织残疾人社会工作者，增强助残服务组织服务能力与专业化水平，帮助残疾人平等地参与社会生活，培养他们作为社会一员的公民意识、道德情操和文明的生活行为方式。

打破现有的残疾观念，建立多元一体的文化生态。构建"残疾并不等同于缺陷"的残疾意识形态，承认残疾的生理特征属性。以文化转型打造残疾人导向性服务，实现残疾人、服务者、管理者三方良性互动的综合服务机制，为残疾人建立更为安全、更能满足其需要的生活环境；以文化融入的力量冲破文化阻隔，消除残疾的负面社会意义，引导社会及其他人尊重、平等地认可残疾人。合理消除"他者"与自我，打破原有残疾与人的矛盾对立，增进文化认同，建立符合现代文明的残疾文化。

（二）以制度的力量保障平等

残疾人群体是一个具有很大潜能的人才宝库，在很多领域里贡献着他们的技能与才华。但是现实情况是残疾人在共享社会资源过程中遭遇很多不公正，需要政府以制度的力量为残疾人构筑多层次的支持系统。

首先是法律规范的普遍化，国家先后颁布实施了一系列保障残疾人权益的法律法规，保障残疾人群体得到社会保障和社会公共服务的权利，在社会生活中享有和其他健全公民同等的权利，同健全人一样管理国家、社会事务。但在现实生活中执行力还不够，与残疾人的需求还有较大差距；未来社会公正、平等的价值理念得到普通公众和国家决策层的认同上，只有在公正、平等的理念得到普遍认同的社会中，人们才有可能真正关注残疾人主题，并就改善弱势群体的不利地位达成共识，从而做出相应的制度安排。应继续加强残疾人立法研究，推进残疾人保障法修订，出台残疾人康复条例，强调对残疾人平等、参与、共享过程的支持。

其次是社会政策体系的完整化。残疾人社会政策覆盖面不断拓宽，实现宏观制度在微观领域的反应。从社会救济、社会福利等保障拓展到家庭建设、劳动就业、社区参与等发展方面;从关注残疾人个体发展到增长家庭能力;从社会维持转向社会促进,能力增长。加强对扶持民办残疾人服务机构的政策研究,探索适合中国国情残疾人服务机构多元化发展途径;残疾人社会政策与国家的政治政策、经济政策协调发展,建立健全兼顾社会不同阶层的利益表达机制和利益协调机制,建立基于社会公正、平等理念之上的社会秩序,切实保障残疾群体群众各项权利,才能实现社会整合。

最后是残疾人政策实施的制度化。世界各国的实践表明,社会政策发展的一般趋势是政策实施的制度化模式。制度模式,是把社会政策"视为一个常规性的社会制度,它存在于市场制度之外,按照普遍性的需要的原则发挥作用",① 残疾人政策实施的制度化把残疾人政策看成是一个社会须臾不可缺少的常规化制度安排,强调由政府出面专门解决直接关系广大民众的切身利益的问题,以政策影响国家福利行为。

(三) 以技术的力量化解"差异"

辅助器具是补偿替代与恢复改善身体功能的基础,是促进残疾人更好地融入社会、参与社会生活的基础。结合辅具适配服务工作,建立辅具分级评估、适配、训练规范标准,建立辅具筛查、专业服务与培训体系,加强辅具产品服务质量监督与法律维权,促进辅具市场有序健康发展。以辅具技术为切入点重点培育辅具产业,通过壮大龙头企业带动残疾人产业发展。

人工智能将弱化残疾给人带来的社会角色。2016 年谷歌公司开发的"阿尔法狗"围棋人工智能程序大优势打败了韩国顶尖围棋选手,预示着未来人工智能时代的前景更加清晰,有的人工智能机器人已具有相当程度的自主思维和学习能力。万物皆智能互联将极大改变人们的生产生活方式,也重塑着人们对世界的认识与理解。借助大数据、人工智能与区块链等新技术信息化手段,建立以残疾人能力评估数据为基础,包含能力评估、工作过程、评估结果的全过程数据库,打造一个入口的残疾人

---

① 王刚义、梅建明:《社会发展与社会政策研究》,中国人民公安大学出版社 2002 年版。

信息管理平台。建立一次筛查覆盖残疾人多样需求服务的工作机制，减少基层残疾人工作多重需求筛查负担，降低残联实际工作运行成本。建立残疾人大数据分析挖掘的智库支持体系，强化残疾人工作大数据趋势分析与研判，推动政府决策科学化、社会治理精准化和公共服务智能化。人工智能时代使残损的身体可能得到更好的科技补偿，例如仿真助听器、智能轮椅、智能义肢等出现，导致残疾人与身体健全人之间的界限变得模糊，残疾人与健全人的社会角色与身份更加模糊，人工智能广泛地融入人们的生活，通过技术的力量化解残疾人事业发展与社会事业发展"差距"。

（四）以智慧的力量实现"共融"

党的十八大以来，以习近平同志为核心的党中央提出了一系列中国智慧、中国经验、中国方案，体现了中国实践方案的文化多元性、多样性。我国残疾人事业发展的历史进程，从跟跑、并跑阶段已经发展到并跑与领跑齐头并进的阶段。

现代社会残疾的观念的内涵经历着从"个体化残疾"到"社会化残疾"的历史嬗变，正如哈贝马斯所说，残疾的现代观随着人们的信念而发生变化，会随着人类知识无限进步、社会和改良无限发展，呈现出残疾从无到有再到无的观念嬗变。残疾观的"社会模式"是残疾观念的一次飞跃，常态地看待残疾，消除残疾的负面社会意义，让更多的人平等而有尊严地生活，让人道主义思想成为当代文明社会的一种精神底色，是社会文化认知的历史性跨越。以残疾人增权赋能为理论基础，建立以残疾人能力评估为出发点的整体工作方案，提升残疾人管理身体、就业创业、参与社会的能力，主动激发残疾人自我潜能，防止残疾人出现福利依赖与精神贫困，构建符合新时代思维的残疾人工作整体系统规划。把残疾人家庭作为政策干预的领域，关注残疾人与其家庭的复原力建设，增强残疾人家庭的支持系统重建。把加快残疾人小康进程作为帮助残疾人过上安居乐业、衣食无忧美好生活的重要抓手，激励残疾人自尊、自信、自强、自立，更加勇敢地迎接生活的挑战，带领残疾人把实现自身的梦想自觉地融入实现中国梦的奋斗实践之中。

习近平指出，要加强人工智能同保障和改善民生的结合，从保障和改善民生、为人民创造美好生活的需要出发，推动人工智能在人们日常工作、学习、生活中的深度运用，创造更加智能的工作方式和生活方式。[①] 互联网为残疾人打开了通向广阔世界的大门。随着互联网的发展，残疾人获得了越来越多融入生活的机会，互联网消弭了残疾人与健康人交流的鸿沟，使平等和融合在虚拟世界也变得可能和得以实现。但全国8500多万残疾人，能够使用网络的残疾人还是少数，多数残疾人仍然生活在信息时代之外。要研究怎样建好残疾人的大数据，怎样利用互联网为更多的残疾人提供到家到户的康复等服务。互联网的未来发展远非我们今天所能想象，但是从现在起为无障碍与融合打下基础，未来互联网服务创造更多"互联网+残疾人服务"的新模式。

正确审视疾病及由此带来的"他者"身份和潜在不公正，承认残疾的生理特征属性，扭转固化的道德意义不平等，通过辅具适配，依托人工智能，干预残疾的生理特征不再成为阻碍残疾人融入社会的障碍，"让残疾不再残疾"，推动残健共融，共建共享是残疾人事业发展的最终价值追求。

[①] 《加强领导做好规划明确任务夯实基础 推动我国新一代人工智能健康发展》，《人民日报》2018年11月1日。

附录一　中国残疾人事业治理评估指标体系设计

一　设计思路与框架

1. 主要原则

中国残疾人事业治理创新指标体系的科学性，直接影响到中国残疾人事业发展质量评价的可靠性。基于中国残疾人事业发展理论研究以及现状、问题分析，对于指标体系建立将基于以下原则设计具体指标内容。

（1）科学性原则。体现中国残疾人事业发展理论与实践的相结合，在风险理论、治理理论、融合理论等理论指导下，对中国残疾人事业实践现状与存在问题进行理论分析，科学筛选描述清楚、语义简练、客观真实的指标内容，建立基本概念清晰和逻辑结果合理的评价指标，尽可能用较少的指标较全面地反映评价对象，同时兼顾不同指标之间的逻辑层次，使中国残疾人事业治理创新理论与实践有机统一。

（2）系统性原则。中国残疾人事业治理是宏大的、系统化的体系，指标之间存在相互联系与制约关系，因此指标将考虑国家治理体系以及残疾人事业发展全局，系统确立残疾人事业发展的层级以及不同层级相关领域，使中国残疾人事业治理层级与领域能够系统化、立体化。

（3）可比性原则。任何评价指标应该建立相应的基准值或基准对象，从而能够进行横向或纵向比较。中国残疾人事业治理创新指标内容，既能够反映我国残疾人事业发展的历史进程，也能够反映不同发展区域之间的差异，通过横向与纵向比较完整勾勒出发展的历史坐标。

（4）操作性原则。指标设计要简便易行不能太烦琐，在能够保证评价结果客观性、全面性的前提下，尽可能减少或去掉对评价结果影响微弱的指标，同时指标数据能够易于获取，其数据来源渠道较为可靠、较为准确，同时指标能够相对标准化、规范化。

（5）目标性原则。建立评价指标的目的不是为区分结果的优劣，更重要的是引导鼓励被评价对象向正确的方向和目标发展，使评价对象的行为与政策加以控制逐步向目标靠近，我国残疾人事业发展以残健融合为目标导向建立指标体系，确保残疾治理的整个过程阶段都围绕残健融合的目标展开。

（6）问题性原则。建立我国残疾人事业治理创新指标体系，将从我国残疾人事业治理体系中存在的问题出发，围绕当前残疾治理中面临的困境与主要难题设计相关指标，使指标体系能够对我国残疾人事业发展具有引导与指示作用。

2. 总体框架

我国残疾人事业治理创新指标体系建立，主要从残疾风险干预、残疾人工作实践、残健融合促进三大领域展开，一级指标为残疾风险干预、残疾人工作实践、残健融合促进，每个一级指标的二级指标分别从结果指标、过程指标、保障指标进行设计，结果指标是指残疾人的实际获得感，过程指标指当前推进残疾人工作实践效果，保障指标指保障残疾人工作实践助推残疾人获得感提升的体制机制。每个二级指标下分别设计三级指标，主要关键领域包括以下方面。

（1）残疾治理文化与知识。从社会政策层面关注残疾治理问题提出机制，以及开展残疾治理的社会共识机制，以形成社会广泛关注的残疾人事业发展氛围。

（2）残疾治理主体与场域。关注市场、社会、家庭、助残组织以及残疾人等多元残疾治理主体，重点关注残疾治理的市场领域、社区领域以及家庭领域。

（3）残疾治理技术与工具。关注残疾治理的技术工具，特别是对政策工具、市场工具以及参与工具的治理。

(4) 残疾治理领域与绩效，关注残疾治理的整体过程与重点环节，关注现有残疾人工作领域的同时，重点关注残疾风险干预、残健融合促进领域。

3. 指标选择

(1) 过程结果指标。对我国残疾人事业治理创新不同过程环节指标选择，主要涉及两方面指标：结果性指标，通常以"产出"为导向，易于衡量评价，但难以改善或影响。残疾人事业治理创新的结果指标，以残疾人群体为观察对象，以获得感、满意度、关联度为重点，具有目标导向性功能。过程性指标，通常以工作投入为导向，易于影响与评价，相对结果性指标而言，我国残疾人事业治理创新指标设计，以残疾人工作者为观察对象，关注残疾人工作的具体过程以及投入要素的程度，以及残疾人工作体制机制运行过程中实际发挥的作用。

(2) 定性定量指标。定性指标是指不能直接量化通过其他途径实现的评估指标，一般先进行模糊等级评价然后进行量化，容易涉及评价者的主观因素，而且评价指标的区分度和信度不高。定量指标是指可以准确数量定义、精确衡量并能设定目标效果的评价指标，其评价的基准值是该项指标的基本性要求。

二 残疾风险干预领域指标

1. 指标内容

残疾风险干预是残疾人实务工作的出发点，也是残疾人事业发展的终极目标，因此控制残疾发生与残疾预防宣传是残疾风险干预的重点内容。基于此，残疾风险干预领域指标共有 3 项二级指标 16 项三级指标，二级指标分别为残疾人口数量、控制残疾发生、残疾预防宣传，其中残疾人口数量二级指标共有 4 项三级指标，控制残疾发生二级指标有 9 项三级指标，残疾预防宣传二级指标有 3 项三级指标。从指标的性质看，共有 9 项结果性指标和 7 项过程性指标。

2. 指标解释

残疾人口数量二级指标共有 4 项三级指标。

(1) 持证残疾人总量指标是为了测查当前我国残疾人口总量，因为每年有残疾人动态更新数据调查，指标数据来源为每年残疾人动态更新数据中持证残疾人数量。

（2）0—17岁持证残疾人比例指标是为了测查我国持证残疾儿童少年数量，以此反映我国残疾人事业对残疾儿童少年特别关注程度，其数量来源于每年残疾人动态更新数据中0—17岁持证残疾儿童少年比例。

（3）重度残疾人办证率和精神残疾人办证率两项指标，是为了测查当前办证过程中对重点特殊人群的关注程度，因为研究发现有少部分偏远山区、贫困地区的重度残疾人与精神残疾人，因为无法到指定医院或没有专门鉴定医院进行鉴定，导致部分残疾人难以享受残疾人政策项目，以此衡量我国残疾人事业对残疾人群中的重点特殊群体的关注程度，其数量来源于当前重度残疾人与精神残疾人动态更新调查所占比例，以此与"二抽"数据进行比较，如附表1-1所示。

附表1-1　　　　我国残疾风险干预领域具体指标

一级指标	二级指标	三级指标	备注
残疾风险干预	残疾人口数量	持证残疾人总量（万人）	结果性指标
		0—17岁持证残疾人比例（%）	结果性指标
		重度残疾人办证率（%）	结果性指标
		精神残疾人办证率（%）	结果性指标
	控制残疾发生	交通事故伤亡人数（人）	结果性指标
		药物致残发生率（%）	结果性指标
		新生儿出生缺陷率（%）	结果性指标
		千人工伤亡率（%）	结果性指标
		每十万人精神科医生数（人）	过程性指标
		孕产前筛查率（%）	过程性指标
		常见慢性病建档率（%）	过程性指标
		疑似残疾发生随机机制运行效果（%）	过程性指标
		医疗康复双向转诊机制运行效果（%）	过程性指标
	残疾预防宣传	公众残疾预防知晓率（%）	结果性指标
		主流媒体残疾预防宣传报道数（篇）	过程性指标
		中小学开展残疾预防宣传率（%）	过程性指标

控制残疾发生二级指标共有9项三级指标。

(1) 交通事故伤亡人数、药物致残发生率、新生儿出生缺陷率、千人工伤伤亡率等三级指标反映了当前我国导致新生残疾的重要原因之一，其数量来源于交通部、卫健委以及人社部等职能部门的统计数据。

(2) 每十万人精神科医生数、孕产前筛查率、常见慢性病建档率、疑似残疾发生随报机制运行效果、医疗康复双向转诊机制运行效果等三级指标，是当前我国控制残疾风险发生的重要举措与政策支撑，其中每十万人精神科医生数、孕产前筛查率、常见慢性病建档率的数据来源于相关职能部门的统计数据，而疑似残疾发生随报机制、医疗康复双向转诊机制是推动残疾预防工作落地的重要技术支撑，数据收集需要专门进行调查统计。

残疾预防宣传二级指标共有 3 项三级指标，其中公众残疾预防知晓率反映全社会对残疾预防与风险的认知程度，主流媒体残疾预防宣传报道数与中小学开展残疾预防宣传率反映了当前开展残疾预防工作的实际进展程度，这些数据需要专门进行调查统计。

三 残疾人工作实践领域指标

1. 指标内容

残疾人工作实践是我国残疾人事业发展的重点领域，根据当前实际残疾人工作实践领域共有 10 个二级指标，其中经济保障、精准康复、就业促进、特殊教育、托养照料 5 个二级指标为工作绩效指标，协调统筹、精细管理、重点扶持、基层组织、主体参与 5 个二级指标为工作保障指标。三级指标总共有 47 项，从指标的性质看共有 26 项为结果性指标，21 项为过程性指标，如附表 1-2 所示。

附表 1-2　　　　　　我国残疾人工作领域具体指标

一级指标	二级指标	三级指标	备注
残疾人工作实践	经济保障	残疾人家庭人均可支配收入年增长比例（%）	结果性指标
		国家政策定义的贫困残疾人比例（%）	结果性指标
		贫困重度残疾人单独享受低保政策的比例（%）	结果性指标
		贫困残疾人获得特殊住房政策保障的比例（%）	结果性指标
		享受提前退休政策的残疾人比例（%）	结果性指标
		养老医疗保险覆盖残疾人的比例（%）	结果性指标

附录一 中国残疾人事业治理评估指标体系设计

续表

一级指标	二级指标	三级指标	备注
残疾人工作实践	精准康复	残疾人基本康复服务获得率（%）	结果性指标
		有需求的残疾人辅助器具满足率（%）	结果性指标
		残疾人家庭医生签约服务率（%）	结果性指标
		残疾人康复纳入医保报销项目数量（项）	结果性指标
		残疾人社区康复站数量（个）	结果性指标
		获得残疾人康复职业资格认定人数（人）	结果性指标
	就业促进	适龄残疾人就业比例（%）	结果性指标
		适龄残疾人中技能培训获得率（%）	结果性指标
		党政事业单位按比例安排残疾人就业数量（人）	结果性指标
		适龄残疾人中自主创业比例（%）	结果性指标
		残疾人就业扶贫基地数量（个）	结果性指标
		残疾人就业服务机构发布残疾人用工信息（条）	结果性指标
	特殊教育	适龄残疾儿童接受义务教育率（%）	结果性指标
		每年接受高等教育残疾学生数量（人）	结果性指标
		特殊教育教师数量（人）	结果性指标
		残疾人特殊教育资源中心数量（个）	结果性指标
		适龄残疾人识字率（%）	结果性指标
	托养照料	享受机构托养的适龄残疾人比例（%）	结果性指标
		享受社区日间照料的适龄残疾人比例（%）	结果性指标
		享受居家服务照料的适龄残疾人比例（%）	结果性指标
	协调统筹	残疾人事业财政投入年增长率（%）	过程性指标
		残疾人工作委员会年度会议数量（次）	过程性指标
		党委政府讨论残疾人工作会议数量（次）	过程性指标
	精细管理	残疾人项目数量（个）	过程性指标
		创新试点项目的数量（个）	过程性指标
		项目需求筛查的标准数量（个）	过程性指标
		项目精细化管理的标准数量（个）	过程性指标
		基于动态更新数据基础上的大数据库数量（个）	过程性指标
		残疾人信息平台数据交换接口标准数量（个）	过程性指标

续表

一级指标	二级指标	三级指标	备注
残疾人工作实践	重点扶持	贫困残疾人享受特惠政策项目的数量（个）	过程性指标
		享受机构托养服务的智力精神残疾人数量（人）	过程性指标
		老年残疾人中享受社区居家服务的比例（%）	过程性指标
	基层组织	村庄社区专委高中及以上文化程度的比例（%）	过程性指标
		享受最低工资以上的乡镇街道专委比例（%）	过程性指标
	主体参与	辅具生产企业数量（个）	过程性指标
		民办残疾人康复服务机构数量（个）	过程性指标
		民办残疾人托养机构数量（个）	过程性指标
		民办残疾人教育机构数量（个）	过程性指标
		政府购买残疾人服务的资金增长率（%）	过程性指标
		助残社会组织机构数量（个）	过程性指标
		助残志愿者组织机构数量（个）	过程性指标

2. 指标解释

残疾人经济保障二级指标共有7项三级指标，涉及家庭经济收入、贫困残疾人、住房保障、社会救助、社会保险以及提前退休等指标，反映了残疾人社会保障覆盖范围以及保障质量，以及残疾人家庭经济收入和退休政策实行程度。其中残疾人家庭人均可支配收入年增长比例、国家政策定义的贫困残疾人比例、贫困重度残疾人单独享受低保政策的比例、贫困残疾人获得特殊住房政策保障的比例、养老医疗保险覆盖残疾人的比例等指标，其数据采集渠道都来源于残联工作数据统计，享受提前退休政策的残疾人比例需求另行统计。

残疾人精准康复二级指标共有6项三级指标，涉及基本康复服务、辅具适配、家庭医生签约、医保报销、社区康复站以及康复师等重点，从康复技师、康复服务机构、康复服务项目、康复服务机制、康复辅具适配等康复资源供给以及康复服务获得，全面衡量我国残疾人事业精准康复服务的质量，其数据采集渠道都来源于残联工作数据统计。

残疾人就业促进二级指标共有6项三级指标，涉及残疾人就业范围、技能培训、按比例就业、自主创业、就业基地、就业信息等重点内容，从就业能力、就业途径、就业支持以及就业范围等方面，全面衡量我国残疾人就业水平质量，其数据采集渠道都来源于残联工作数据统计。

残疾人特殊教育二级指标共有5项三级指标，包括残疾人识字、义务教育、残疾大学生、特教老师与特教资源等重点内容，从特教资源投入、特教老师支撑反映残疾人接受教育的程度，以此全面衡量我国残疾人特教水平质量，其数据采集渠道都来源于残联工作数据统计。

残疾人托养照料二级指标共有3项三级指标，涉及了残疾人机构托养、日间照料、居家服务等重点内容，体现了当前残疾人托养服务的主要工作领域与质量，其数据采集渠道都来源于残联工作数据统计。

残联是协调党委政府全面统筹部署残疾人工作的责任主体，从残疾人事业财政投入经费、残疾人工作委员会年度会议、党委政府讨论残疾人工作会议等重点内容，全面反映各地残疾人工作纳入中心大局的水平程度。其中，残疾人事业财政投入年增长率来源于残联工作数据统计，而残疾人工作委员会年度会议数量、党委政府讨论残疾人工作会议数量需要另行统计。

残疾人项目精细化管理是残疾人事业的迫切要求，共涉及了6项三级指标，包括残疾人项目数量、创新试点项目数量、项目执行标准数量、大数据库数量、数据交换接口标准数量等方面，全面反映残联执行残疾人项目的能力与水平，其中残疾人项目数量、创新试点项目数量来源于残联工作数据统计，其余指标需要另行统计。

针对残疾人群体中的重点特殊困难群体的特殊帮扶，反映了残疾人工作精细化与精准化水平。残疾人重点扶持二级指标共有3项三级指标，从贫困残疾人享受特惠政策项目、享受机构托养服务的智力精神残疾人、老年残疾人中享受社区居家服务，反映贫困残疾人、老年残疾人的特惠政策扶持，这些指标数量采集都需要另行统计。

基层组织指标共有2项三级指标，主要是从专委文化程度以及工资水平反映基层残疾人组织建设的能力水平，这些指标数量来源于残联工作数据统计。

主体参与二级指标共有7项三级指标，涉及了辅具生产企业、民办残疾人康复托养教育服务机构、助残社会组织与志愿者组织以及政府购买服务等方面，从市场、社会力量等方面反映社会参与残疾人事业的程度，这些指标数量采集都需要另行统计。

四 残健融合促进领域指标

1. 指标内容

残健融合促进是残疾人工作的价值导向，涉及无障碍改造、法制维权、文化活动、宣传倡导4个二级指标，共有17项三级指标内容。从指标的性质看，共有5个结果性指标和12个过程性指标，如附表1-3所示。

附表1-3 我国残健融合促进领域具体指标

一级指标	二级指标	三级指标	备注
残健融合促进	无障碍改造	城市公共汽车无障碍设施改造率（%）	结果性指标
		贫困残疾人家庭无障碍改造率（%）	结果性指标
		公共场所无障碍设施标准数量（件）	过程性指标
		家庭无障碍改造标准数量（个）	过程性指标
	法制维权	涉残公益诉讼案件数量（件）	结果性指标
		人大、政协执法检查次数（次）	过程性指标
		残疾人信访案件数量（件）	过程性指标
		残疾人法律援助案件数量（件）	过程性指标
		全国"两会"涉残提案议案数量（件）	过程性指标
	文体活动	残疾人文化艺术团体机构数量（个）	过程性指标
		获得康复体育器材的残疾人家庭比例（%）	结果性指标
		适龄残疾人参加文化活动比例（%）	结果性指标
		残疾人文化展演活动次数（次）	过程性指标
	宣传倡导	举办国际性残疾人会议数量（个）	过程性指标
		残疾人研究机构数量（个）	过程性指标
		残疾人宣传刊物数量（个）	过程性指标
		主流媒体正面报道残疾人的新闻量（次）	过程性指标

2. 指标解释

无障碍改造是残疾人融合社会的重要途径，共有 4 项三级指标，包括残疾人家庭无障碍改造、城市公共交通、无障碍改造设施标准数量等，反映我国残疾人家庭与公共场所的无障碍环境质量，其中贫困残疾人家庭无障碍改造率来源于残联工作数据统计，其余指标需要另行统计。

法制维权二级指标共有 5 项三级指标，包括残疾人法律援助案件、信访案件、公益诉讼案件以及执法检查、"两会"提案等重点内容，从残疾人和社会关注两个方面反映残疾人法律保障质量，这些指标数量采集都需要另行统计。

文体活动二级指标共有 4 项三级指标，包括残疾人文体活动参与程度以及文化体育展演机构等重点内容，其中获得康复体育器材的残疾人家庭比例、适龄残疾人参加文化活动比例来源于残联工作数据统计，其余指标需要另行统计。

宣传倡导二级指标共有 4 项三级指标，包括宣传平台、宣传报道与国际交流等内容，反映了残疾人事业从残疾人领域走向社会和国际交流的水平，这些指标数量采集都需要另行统计。

附录二 "中国残疾人事业治理体系创新研究"调查问卷

尊敬的女士/先生：

您好！我们正在进行"残疾人事业治理体系创新"的研究。您的意见对我们发现与总结我国残疾人事业治理创新的经验、存在的问题，提出完善对策十分重要。请您根据实际情况在相应选项序号上打"√"。衷心感谢您的支持和帮助！

Q1. 提到"残疾人事业治理创新"，您想到哪三个关键词：
　　＿＿＿＿＿＿＿＿、＿＿＿＿＿＿＿＿、＿＿＿＿＿＿＿＿

Q2. 整体上，您认为本地残疾人事业的发展状况：
　　①非常好　②比较好　③一般　④不太好　⑤不好
　　您的评价主要基于以下哪些方面：（限选四项）
　　①发展理念思路　②运行体制机制　③政策法规条例
　　④人员队伍建设　⑤市场机制作用　⑥社会力量参与
　　⑦家庭支持协助　⑧残疾人能力建设　⑨社会组织培育
　　⑩社区支持作用　⑪人道主义氛围　⑫政府投入　⑬其他

Q3. 您认为本地在推进残疾人事业发展过程中最为明显的原则是：（限选四项）
　　①普惠与特惠结合　②残疾人群体差别化管理　③强化治理体系与能力建设
　　④城乡协调发展　⑤多元主体协同参与　⑥推动市场力量的参与
　　⑦残疾人服务社区化　⑧扶贫与助残相结合　⑨助残与残疾人能力建设
　　⑩贯彻残疾预防/康复计划　⑪其他

Q4. 在下列残疾人事业发展主要工作领域中，哪些需要重点关注：_____
_____（限选四项，填写序号）；哪些成效较为显著：_____
（限选四项，填写序号）
①社会保障　②康复　③教育　④就业　⑤扶贫　⑥托养　⑦文化体育
⑧无障碍环境　⑨法制维权　⑩残疾预防　⑪养老　⑫其他

Q5. 您认为残疾人社会保障工作成效：
①非常好　②比较好　③一般　④不太好　⑤不好
其中成效较为显著的是（限选三项）_____，需要改进创新的是_____
①符合条件的残疾人全部纳入城乡低保
②贫困/重度残疾人享受特殊社会救助政策
③残疾人"两项补贴"福利制度
④低收入家庭生活费用优惠或补贴
⑤贫困/重度残疾人免缴养老医疗保险费
⑥贫困残疾人实行特殊住房保障政策
⑦残疾人免费公共交通和进入公共场所
⑧其他

Q6. 您认为残疾人康复工作的成效：
①非常好　②比较好　③一般　④不太好　⑤不好
其中成效较为显著的是（限选三项）_____，需要改进创新的是_____
①建设专业康复机构/设置康复科　②建设社区康复站和咨询服务中心
③推行为残疾人家庭送康复服务　④纳入医疗诊断体系和医保报销体系
⑤建立康复专业和职业发展体系　⑥实施重点人群抢救性康复或专项康复
⑦纳入基层医疗考核体系　⑧培育民办康复服务机构　⑨发放残疾人辅助器具
⑩其他

Q7. 您认为残疾人教育工作的成效：
①非常好　②比较好　③一般　④不太好　⑤不好
其中成效较为显著的是（限选三项）_____，需要改进创新的是_____
①普及适龄残疾儿童义务教育　②延伸完善残疾儿童非义务教育
③建设特殊教育学校和师资队伍　④链接社会力量资助残疾儿童上学

⑤建立残疾人特殊教育资源中心　⑥发展民办残疾人教育机构

⑦引导残疾人家庭自主教育　⑧开展残疾人社区教育　⑨其他

Q8. 您认为残疾人就业工作的成效：

①非常好　②比较好　③一般　④不太好　⑤不好

其中成效较为显著的是（限选三项）_____，需要改进创新的是_____

①落实用人单位按比例安排就业　②扶持集中就业机构（基地）和福利企业

③严格依法征缴残疾人就业保障金　④开发公益岗位和就业创业优惠政策

⑤引导企业设立助残项目　⑥建立残疾人就业服务机构和平台

⑦就业政策和其他政策配套衔接　⑧残疾人参加职业培训　⑨其他

Q9. 您认为残疾人扶贫工作的成效：

①非常好　②比较好　③一般　④不太好　⑤不好

其中成效较为显著的是（限选三项）_____，需要改进创新的是_____

①为贫困残疾人建档立卡　②对农村贫困残疾人进行康复扶贫

③建立扶持残疾人就业扶贫基地　④促进贫困残疾人参与合作社等产业化经营

⑤组织社会力量结对帮扶贫困残疾人　⑥对农村贫困残疾人进行危房改造

⑦社区建设项目优先考虑贫困残疾人　⑧其他

Q10. 您认为残疾人托养工作的成效：

①非常好　②比较好　③一般　④不太好　⑤不好

其中成效较为显著的是（限选三项）_____，需要改进创新的是_____

①建设公办残疾人托养机构　②残疾人社区托养服务　③实施阳光家园计划

④政策优先照顾残疾人家庭　⑤重点托养精神残疾等

⑥培育民办残疾人托养机构　⑦为残疾家庭提供护理培训　⑧其他

Q11. 您认为残疾人文化教育工作成效：

①非常好　②比较好　③一般　④不太好　⑤不好

其中成效较为显著的是（限选三项）_____，需要改进创新的是_____

①实施"残疾人文化体育进社区"活动

②设置残疾人文艺、体育人才培养基地

③举办残疾人文化展演、体育健身活动

④建设公共图书馆或网上数字图书馆

⑤公共文化体育场所向残疾人开放

⑥建设民间残疾人文化艺术培养机构

⑦参加举办残运会、特奥会等赛事

⑧媒体宣传报道　　⑨其他

Q12. 您认为残疾人无障碍工作成效：

①非常好　②比较好　③一般　④不太好　⑤不好

其中成效较为显著的是（限选三项）_____，需要改进创新的是_____

①加强残疾人无障碍标准体系建设　②推动残疾人信息技术无障碍工程建设

③补贴贫困残疾人家庭无障碍改造　④公共交通、场所和配套设施无障碍改造

⑤督查无障碍设施工程建设和监管　⑥其他

Q13. 您认为残疾人法制维权工作成效：

①非常好　②比较好　③一般　④不太好　⑤不好

其中成效较为显著的是（限选三项）_____，需要改进创新的是_____

①推动残疾人组织和代表参政议政　②人大、政协执法检查残疾人权益法律保障

③送法进社区/乡村　④排查化解残疾人信访和矛盾纠纷

⑤法律救助援助残疾人权益保护　⑥宣传倡导　⑦其他

Q14. 您认为残疾预防工作的成效：

①非常好　②比较好　③一般　④不太好　⑤不好

其中成效较为显著的是（限选三项）_____，需要改进创新的是_____

①建立健全残疾发生随报制度　②明确残疾预防的管理制度和实施主体

③建立疑似残疾报告制度　④建立残疾预防数据网络平台

⑤加强残疾预防宣传　⑥建立医疗和康复双向转诊制度

⑦建立残疾预防的实施方案体系　⑧其他

Q15. 请结合本地残疾人事业发展实际情况，评价各治理主体的表现与作用，并在相应的数字上打"√"，其中 5 分代表非常明显，3 分代表一般，1 分代表不明显。

（1）政府主导地位　　　　　非常明显 5……4……3……2……1 不明显

（2）市场推动作用　　　　　非常明显 5……4……3……2……1 不明显

（3）社会力量参与　　　　　非常明显 5……4……3……2……1 不明显

（4）社区支持作用　　　　　非常明显 5……4……3……2……1 不明显

（5）残疾人及其家庭能动作用　非常明显 5……4……3……2……1 不明显

Q16. 请结合本地残疾人事业发展实际情况，对下列情况进行评价：

（1）残疾人政策与其他公共政策的配套、衔接程度：
①完全配套　②部分配套　③一般　④不太配套　⑤脱节

（2）残疾人机构服务的专业化程度：
①非常高　②比较高　③一般　④比较低　⑤非常低

（3）民办机构/企业介入残疾人服务的程度：
①非常明显　②比较明显　③一般　④不太明显　⑤不明显

（4）政府购买服务对扩大残疾人公共服务供给的效果：
①非常明显　②比较明显　③一般　④不太明显　⑤不明显

（5）残疾人服务产业满足残疾人特殊性、多样化、多层次需求程度：
①完全满足　②部分满足　③一般　④较少满足　⑤很少满足

Q17. 本地促进残疾人事业发展最主要的动力是（限选五项）_____

①残疾人共同奔小康意识　②平等共享的社会氛围

③社会改变对残疾的观念　④政府重视残疾人事业发展

⑤残联执行国家政策有力　⑥市场力量的积极作用

⑦经济实力增长推动发展　⑧完善家庭和社区支持

⑨残疾人意识与能力提高　⑩纳入监督考核范围

⑪社会力量助残扶残　⑫推动国际残疾人事业发展　⑬其他

Q18. 您认为本地残疾人事业发展的主要经验是（限选五项）_____

①工作重心下沉到社区　②纳入经济社会发展规划指标

③健全基层工作人员队伍　④激发协会组织自身活力

⑤推进公共服务市场化运作　⑥动员社会组织参与助残

⑦关注残疾人民生（扶贫/就业/康复等）　⑧培育民办残疾人服务机构/企业

⑨注重残疾人自身能力增长与发展　⑩加强残疾人家庭政策支持　⑪其他

Q19. 整体上，我国残疾人事业发展哪些机构/部门作用较为明显（限选五项）_____

①残工委　②残联　③民办服务机构（民非企业）　④福利企业

⑤各类协会组织　⑥基金会　⑦社区　⑧残疾人自身　⑨家庭

⑩企业　⑪研究机构　⑫残疾人自组织

Q20. 当前我国残疾人事业发展面临哪些困难？（限选五项）
①纳入全局工作程度不够　②管理、服务人员专业化不足
③分类保障和干预不足　④多种力量难以形成合力
⑤残疾人及家庭潜力未能发挥　⑥市场推动发展力量不足
⑦民办机构发展处境艰难　⑧残疾人自组织协会发育缓慢
⑨政策衔接配套程度较差　⑩残疾人社区化服务不够
⑪政府经费投入不足　⑫政策落实不到位　⑬宣传倡导不足

Q21. 您认为当前我国残疾与残疾人的特征主要表现在哪些方面？（限选三项）
①残疾风险扩大　②残疾老龄化　③后天致残人数增多　④残疾人寿命延长
⑤东中西部差异　⑥城乡致残差异　⑦残疾人内部分化　⑧其他

Q22. 促进我国残疾人事业体制机制创新，您认为哪些方面更为重要？（限选五项）
①细化残疾康复体系　②发挥市场社会参与作用
③完善分类社会保障与福利　④促进残疾人精准扶贫
⑤提升公共服务能力　⑥落实协调/开放/共享理念　⑦加强社会组织建设
⑧推进依法治理与监督　⑨做实社区化防治/康复体系
⑩明晰残联的职责/定位　⑪推动管理服务信息化（"互联网+"）
⑫出台残疾人家庭政策　⑬加强政策部门对接、落实/监测评估
⑭建立国际认同的评价标准　⑮其他

Q23. 为促进我国残疾人事业发展，您认为应重点做好哪些方面工作？（限选五项）
①加大政府对残疾人事业投入　②完善残联组织机构和人员配置（编制）
③提升残联工作人员专业能力　④加大涉及残疾人政策间的配套与衔接
⑤促进残疾人自组织与协会发展　⑥加强对重点人群和对象的预防与干预
⑦完善社会助残机制，培育社会组织　⑧加大政府购买残疾人服务的力度
⑨建立残疾治理的中国话语与制度方案　⑩加强残疾人管理服务的信息化
⑪通过社区促进残疾人发展　⑫加强残疾人及家庭能力建设
⑬发展残疾人社会工作　⑭残疾老年人救助与保障　⑮其他

Q24. 为推进我国残疾人事业更好地发展，您还有哪些意见和建议？

个人资料：（以下谨作统计分析之用，请您放心说明）

S1：性别：①男 ②女

S2：文化程度：①高中及以下 ②大专 ③本科 ④研究生及以上

S3：年龄区间：①25 岁以下 ②25—34 岁 ③35—44 岁 ④45—54 岁 ⑤55 岁及以上

S4：所属部门/人员：①残工委 ②残联 ③基层专委 ④社区 ⑤专家学者 ⑥残疾人 ⑦残疾人家庭 ⑧企业负责人 ⑨公办机构负责人 ⑩民办机构负责人 ⑪社会组织负责人

S5：如果您是企业、机构或社会组织负责人，请问涉及残疾人事业的哪些领域？
①社会保障 ②康复 ③教育 ④就业 ⑤扶贫 ⑥托养 ⑦文化体育 ⑧无障碍环境 ⑨法制维权 ⑩残疾预防 ⑪其他

附录三 "中国残疾人事业治理创新研究"访谈提纲

1. 本地残疾人基本状况，两次残疾人抽样调查的基本状况，残疾致因的影响因素变化，残疾人的基本需求变化。

2. 本地残疾人事业发展的历程、现状、取得成就及其原因，包括残疾人事业发展的十大领域的基本状况，涉及保障机制、服务规范、能力建设、参与主体等状况。

3. 本地残疾人事业发展在全国的定位、发展特点、对中国和本地残疾人事业发展的基本评价。

4. 本地残疾预防方面做法、基本经验、特征、成效、典型案例以及社会效益、社会反应。

5. 本地残疾人事业发展的优势与困难，机遇与挑战。

6. 怎样理解国家治理、社会治理以及政府治理与中国残疾人事业发展的关系。

7. 从治理创新的角度，完善本地和中国残疾人事业发展的对策建议。

参考文献

谢琼主编:《国际视角下的残疾人事业》,人民出版社 2007 年版。

[英] 吉登斯:《现代性的后果》,南京译林出版社 2011 年版。

[英] 吉登斯:《失控的世界》,江西人民出版社 2001 年版。

薛晓源:《前沿问题前沿思考·贝克教授访谈录》,华东师范大学出版社 2001 年版。

[英] 格里·斯托克:《作为理论的治理:五个论点》,《国际社会科学(中文版)》1999 年第 2 期。

[美] 詹姆斯·N. 罗西瑙:《没有政府的治理》,江西人民出版社 2001 年版。

俞可平:《治理与善治》,社会科学文献出版社 2000 年版。

刘林、李凡:《残疾人及其社区的社会融合指南》,华夏出版社 2010 年版。

[英] 吉登斯:《第三条道路——社会民主主义的复兴》,北京大学出版社 2000 年版。

陈广胜:《走向善治》,浙江大学出版社 2007 年版。

傅志军:《残疾人权利保障法律制度研究》,华夏出版社 2014 年版。

王刚义、梅建明:《社会发展与社会政策研究》,中国人民公安大学出版社。

中国残疾人联合会编:《残疾人工作基本知识读本》,华夏出版社 2009 年版。

2006 年第二次全国残疾人抽样调查主要数据公报，2006 年 12 月 1 日。

［瑞典］英瓦尔、卡尔松等：《天涯成比邻：全球治理委员会的报告》，赵仲强等译，杨荣甲编辑，1995 年 9 月 1 日。

《残疾人权利公约》，https：//www.un.org/zh/documents/treaty/files/A-RES-61-106.shtml。

《中共中央国务院关于促进残疾人事业发展的意见》，2008 年 3 月 28 日。

中华人民共和国国务院新闻办公室：《平等、参与、共享：新中国残疾人权益保障 70 年》白皮书，2019 年 7 月。

《联合国社会发展哥本哈根宣言（1995）》，https：//www.un.org/zh/documents/treaty/files/A-CONF-166-9.shtml。

《残疾预防和残疾人康复条例》，2017 年 1 月 11 日国务院第 161 次常务会议通过，2017 年 7 月 1 日施行。

《中华人民共和国残疾人证管理办法》，2017 年 7 月 1 日施行。

《2017 年中国残疾人事业发展统计公报》，残联发〔2018〕24 号，http：//www.gov.cn/shuju/2018-04/26/content_5286047.htm。

中华人民共和国国务院令第 622 号《无障碍环境建设条例》。

《人道主义的呼唤》第四辑编辑组：《学习贯彻十八大精神开拓中国特色残疾人事业的新局面》，《残疾人研究》2013 年第 1 期。

梁德友、徐璐璐：《论"两个一百年"历史交汇期我国残疾人政策的时代转向》，《理论导刊》2018 年第 6 期。

傅王倩、肖非：《对 Michael Olive 的社会模式残疾观的解读与反思》，《绥化学院学报》2014 年第 10 期。

刘岩：《风险意识启蒙与反思性现代化——贝克和吉登斯对风险社会出路的探寻及其启示》，《江海学刊》2009 年第 1 期。

杨雪冬：《风险社会理论述评》，《国家行政学院学报》2005 年第 1 期。

沈湘平、于天龙：《风险社会与和谐社会》，《山东社会科学》2007 年第 5 期。

杨雪冬：《风险社会中的复合治理与和谐社会》，《探索与争鸣》2007 年第 2 期。

杨雪冬：《风险社会理论反思：以中国为参考背景》，《绿叶》2009年第8期。

杨雪冬：《风险社会、治理有效性与整体治理观》，《行政论坛》2016年第3期。

杨永伟、夏玉珍：《风险社会的理论阐释——兼论风险治理》，《学习与探索》2015年第5期。

彭宗峰：《论风险社会中的公共治理变革》，《理论月刊》2014年第4期。

黄炬、刘同舫：《从风险社会到命运共同体：基于现代性理论的审视》，《学术界》2018年第3期。

悦中山、杜海峰、李树茁、费尔德曼：《当代西方社会融合研究的概念、理论及应用》，《公共管理学报》2009年第2期。

嘎日达、黄匡时：《西方社会融合概念探析及其启发》，《理论视野》2008年第1期。

彭宅文：《残疾、社会排斥与社会保障政策的干预》，《中国人民大学学报》2008年第1期。

罗新阳：《从排斥到融合：残疾人社会融入路径研究——基于对浙江省绍兴市1845份问卷的分析》，《中共南京市委党校学报》2014年第6期。

吴文彦、厉才茂：《社会融合：残疾人实现平等权利和共享发展的唯一途径》，《残疾人研究》2012年第3期。

罗泮、赵康、刘林等：《农村残疾人社会融合现状调查及思考——以四川省越西县为例》，《农村经济》2008年第12期。

周立军：《残疾人的社会融合研究》，《广东省社会科学院》2017年。

周竹、李彦章、许丁杰、黄全红、杨幼平、何丽、程龙：《残疾人社会融合自评量表的初步编制及信度效度分析》，《中华行为医学与脑科学杂志》2015年第3期。

白维军：《复合风险治理中的家庭功能研究——基于风险社会的视角》，《社会主义研究》2009年第4期。

崔斌、陈功、郑晓瑛：《中国残疾人口致残原因分析》，《残疾人口研究》

2009 年第 5 期。

《中国残疾人》编辑部：《改革开放以来残疾人事业组织体系建设成果一览》，《中国残疾人》2018 年第 8 期。

葛忠明：《残疾人自组织规范化发展的路径探索》，《山东社会科学》2016 年第 7 期。

张成福：《论政府治理工具及其选择》，《公共行政》2003 年第 4 期。

张璋：《政府治理工具的选择与创新——新公共管理理论的主张及启示》，《新视野》2001 年第 5 期。

陈振明、张经纬：《政府工具研究的新进展》，《东南学术》2006 年第 6 期。

陈振明：《当代西方政府改革与治理中常用的市场化工具》，《福建行政学院·福建经济管理干部学院学报》2005 年第 2 期。

杨乐：《从 70 个关键词看残疾人事业的发展》，《中国残疾人》2019 年第 9 期。

刘稚亚、李晗：《被就业捆绑的"套中人"——残疾人》，《经济》2015 年第 5 期。

宋宝安、王一：《残疾人家庭扶助与社会保障的功能比较》，《吉林大学社会科学学报》2012 年第 9 期。

杨清华：《协同治理与公民参与的逻辑同构与实现理路》，《北京工业大学学报》（社会科学版）2011 年第 4 期。

秦琴、曾德进：《政府、残联和残疾人民间组织的关系研究》，《社会科学》2014 年第 4 期。

赵天娥：《推进国家治理体系和治理能力现代化的四个维度》，《探索》2014 年第 6 期。

徐显明：《以新理念引领身体障碍人事业的发展》，《残疾人研究》2012 年第 1 期。

世界卫生组织、世界银行：《世界残疾报告》，《中国康复理论与实践》2011 年第 6 期。

Lester M. Salamon and Odus V. Elliot. *Tools of Government：A Guide to the New Governance*. Oxford Niversity Press，2002，p. 21.

周立军：《残疾人社会融合研究》，硕士论文，广东省社会科学院，2017年。

李彦章、周竹、许丁杰：《高社会融合残疾人的特点分析》，《第十八届全国心理学学术会议摘要集——心理学与社会发展》，2015年。

王鑫：《残疾人社会融合：现况及分析》，山东大学，2011年。

后记：走向田野与创新思维

残疾人是人类多样性和社会大家庭的组成部分，残疾人事业是我国社会事业的重要组成部分。在我看来，一个国家制度的优越性不仅仅在于政治清明、经济繁荣，也在于它的文化昌盛，体现在它如何对待自己的少数人群和弱势群体；一种更好的文明不仅仅在于它的社会精英葆有强烈的精神价值取向，也在于他们对那些社会特殊阶层残疾人群体的关怀之情。残疾与健康、国家治理与个体生存始终是我从事学术研究思考的两极，将国家命运与人民生活关联起来思虑应是一切有良知学人的学术追求。

2014年，我受宝鸡市残联委托，主持承担了《残疾预防体系"宝鸡模式"研究报告》的课题。宝鸡市是当时全国"国家残疾预防行动计划"三个试点城市之一。在全面梳理宝鸡市残疾预防体系建设的基本状况、主要做法和实践成效的基础上，我们提出了完善"宝鸡残疾预防工作"及推进"国家残疾预防行动计划"的对策与建议，研究报告得到了各省市残联的充分肯定。从而，也开启了我关注、研究残疾人事业的新领域。

有幸的是，2015年，我以《我国残疾人事业治理体系创新研究》为题获得国家社科基金项目。这样，我将曾经主要针对陕西地域的残疾人事业治理体系研究问题拓展到全国范围内，并希望在治理体系创新上有所突破。此后，为更好地完成这一宏大命题，我和我的团队选取了陕西、甘肃、江苏国内东中西三个具有代表性的省为调研对象，开展了实证研究。通过专题座谈、实地走访、个案访谈、问卷调查等多种方式，与三省各级残联系统及下属单位、残联专干、专职委员、残疾人及社会组织等多方面、多层次、多角度、多数据，了解多元协同治理主体对我国残疾人事业治理体系创新的意见建议。

五年时光里我和我的研究团队，在田野间跋涉考察，在理论、学理上探寻研究。我们走进陕西关中平原上的西安市残联及莲湖区残疾人福利企业、莲湖区残联服务大楼的慧灵智障中心以及教育、文化、就业等培训中心，户县残疾人托养服务中心、户县残疾人慈善协会，宝鸡市残联及市特殊教育学校、凤翔县残疾人创业基地等。翻过巍巍秦岭，来到秦岭南麓大山里的陕南商洛市残联及山阳县、柞水县精神病康复医院、民乐集团残疾人就业扶贫基地、圣泉康复医院，安康市残联及平利县残联、镇坪县残联和相关残疾人创业基地等。盛夏季节又走入"上有天堂，下有苏杭"的江苏省残联及苏州市残联、镇江市残联、扬州市残联及苏州市瑞康假肢矫形器有限公司、扬州市庇护性就业中心、仪征县就业扶贫基地、就业指导中心等。在江南的湖光山色、旖旎风光中，我们将南中国残疾人事业与西北中国里的残疾人状况进行比较研究。而一旦走进甘肃省残联及省康复中心医院、兰州市特教学校、兰州市康复托养中心、蓝天公益助残组织等，大西北广袤的土地令我们深深思考中国西北这域古老的土地上残疾人事业发展的独特性。还去过众多残联单位及残疾人创业企业，见过众多残疾人朋友，这里就不一一着笔了。不言而喻，中国东中西三个区域的选点实地考察，使我和我的团队通过以点带面的方式对我国残疾人事业发展的整体性、差异性及创新与发展状况有了一个较全面的掌握，从而勾画出一个全国残疾人事业发展的基本轮廓。

然而，奔向田野的实践之学只是学术研究的前期阶段，更长更艰辛的工作还在于随之而来的大量相关文献的收集、整理、考证和深入的研究工作。我们竭尽所能收集了国内与国际上关于残疾人事业发展的各种法规资料，梳理了新中国成立70年来中国残疾人事业发展的脉络、做法、经验，试图在一个更宏阔、更长时段里观照自己的研究对象。为此，我们在研究中确立了：坚持国际残疾人发展经验与中国特色社会主义道路相结合；坚持融入国家发展大局与残联主动作为相结合；坚持残疾人特惠政策与国家普惠政策相结合；坚持残疾人基本保障与赋权增能相结合；坚持残疾人主体作用发挥与社会力量参与相结合；坚持残疾预防与

后记：走向田野与创新思维

残疾后保障服务相结合；坚持依法治理与主动维护残疾人权益相结合的研究原则。在这七大相结合原则观照下，我们积极寻求学术创新，创新思维也成为本书研究的核心关键词，具体呈现在：通过关注残疾人事业发展的内外部关系，融合残健关系、协调互动关系、弥合主体间性关系，重点阐释残疾人事业治理体系创新的基本结构，"全过程覆盖"的治理定位，积极回应新时代残疾人治理创新要求，以"风险—治理—融合"三大理论视角建构"残疾人事业治理创新"分析框架，为全景式透视残疾人事业发展提供理论分析工具。

在我看来，党的十八届三中全会正式提出社会治理的命题，标志着我国社会管理理论与实践的发展与创新达到了一个新的高度。由"社会管理"到"社会治理"不仅仅是概念上的变化，而且蕴含着理念、方法、手段和制度等多个层面的深刻变革。残疾人事业治理及体系创新是我国社会治理体系的主要组成部分。我设想，本书一是为我国残疾人事业治理创新提供新思维方式和公共政策选择，二是为未来残疾治理顶层设计提供理论支持和政策参考。

历时五年之久，我和我的团队付出了异常艰辛的努力，这些努力的结果最后凝聚成这本著作。本书梳理了我国残疾人事业治理创新的基础和实践特征，以及国际残疾人权利保护的关注领域与趋势，并基于风险社会理论、治理理论和社会融合理论建立了我国残疾人事业治理体系创新的理论框架。这无疑是一次构建中国社会残疾人事业治理本土学术话语、学术理论、学术框架的一次大胆而奠基在实证基础上的探索。田野考察与创新思维是我贯穿研究中始终坚持的学术理念。前者奠定了本书理论来源之现实基础，后者保证了本书学术价值的鲜明个性。

在本课题研究过程中，我和我的团队还承担了中国残联、省市残联的《西部地区民办残疾人服务机构发展现状、困境与对策研究》《深入推进陕西省残疾人精准康复服务有效路径研究》《西安市残疾人养老研究》等多项相关课题研究。撰写了《残疾人现代性》《陕西省残疾人事业发展现状与对策研究》《陕西民办残疾人服务机构现状、困境与对策研究》《深入推进陕西省残疾人精准康复服务有效路径研究》等论文，都一一发表在中国残联《残疾人研究》及陕西蓝皮书·陕西社会发展报告等杂志、书籍中。我们所撰写的《国家残疾预防行动计划宝鸡模式调研报告》《陕西省残疾人事业发展现状与对策研究》《残疾人精神脱贫精准康复基本状况调研报告》等阶段性成果还分别获得2014、2015、2017等年度全省党政领导干部优秀调研成果一、二等奖等奖项。这些研究成果和奖项的获得说明我们关于残疾人事业研究在社会上取得了认可，也进一步深化了当时我们正在从事的国家课题研究。无疑，上述成果最终都融汇进本书，现在呈现在各位学人和读者面前，等待大家的检阅。

本书问世需要感谢很多同志、朋友和单位。如前所述，本书是在我的国家社科基金项目《我国残疾人事业治理体系创新研究》（15XSH027）的研究成果基础上修订而成。我的课题研究团队为这项研究付出艰辛工作和辛勤汗水，他们是：陕西省社会科学院的江波研究员、杨红娟副研究员、聂翔助理研究员、李巾副研究员。回想过去五年时间里，我们在一起设计课题的研究框架、一起野外调研、一起撰写报告，曾在春节尚未过完，浓浓的年气里一起讨论研究，在寒冬酷暑里笔耕不辍，即就是报告完成之后，还要在一起字句必究地斟酌打磨。因此，本书是我们研究团队共同努力的结果，是大家携手并肩作战的结晶。对于我研究团队里的各位老师为本书付出的劳动和心血由衷表示诚挚的感谢，感谢岁月给予我们在一起为中国残疾人事业发展努力奋斗的机缘，这种齐心协力攻克学术难关的情谊将永存心里，绵延永庚。

感谢陕西省残疾人联合会在课题调研过程中提供的协调便利，感谢甘肃省残联、江苏省残联及各地各级残联部门领导和同志们的大力支持；更要感谢众多残疾人朋友在调研过程中给予的配合协助；感谢陕西省社会科学院将本书纳入2021年优秀学术出版著作并给予出版资助；感谢中国社会科学出版社为本书出版付出的辛勤工作。特别感谢（中国）残疾人事业发展研究会副会长、中国社会保障学会副会长何文炯先生，作为学界大咖，在百忙之中审阅书稿并作序言，使我不胜感激、荣幸之至。

"雄关漫道真如铁，而今迈步重头越。"当这部著作完成出版之际，我将走上新的田野，开启新的学术征程……

白宽犁

2021年2月20日于西安